制造业进销存及成本电算化实务

ZHIZAOYE JINXIAOCUN JI
CHENGBEN DIANSUANHUA SHIWU

陈英蓉 著

西南财经大学出版社

图书在版编目(CIP)数据

制造业进销存及成本电算化实务/ 陈英蓉著. 一成都:西南财经大学出版社,2014.12

ISBN 978 – 7 – 5504 – 1729 – 8

Ⅰ.①制… Ⅱ.①陈… Ⅲ.①制造工业—工业企业管理—计算机管理系统—研究 Ⅳ.①F407.406.14

中国版本图书馆 CIP 数据核字(2014)第 290517 号

制造业进销存及成本电算化实务

陈英蓉 著

责任编辑:张明星

助理编辑:傅倩宇

封面设计:墨创文化

责任印制:封俊川

出版发行	西南财经大学出版社(四川省成都市光华村街55号)
网 址	http://www.bookcj.com
电子邮件	bookcj@foxmail.com
邮政编码	610074
电 话	028 – 87353785 87352368
照 排	四川胜翔数码印务设计有限公司
印 刷	四川五洲彩印有限责任公司
成品尺寸	185mm × 260mm
印 张	13.75
字 数	315 千字
版 次	2015 年 12 月第 1 版
印 次	2015 年 12 月第 1 次印刷
印 数	1— 2000 册
书 号	ISBN 978 – 7 – 5504 – 1729 – 8
定 价	28.00 元

前 言

目前，我国制造企业管理模式大多采用传统的管理模式，尤其是生产管理很多沿袭以往的管理方式。其主要存在以下几个方面的问题：第一，基础管理薄弱，业务报表不准，上报不及时，数据不完整，标准规范化管理做得不够，如生产工作缺少标准化，现场管理缺乏作业标准，员工作业不规范，随意性强等。第二，企业生产计划与车间作业计划相脱节，计划控制力弱。制造业生产计划方式相对落后，制订计划的数据多是静态、分散、不连续的，缺乏合理科学的生产计划参数。所以制订的计划较粗，多数企业执行的是月计划，上下工序很难精确地衔接，从而造成在制品的库存积压或短缺。采购计划与生产计划分别由不同部门编制，缺乏协调，可能引起库存数据、消耗定额数据、在制品数据、在途采购数据不及时、不准确，物料管理不能更好地为生产管理、财务管理以及成本控制提供准确及时的数据。第三，传统的业务流程杂乱。原有的业务流程比较繁杂，技术、生产、销售、库存、财务等业务部门之间层次关系不明确，流程中断，信息集成和共享程度低，部门间协作能力不强，无法实现公司生产经营业务的实时控制。

造成这种现象的主要原因有：一是制造企业一把手领导不清楚采用 ERP 信息化管理模式后会给企业带来多大的节能降耗效益；不知晓采用 ERP 信息化管理模式后能使企业反应敏捷，更能适应市场发展的需要；未意识到如不采用 ERP 信息化管理模式，就即将被当前正在蓬勃发展的云制造模式淘汰。二是缺乏高水平的制造业信息化实施的专业队伍。因此，如何为制造企业培养出高水平信息化管理人才，是当前信息化人才培养亟待解决的问题。笔者结合近年对信息化管理人才市场的调研，以及多年对经管专业学生的教学经验，认为在培养经管类专业的学生时，不仅要让其掌握经济与管理相关的理论知识，熟悉理解 ERP 原理，而且更重要的是让学生能运用信息技术处理制造企业的实际管理业务，将各个理论要点和技能应用融会贯通起来，为此特编著了《制造业进销存及成本电算化实务》一书。

本书旨在为培养高水平的制造业信息化实施的专业队伍发挥作用，以期能有助于提高其运用信息技术处理制造企业的实际管理业务的能力。

全书主要简述了制造企业生产制造、供应链和产品成本核算三大环节的基本理论，详细阐述了企业管理信息系统 ERP 的核心内容：物料需求计划和供应链管理参数间的关联关系，以及如何结合企业实际进行设置运用；如何利用物料需求计划和供应链环节的生产和财务数据进行产品成本核算。全书以用友 ERP-U8 为应用平台，结合制造企业实际综合案例实务，分析演示了制造企业生产制造、供应链和产品成本核算三大环节的具体操作应用。

本书可供高等院校经管类各专业教学使用，也作为会计和制造企业业务管理人员进行 ERP 应用培训的学习资料。

本书在撰写过程中参考引用了一些研究文献，得到了攀枝花学院及其经济与管理学院的各位领导的倾力支持和帮助，在此，特向文献作者和各位领导致以衷心的谢意。

由于计算机信息技术是一个发展极为迅速的领域，而经济管理电算化理论框架和方法体系还处于逐步发展和不断完善的阶段，加之时间仓促、本人水平有限，书中难免存在错误和不妥之处，恳请读者和同行批评指正。

陈英蓉

2015 年 8 月 18 日

目 录

第一章　总论

第一节　制造业及信息化管理概述

一、制造业的定义

制造业是指将已获取的物质资源作为劳动对象，按照市场要求，通过加工、制作、装配等环节以形成可供使用和利用的新部件、新产品的行业。制造业主要有冶金工业、机械工业、食品工业、纺织工业、电子工业等。

从制造业的发展历史来看，主要有两类制造业：一个是加工制造业，一个是装备制造业。大批量、标准化、生产线是加工制造业的最重要特点。在工业化发展过程当中，加工制造业最基本的竞争方式就是成本价格的竞争。当技术达到一定水平，质量达到一定标准，如果产品之间没有差异，价格竞争的最后结果就是没有利润。

制造业不仅仅是采购和销售，还包括了将价值较低的材料转换为价值较高的产品。所以制造业的特色有以下两个：一是供货商的材料经由工厂装配或加工后流到顾客的手上；另一个是这些信息流动到所有相关的部门。而时间是制造业流程上最重要、最宝贵的资源。将材料转变为成品的时间如果愈短，制造业所获得的利益将愈高。所以对信息系统而言，做到快速反应是帮助制造业信息化成功的关键因素。

二、制造业的新型管理模式——MRPII/ERP

ERP（Enterprise Resource Planning）在我国的应用与推广已经历了从起步、探索到应用的近20年风雨历程。近几年来，随着现代企业制度的建立，ERP应用环境得到了很大的改善，大、中型企业应用需求也在逐步提高。

（一）ERP的管理思想

MRPII（Manufacture Resource Plan II）是指基于企业经营目标制订生产计划，围绕物料转化组织制造资源，实现按需要、按时进行生产。MRPII模型对一个制造业的所有资源编制计划进行监控与管理，这些资源包括生产资源（物料和设备）、市场资源（销售市场、供应市场）、人力资源、财政资源（资金来源及支出）和工程设计资源（产品结构和工艺路线的设计与工程设计改变）等。ERP是从MRPII发展而来的，与MRPII相比，ERP除包括和加强了MRPII各种功能之外，更加面向全球市场，功能更为强大，所管理的企业资源更多，除财务、库存、分销、人力资源和生产管理外，还集成了企业其他管理功能，如质量管理、决策支持等多种功能。

1. MRP 是 ERP 的核心功能

只要是"制造业",就必然要从供应方买来原材料,经过加工或装配,制造出产品,销售给需求方,这也是制造业区别于金融业、商业、采掘业、服务业的主要特点。任何制造业的经营生产活动都是围绕其产品开展的,制造业的信息系统也不例外,MRP 就是从产品的结构或物料清单(食品、医药、化工行业则为"配方")出发,实现了物料信息的集成:一个上小下宽的锥状产品结构,如图 1-1 所示。其顶层是出厂产品,是属于企业市场销售部门的业务;底层是采购的原材料或配套件,是企业物资供应部门的业务;介乎其间的是制造件,是生产部门的业务。如果要根据需求的优先顺序,在统一的计划指导下,把企业的"销产供"信息集成起来,就离不开产品结构(或物料清单)这个基础文件。在产品结构上,它反映了各个物料之间的从属关系和数量关系,它们之间的关系反映了工艺流程和时间周期。换句话说,通过一个产品结构就能够说明制造业生产管理常用的"期量标准"。MRP 主要用于生产"组装"型产品的制造业,如果把工艺流程(工序、设备或装置)同产品结构集成在一起,就可以把流程工业的特点融合进来。

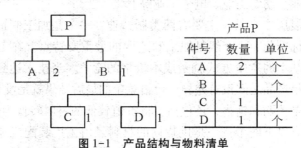

图 1-1　产品结构与物料清单

通俗地说,MRP 是一种保证既不出现短缺,又不积压库存的计划方法,解决了制造业所关心的缺件与超储的矛盾。所有 ERP 软件都把 MRP 作为其生产计划与控制模块,MRP 是 ERP 系统不可缺少的核心功能。

2. MRPII 是 ERP 的重要组成部分

MRP 解决了企业物料供需信息集成,但是没有说明企业的经济效益。MRPII 同 MRP 的主要区别就是它运用管理会计的概念,用货币形式说明了执行企业"物料计划"带来的效益,实现物料信息同资金信息集成。衡量企业经济效益首先要计算产品成本,产品成本的实际发生过程,还要以 MRP 系统的产品结构为基础,从最底层采购件的材料费开始,逐层向上将每一件物料的材料费、人工费和制造费(间接成本)累积,得出每一层零部件直至最终产品的成本,然后再进一步结合市场营销,分析各类产品的获利性。MRPII 把传统的账务处理同发生账务的事务结合起来,不仅说明账务的资金现状,而且追溯资金的来龙去脉。例如,将体现债务债权关系的应付账、应收账同采购业务和销售业务集成起来,同供应商或客户的业绩或信誉集成起来,同销售和生产计划集成起来等,按照物料位置、数量或价值变化,定义"事务处理",使与生产相关的财务信息直接由生产活动生成。在定义事务处理相关的会计科目之间,按设定的借贷关系,自动转账登录,保证了"资金流(财务账)"同"物流(实物账)"

的同步和一致，改变了资金信息滞后于物料信息的状况，便于实时做出决策。ERP 是一个高度集成的信息系统，它必然体现物流信息同资金流信息的集成。传统的 MRPII 系统主要包括的制造、供销和财务三大部分依然是 ERP 系统不可跨越的重要组成。总之，从管理信息集成的角度来看，从 MRP 到 MRPII 再到 ERP，都是制造业管理信息集成的不断扩展和深化，每一次进展都是一次重大质的飞跃，然而，又是一脉相承的。

3. 制造业 ERP 程序执行的管理思想

不同制造企业的实际情况可能千差万别，但管理逻辑具有高度的相似性。

现如今，越来越多的企业使用了 ERP 软件，用来解决企业现代化发展的瓶颈，提升企业的管理水平。在国内的企业中，制造业是比较复杂的行业，所谓的制造业，包含的行业非常广泛，如装备制造、电气、节能环保等，这些企业共同的特点是有销售部、设计中心、研发中心、生产部、采购部、质量部、仓库、售后服务部、财务部、人事部等。其中生产部又可能包含生产车间、计划科等等。ERP 是管理数据的软件，更是体现管理思想的软件。在制造业中，组织结构高度相似，业务流程虽然千差万别，但核心业务有共同的特点，也具有高度的相似性。

销售部是整个 ERP 流程体系的第一个部门。销售是企业发展的生命线，任何经营活动离开了销售，无法持续下去。跟销售打交道的是客户，ERP 须具有客户管理的功能，每个客户应具有唯一的编码，唯一的 ID。通过前期录入客户信息，在后续的整个销售大体系中，像销售合同、销售开票、销售回款、销售报价中可以随时调用客户的名称，通过客户 ID 进行对接。接下来是销售报价，经过基础报价和商务报价两个步骤。销售报价中最关键的就是加价系数，制定合理的加价系数，对于提高销售收入很有帮助，一个销售合同在合理的范围内多几个点，全年下来对业绩的提升非常明显。ERP 成本模块体现出来的利润率，对制定合理的加价系数具有重要的指导意义。销售报价之后是销售合同，销售合同中不能仅有订货单位，还需要有结算单位、收货单位，有时候订货单位、结算单位、收货单位不是同一个客户。在编制销售合同的时候，直接调用客户信息的数据。在制造业中，销售合同清单的内容不一定就是厂内投产的东西，需要设计中心对销售合同分解，分解成实际投产的东西。销售合同的分解，对于制造业 ERP 具有相当重要的意义。销售合同中还有收款协议的阶段，比如进度款、投料款、验收款等，以及每个阶段的比例。目前大多数企业没有销售合同的评审阶段，即销售部不管生产能力的大小，是合同就签。在 ERP 中，销售合同的评审也就是销售合同的审核流程，一方面通知各部门负责人签新合同了，做好准备，另一方面，设计中心要对销售合同进行分解，这是销售合同审核流程的意义。这个审核流程采用工作流的方式进行。在有些企业中，还需要将销售合同与报价单号进行绑定，以便于统计有多少报价单最后签订了合同。既然销售合同签订了，变更也是常有的事。变更分为两种情况：一种是销售合同审核流程还没走完的时候，可以让后续节点把流程打回给编制人进行修改。另一种是销售合同审核流程已走完，这时候的变更，就需要填写变更申请单，经过领导审核后才能进行变更，变更也就是对销售合同进行修改，变更后还需要把流程发给领导进行二次审核。

有了销售合同，接下来就是生产部的排产。ERP 的排产算法是较为复杂的，排产的目的是预先发现阻塞点，根据这样的逻辑，对交货期进行倒排，把不同型号的产品，投产计划控制点进行量化。比如：某种型号产品，在不同的数量区间内，图纸需要几天，采购完成需要几天，都预先输入到 ERP，ERP 只需要根据基础数据，即可自动完成排产。只完成排产是不够的，还需要自动绘制阻塞点，即在哪个控制点，哪个时间段会出现忙不过来的情况，即阻塞点。排产的数据对于生产部具有重要的作用。

接下来就是签订合同以及设计人员进行设计绘图。设计完成后，需要由生产部编制计划。计划是 ERP 的核心，正因为计划的存在，才能为各部门进行后续的动作提供数据的支持。

有了计划，才有了采购、生产、外协、入库、出库等动作。采购任务的来源就是物料需求计划，其中的外购件、材料形成采购任务。编制采购合同前，必须有采购任务，但不一定有比价单。有的公司规定，低于某个金额的采购合同不用编制比价单。也就是说，采购合同一定要有采购任务，采购任务就是物料需求计划。但采购合同不一定有比价单。如果有比价单，必须跟采购合同建立挂接关系，如果采购合同走审核流程，那么领导审核的节点可以根据采购合同看到比价单的情况。

物料需求计划，一方面给采购下达任务，另一方面给生产下达任务。但生产的任务需要进一步细化，列出该批次零部件所有的工艺路线，也就是车间路线、外协路线，以及完成时间，数据呈 X 方向排列。这个计划就是生产计划明细。生产计划明细是生产环节的中枢神经，物料需求计划是整个 ERP 的中枢神经。生产计划明细根据物料需求计划生成。车间的生产任务全部在生产计划明细的调度下进行。生产计划明细中零部件所要经过的车间，有些是转序，有些是车间从仓库先领用零件，再加工，再入库。车间转序的工序送检、零部件入库的送检，都是以生产计划明细为依据，用生产计划明细控制车间的转序、车间的零部件送检入库。在不同行业的制造企业中，入成品库方式差别很大。在大型装备制造业中，成品是拆开入库的，把成品拆分成零部件，不同的箱子放不同的零部件。此时车间入成品库是根据技术部的发货清单中的详细清单办理入库。还有些是不需要拆分的入库，像一台整机可以直接入库，此时是根据投产计划清单的产品来入库的。车间需要做成品送检单，数据源就是投产计划清单。经过质检，入到成品库。在车间部分，另外两块是派工和计件工资的计算。派工的意思就是哪个零件在哪个时间安排给了哪个工人，安排的数量是多少。有些派工单上直接体现出来了工资，也就是派工和计件工资二合一。根据实际情况来看，不同装备制造业的车间工人工资计算方式差别较大，以生产高低压开关柜的行业来说，先由设计中心根据每一面柜子的配置，计算总价格。经过流程发送给车间，由车间分摊到工序上，各工序的价格总和应该是柜子的总价格，再由工序分到不同的工人上，该工序的价格应等于工人工资的总和。经过层层的分解，最终把每面柜子的价格分摊到工人。当月计算工人的工资，以产品最终入库为准，入库了才能算工资。车间另一个重要的业务就是领料，车间从仓库所有领料都需要限额领料计划，限额领料计划由生产计划部门编制。车间的工器具、安全防护用品、耗材等，也可以由车间自己下限额领料计划，在 ERP 经过领导审核后，到仓库领料。

（二）实施 MRPII/ERP 是大方向

目前，企业面临三个问题：第一，产品销售竞争激烈，企业要生存和发展，必须依靠自身的努力，提高产品质量、降低成本，找准市场、不断创新。第二，在经济全球化的今天，企业面临外国产品的打入和中国产品如何走向世界，以及了解世界市场、调整产品结构、符合国际标准、严格守时生产，提高在时间、质量、成本、服务、速度五大要素上的竞争能力等十分迫切的问题。第三，国际互联网和电子商务迅速发展，一方面为企业展示了未来的无限商机，另一方面又加剧了更大范围的竞争，企业应做好网络经济的准备，从新技术中取得实效。

及时地实施 MRPII/ERP 管理系统，可以帮助企业解决所面临的问题。这里需要强调的是，企业必须首先具备一定的基本条件。如果企业最主要的问题是产品结构不合理、不适销对路，那么，首先要解决的是市场开拓和新产品开发问题，也许需要先上 CAD 而不是 MRPII/ERP；如果影响发展的是设备陈旧、运行效率低、工艺落后、加工不出高质量的零部件等问题，那么，首先要进行技术改造、装备更新，这时也需要先上 CAM 而不是 MRPII/ERP；如果企业最大的问题是质量问题，企业缺少一套行之有效的质量保证体系，那么应先抓 TQM，而不是 MRPII/ERP，即使上了 MRPII，但是整天却忙于处理质量和设备故障问题，MRPII 也是无法实现的。总之，企业的管理水平反映在方方面面，MRPII/ERP 在企业信息化建设中是一个不可缺少的组成，但它并不是解决所有问题的灵丹妙药。MRPII/ERP 需要在一个比较稳定的经营环境下，才能发挥作用。企业在实施 MRPII/ERP 时，是先上 MRPII，再上 ERP，还是一步走到 ERP，要看企业的管理基础，看员工的总体素质。应当扎扎实实、步步为营地建设企业的管理系统。

综上所述，企业实施 MRPII/ERP 应具备的条件可以归纳为以下几个方面：

第一，企业真正感到市场竞争的压力，有危机感，有应用信息技术解决管理问题的紧迫感；

第二，企业有实现现代企业制度的机制，有长远经营战略；

第三，企业的产品有生命力，有稳定的经营环境；

第四，企业有一个改革开拓、不断进取的领导班子，有决心对项目承担责任；

第五，企业的管理基础工作比较扎实；

第六，企业的各级一把手理解 MRPII/ERP，有上下一致的、明确和量化的目标。

MRPII/ERP 是一种现代化的管理方法，它可以协助企业针对自身的问题，重新制订资源配置计划，对人、财、物、产、供、销及客户关系、产品配送、市场分析、投资决策等部门进行业务管理流程重组，并利用计算机网络辅助运作和收集、反馈信息。经过一段时间的反复调整，不仅可以使资源配置达到最佳状态，而且在质量、效率、成本、销售等方面也能见到明显效益。只有这样，企业才有可能明确上网要得到的和要发布的信息，了解如何用网络拓展远程业务管理和网络直销，适应电子商务时代的发展。

三、云制造：制造业信息化的新模式与新手段

云制造对生产方式的改革，正在颠覆整个制造模式。从离散制造业到流程制造业，再到混合制造业，云制造这种新的生产方式正悄悄地改变着工业生产的传统套路。

云制造融合了物联网信息物理融合技术等最新信息技术，实现软硬制造资源能力的全系统、全生命周期、全方位的透彻接入和感知以及制造资源和能力的物联化。

在这里，"制造"不是指传统的加工生产，而是"大制造"，有"三大"：一是产品的活动与过程覆盖面"大"，涉及产品全生命周期，从需求认证、概念设计、加工、生产、实验、运行、维护到报废，或是到再制造，传统的就是加工生产；二是制造活动面大，可以在企业内也可以在企业间，甚至到全球；三是制造类型覆盖面大，包括离散制造业、流程制造业、混合制造业等。

众所周知，目前我国许多制造业处在"微笑曲线"的下端，存在附加价值低、能耗高、污染等问题。宏观上讲，我国制造业正面临着一个关键历史时期，价值链从低端向中高端、从制造大国向制造强国、从中国制造向中国创造转变，具体是要培育新的制造模式和新的手段来满足产品的上市时间、质量、成本、服务、知识，要改善对环境的污染。也就是说竞争能力必须要提高，这是未来5~10年我国制造业发展需要解决的重大课题。

围绕企业竞争能力的提高，一场以制造信息化为特征的制造变革一直在进行。制造业信息化是一项复杂的战略系统工程，这是实现我们从制造大国向制造强国迈进、从中国制造向中国创造转变的战略举措。而云制造模式和手段是制造业信息化的一种有效的新模式和新手段，能够促进我们从制造大国向制造强国迈进。

1. 云制造是一种基于网络的面向服务的智慧化制造新模式

什么是云制造呢？它是基于各种各样网络的面向服务的智慧化的制造新模式，网络、服务、智慧化是三个关键词。具体来说，它融合发展了现有的信息化制造和新兴信息技术以及制造应用领域有关的技术。这三类技术融合发展，把各类制造资源和大制造能力虚拟化、服务化，构成制造资源和制造能力的服务云池，对这个"池"要协调优化管理经营，最后用户通过终端和网络、云制造平台的软件就能够随时按需获取制造资源和能力服务，进而智慧化地完成制造全生命周期的各类活动。云制造系统实质是一种基于各类网络组合的人、机、物、信息融合的新型的制造互联网。

目前，云制造系统跟以前的信息化制造系统的区别在于：第一，数字化。将制造资源和能力的属性及静动态行为等信息转变为数字、数据、模型，以进行统一分析、规划和重组管理，制造资源和能力必须与数字化技术融合，形成能用数字化技术进行控制、监控和管理。第二，物联化。云制造融合了物联网信息物理融合技术等最新信息技术，实现软硬制造资源能力的全系统、全生命周期、全方位的透彻接入和感知，制造资源和能力的物联化。第三，虚拟化。虚拟化就是把制造资源和能力转变为逻辑和抽象的表示与管理，它不受各种具体物理限制的约束。同时这个技术在需要的时候还可以进行实时迁移和动态调度。第四，服务化。把虚拟化的东西落实之后再用服务计算技术进行封装组合，起到一个资源多人用、多个资源一人用的作用。第五，协同

化。比如航天就要通过合作，因此要通过协同使技术层面上云服务模块能够实现全系统、全生命周期、全方位的互联、互通、协同，同时在管理层中要有支持虚拟化的组织。第六，智能化。智能制造涉及三个维度，即应从"技术、组织、模式"三个维度来认识理解智能制造。①技术进步是智能制造发展的关键因素；②组织方式创新是智能制造发展的灵魂；③模式创新是智能先进制造演进的集中体现。

云制造服务对象可分为两类：一类是制造企业的用户，很多制造企业可以作为制造云里的用户。还有一类是制造产品的用户，服务的内容包括认证、设计、生产、加工、实验、仿真、经营管理等，主要为制造企业提供产品的运营服务、维修服务都是为制造产品的用户进行服务，还有一个它们的集成。所以云制造服务特点跟以前的制造相比，它是按需动态架构、相互操作、协同、网络化的异构融性的横向纵向的集成，超强、快速、无限能力，全生命周期的智慧制造。

2. 云制造是云计算在制造领域的落地与延伸

实际上从模式上来说云制造是云计算的落地和延伸。第一，云制造资源共享的内容。云计算是计算资源，云制造是制造资源、制造能力。第二，服务和内容模式方面有很大差别。同时它可以交互协同全生命周期制造服务，因此它的自身技术要拓展，不仅仅是云计算现有的技术。

云计算技术为制造资源、能力提供了新制造模式，物联网技术为制造领域中各类物与物之间的互联和实现制造智慧化提供了技术，服务计算技术为制造资源、能力的服务化提供了技术，自动化为风险评估提供技术，智能科学为智能化提供技术，大数据为活动的精准、高效、智能化提供技术，电子商务为商务活动提供支持。信息化制造业技术是云制造的基础技术，因此，云制造是制造业信息化的新模式新手段。它由生产型向生产+服务型为主导的随时随地按需个性化、社会可持续方向发展。它的手段是智慧化，体现在数字化、物联化、虚拟化、服务化、协同化、智能化。

在业务需求驱动下，20世纪60~80年代是质量成本管理，后来加了时间、服务、质量、成本、环境意识。技术、协同、网络、敏捷、服务、绿色、智能一直在发展，模式则从计算机集成制造到并行工程、网络化制造、智慧制造，而"云制造"只是其中一种智慧制造模式。

3. 云制造是一种取代大规模生产的新模式

在《3D打印：从想象到现实》一书中有提到，云制造是一种取代大规模生产的新模式。3D打印技术将推动未来的商业模式，书中引用了维基百科的云制造定义，就是把各种制造资源和能力联成网，所以它说"3D打印"是云制造的"催化剂"。云制造本身是一个产业，是广义云计算的一部分。目前刚刚起步，但是大有潜力，所以要自主可控，形成云制造产业链还需要时间以及各方面的共同努力。

最近两年云制造在"智慧城市"里面也开始运用。"智慧城市"里面包括感知层、通信层、智能处理层。而"智慧产业"即"智慧制造"和"制造物流"就很重要。不仅提出了"智慧制造"的定义，同时为了提高企业竞争力、转变城市经济增长方式，建立了云制造交易中心、制造服务中心、云制造运营中心，延伸产业链实现转型升级，把本地资源和能力、国内制造资源能力甚至是全球的资源能力集合起来。

4. 加快推进云制造系统的"三要素"及"五流"的集成

目前我们要做的是突出云制造的特点与优势，突出应用需求牵引云制造系统建设，推动云制造系统的"三要素"（人/组织、经营管理、技术）及"五流"（信息流、物流、资金流、知识流、服务流）的集成，突出新一代信息技术、大制造技术和产品专业技术的深度融合，突出以建立制造信息化新模式与新手段为核心，突出面向制造企业与产品用户两类对象，突出中国特色工业化、信息化、城镇化同步发展，突出政、产、学、研以及团队力量的结合。

接下来便是阶段成果的工程化、产业化要深化融合，特别是要注重"工业云"创新项目。在技术上要深化与应用有关的技术，特别是重视与产品用户服务有关的技术和产品售前、售中、售后服务及有关技术。能力的协同和交易需要再加强，还需要再加强推广宣传。在具体技术上要突出新兴技术的应用，例如移动互联网、大数据、基于模型的工程技术，还有 3D 打印技术与云制造技术的融合，标准化技术与安全技术的发展，结合各个行业与企业创造有特色的商业模式。这是一个战略工程，必须要由政府引导，加快成立知识创新体系、技术创新体系、产业创新体系和应用创新体系。

最后，在具体做云制造的时候，一定要围绕转变经济增长方式，增强企业竞争能力的目标做良性循环。一定要企业一把手领导，按照复杂系统工程来重视"三要素""五流"的集成优化。

第二节　ERP 财务系统在制造业管理中的应用

现代制造企业的运作是从货币资本到实物资产最终再到货币资本的资本循环增值过程。企业资源计划（ERP）系统主要从管理和控制企业实物形式资产的循环过程出发，而实物形式资产的循环过程必然伴随着资金的循环流转，最终实现对制造企业资本和资产运行的有效管理。在 ERP 系统中集成财务部分的子系统，可以减少资本数据的重复录入，提高数据的准确性，更好地控制制造企业物流和资金流，完成财务反映和监督的职能。

一、ERP 财务系统在制造业管理中的功能和特征

ERP 系统是较完整的集成化管理信息系统，包括销售、制造、财务、质量控制、售后服务、人力资源等子系统。在 ERP 系统中，财务系统不仅与其他子系统一样占有举足轻重的地位，而且与其他子系统联系十分紧密，在某种意义上还为其他子系统作用的发挥起到了基础性的支撑作用。

（一）ERP 财务系统的主要功能

1. 全面掌控制造业的资金流动状况，强化并完善企业的资金管理

（1）严格的预算控制。ERP 财务系统提供了各种财务预算的事前编制、事中控制和事后查询分析功能。系统可提供精细预算和粗放预算两种方式，各单位可以根据财

务管理的需要自由选择。企业预算除了具备对全面预算协调、控制的作用以外，还具备激励、提升管理能力、抗御风险、落实企业战略的作用。

（2）完善的资金管理。ERP 财务系统可对制造企业资金提供全面管理，可对存款、贷款、内部拆借、结算、日记账、利息计算以及各种报表等一整套资金业务进行处理，也可以针对一般资金和专项资金分别提供详细的管理监控功能。同时还可以提供全面虚拟内部银行管理功能，将银行信贷与结算职能引入企业的"资金管理"中。

2. 及时汇总制造企业财务信息，动态分析评价财务经营状况

（1）实时的远程财务信息。ERP 财务系统能满足用户信息充分共享、综合汇总、分析和远程应用的管理需求，适用于制造企业分散式应用、集中式管理的模式，是实现集中式管理和远程监控的最佳途径之一。通过浏览器，实现完全的远程操作，支持远程办公。

（2）快捷的动态财务评价。ERP 财务系统能从业务流程角度和制造企业发展角度测评财务指标，以弥补传统财务指标的不足之处，使企业能在了解财务结果的同时，又能对自己在增强未来发展能力方面取得的进展进行监督。全方位的财务指标和非财务指标的企业财务评价体系是一种可以被实际操作的财务评价方法。

（3）专家级的财务报表分析。由于采用了先进的技术，ERP 财务系统具有多角度的数据透视和挖掘、灵活的分析模式选择、支持预算和决算两套财务报表的比较分析、自动生成制造企业全面的财务报表分析报告等，并提供国内外最新的企业绩效评价体系：功效系数法评价体系和企业创值评价体系。

（4）灵活的查询统计功能。ERP 财务系统为用户提供总账、明细账、凭证、原始单据的双向联查；可以从一个中文字、一笔数据以及任何一个信息进行查询；可以查到往来单位、部门、个人、项目的信息；在制单时可以方便地查到所有账户的最新余额；凭证即使未记账，也可以查询到所有最新账簿。

（5）强大的决策支持分析。ERP 财务系统能通过建立数据库和多种分析模型，提供丰富快捷的分析决策信息、准确迅速的现金流量分析、资金日报分析、成本分析、预测分析、银行借款查询等分析信息，并且可形成图形直观显示。全面深入的企业财务分析和完整及时的决策信息，帮助决策者对企业未来的经营方向和经营目标进行量化分析和论证，从而对制造企业的生产经营活动做出科学的决策。该系统可提供多种分析方式，如绝对数分析法、对比分析法、定基分析法、环比分析法、结构分析法、趋势分析法等。

（6）完备的财务体系。为了更好地构建财务与决策体系，ERP 财务系统将财务与决策分为两大层次：财务会计和管理会计。财务会计主要完成企业日常的财务核算，并对外提供会计信息。管理会计则灵活运用多种方法，收集整理各种信息，围绕成本、利润、资本三个中心，分析过去、控制现在、规划未来，为管理者提供经营决策信息，并帮助其做出科学决策，ERP 财务系统体现管理会计的思想是它的一大特色。

（二）ERP 财务系统在制造业管理中的突出特征

1. 即时性

在 ERP 的管理状态下，资料是联动的而且可以随时更新，确保每个有关人员都可以随时掌握即时的资讯。ERP 会计核算系统能迅速变更企业管理中的资本信息，即时反映企业的经营状况，避免了数据的重复输入和重复存储，提高了数据的准确性和一致性，实现了物流、资金流、信息流的统一。

2. 集成性

在 ERP 的管理状态下，各种信息的集成反应，为决策的科学化提供必要条件。在 ERP 财务系统尚未导入之前，信息库的资讯是滞后、片面的。同时，以往的会计信息系统在面临组织增减变化时，需花比较多的时间去修改与串联。在导入 ERP 财务系统之后，通过其特有的集成功能，便可以很轻松地进行衔接，预算规划更为精确，控制更为落实，也使得实际发生的数字与预算之间的差异分析、管理控制更为容易与快速。

3. 远见性

会计子系统集财务会计、管理会计、成本会计于一体。ERP 财务系统与 ERP 系统的其他子系统融合在一起，这种系统整合及其系统的信息供给，有利于财务做前瞻性分析与预测。

二、ERP 财务系统较会计电算化系统在制造业管理中的优势

（一）会计科目的设置方面

会计科目是财务信息记录、分类、汇总、统计的依据，但电算化系统与 ERP 财务系统在会计科目设置上存在较大差异。

1. 结果型与过程型

会计电算化系统根据手工核算原理设置成结果型会计科目，仅记录业务结果，不追求过程。而 ERP 财务强调财务与业务的实时一致性，记录业务流的全过程，便于实时监控和溯源查询，其科目设置属于过程型。另外，ERP 财务系统可以设置一些过渡科目，用于记录业务流过程中财务核算暂不体现的业务动作，以确保制造企业管理决策层更实时、更真实、更透明地了解企业运营的信息。

2. 核算型与管理型

会计电算化系统的科目设置是核算型的，而 ERP 财务系统的科目是管理型的。以最常见的债务类科目应付账款为例，电算化系统采用了与手工核算一样的方式，即在一级科目应付账款下设置供应商明细科目。这种方式易于理解，但无法对债务进行财务层面的监管，仅能满足简单的核算需求。ERP 财务系统通过启用专门监管应付债务的供应商子账来管理应付账款，把供应商与采购业务集成管理，通过长期供应商与一次供应商的差别方案，有效记录、跟踪、管理供应商及往来款项，内在的集成性确保总账与子账的实时一致性。同理可扩展至客户管理、存货管理、固定资产管理、资金管理等，由于这些子账与财务实时集成，为业务、财务共有，所以管理功能强大，方便融入业务、财务部门的管理思想。

（二）系统的独立性方面

会计电算化系统是财会部门边界范围内的独立信息系统，基于企业局域网，与制造企业内其他系统之间很难实现数据共享，即使有链接也是通过软件的数据接口，主要实现数据的导入和导出，不能做到实时共享。而 ERP 中的财务子系统是企业边界范围内的非独立信息系统，基于互联网，与其他子系统之间信息高度集成和共享，真正实现物流、资金流和信息流的统一。

（1）ERP 系统所采集和处理的几乎是一个制造企业中的全部数据，它不仅采集和处理财务信息，还包括非财务信息，采集和处理信息的范围相当广泛，因而财务部门可以通过网络技术对数据进行共享和筛选，以满足财务报表的编制要求和对制造企业日常业务活动决策、控制和预测的要求。

（2）在 ERP 系统中全部业务活动信息是由业务部门一次直接采集完成的，增加了所提供信息的详细程度，减少了会计科目核算层次和数量，使得会计信息更加明晰易懂。

（三）业务流程方面

会计电算化系统是把系统工程、电子计算机技术等会计理论、方法融为一体，通过货币计量信息和其他有关信息的输入、存储、运算和输出，提供计划和控制经济过程所需要的经济信息。它是模拟人工业务内容，会计人员根据原始凭证登记计算机内的凭证，再模拟手工的审核和记账，这对满足会计核算的要求来说已经足够，但在业务流程的监控和与其他系统的集成性上还缺乏必要的手段。

ERP 中的财务系统和 ERP 系统的其他模块如供应、生产、销售、企业产品信息、服务信息、反馈信息等相互集成。它可将由生产活动、采购活动输入的信息自动计入财务模块生成总账、会计报表，取消了输入凭证繁琐的过程，几乎完全改变了会计核算系统的数据处理流程。同时，ERP 的所有数据来自企业的中央数据库，各个子系统在统一的数据下工作，任何一种数据变动都能实时地反映给相关部门，并按照规范化的数据处理程序进行管理和决策，实现业务与会计的协同。

（1）与内部业务的协同。如网上采购、网上销售、工资核算、预算等。在这一协同过程中，产生的信息需要和资金流管理相协调，一旦产生会计数据，就要进行会计核算，进行加工、存储和处理，并将相应的信息传送给业务部门，从而保证业务和会计协同进行。

（2）与供应链协同。它是指通过国际互联网实现供应商、客户和企业之间的协同。在企业的供应链上，每一个业务活动的产生如果伴随着会计数据，就必须及时进行处理，并将处理结果反馈给外部业务流程，实现与外部业务的协同。

（3）与社会经济部门的协同。如网上报税、网上审计、网上银行等。

（四）管理方面

会计电算化系统是手工业务的模拟，只能满足日常核算的要求，很难体现先进的管理思想。它的管理是事后核算管理，仅停留在对总账和报表中的数据进行简单分析。

而 ERP 财务系统已经完成了从事后会计信息的反映，到财务管理信息的处理，再到多层次、一体化的财务管理支持。其核心价值就体现在解决企业管理的实际问题，可以从以下几个方面说明：

1. 会计管理的效能

会计电算化系统是半自动化的系统，由于缺少与其他子系统的数据接口，部门之间的数据调用还需以纸质的形式来协助完成。而 ERP 财务系统具有良好的开放性，同业务系统有灵活的数据接口，除了提供财务信息外，还提供数量信息、质量信息、资金流信息、物质流信息和企业内外的信息等。会计信息资源高度共享，各部门之间有灵活的数据接口，并且各系统提供的信息具有多面性，所需资金流信息只需通过网络调用即可完成，信息处理高度自动化。

因此，ERP 财务系统实现了会计管理在空间上的扩充性，可以使数据处理在不同空间同时进行；ERP 财务系统还实现了在会计管理时间上的同步性，因为所有数据都存储在企业的中心服务器中，会计数据的采集和处理都是实时的、动态的；同时，由于会计职能的扩大，促使了财务部门组织结构向扁平化发展。

2. 会计管理的职能

现代企业以资金管理为中心，并建立以市场营销为导向的目标成本管理的新机制，实现对资金和成本的有效监控。ERP 财务系统实现了对企业财务运营风险的有效控制，如运用各种机制解决应收账款难以收回、存货积压等重要问题；另外加强分析决策的广度和深度，构建完善的决策支持系统。

3. 会计管理的性能

通过互联网开展的电子商务是企业进行经营活动的前台，企业内联网是经济活动的后台，后台的会计管理可以和电子商务实现无缝连接。各种网络的无缝连接，促使会计信息不断走向无纸化，会计人员的工作方式实现了网络化。

第三节　ERP 供应链管理在制造业中的应用

一、ERP 供应链管理对制造业的重要性

制造业是国民经济发展的主导，它的发展水平体现出一个国家的综合国力。供应链管理是从原材料的供应到最终实现销售的全过程，将供应链中的上下游企业、消费者及物流等相关的活动进行有机整合，实现最大效益。未来衡量企业的竞争力不是企业之间的竞争，而是供应链之间的竞争，在竞争激烈的市场环境下企业能否获胜，就在于供应链上的企业能否建立有效的战略合作伙伴关系，最终实现共赢。即从发挥供应链最大效益的角度，对企业所有节点的信息资料进行整合，注重汇总信息资料、对市场快速反应、战略合作伙伴关系以及为客户创造价值等。电子商务平台上销售与采购信息的公开化，使得销售成本和采购成本降低，也改变了企业原来的采购、销售模式，原来的采购部门实现了从完全控制成本到创造新利润的转变，减少了原来销售渠

道的中间环节，使企业的成本在行业里得到降低。

我国的制造业要想与国际接轨，适应发展的潮流，就必须要将供应链管理应用到制造业中。实施供应链管理可以解决企业以下问题：第一，精简机构，减少冗员，降低人工成本、运营成本；第二，减少原材料、固定资产等投入，提高资金周转率，从而降低投资风险；第三，将有效资源集中，开展研发和销售工作，或进行企业重组、兼并，实现企业迅速扩张。

二、ERP 供应链管理应用现状及存在问题

（一）ERP 供应链管理的应用现状

ERP 的核心思想即是供应链管理。目前国际著名的 ERP 软件商有甲骨文（Oracle）公司、用友公司、德国 SAP 公司、香港金蝶公司等。ERP 软件商针对中国企业的特点开发了先进的供应链管理系统，很多企业诸如海尔、苏宁等取得了良好的效果，在节约成本、提高决策水平及协作能力方面效果斐然。中国从 20 世纪 80 年代初引进制造资源计划 MRP Ⅱ 至今，ERP 的推广和应用并不乐观。《计算机世界》提到 MRP、ERP 从诞生到现在已经 20 多年，实施成功率极低，美国大概 40%，中国大概 10%。现在还有很多企业不敢采用 ERP 供应链管理系统，而在实施 ERP 的企业中也是较多地采用财务管理模块。

（二）ERP 供应链管理应用中存在的问题

首先，供应链管理信息化配套设施落后。在推广企业信息化的过程中，利用计算机、互联网、信息技术等手段完成物流全过程的协调、控制和管理，是离不开相关基础配套设施的。硬件诸如电脑、网络，软件诸如 EOS（电子自动订货系统）、GPS（卫星定位系统）、GIS（地理信息系统），技术诸如 BAR CODE（条形码）、EDI（电子数据交换）在中国很多地区并不完善、普及，制约了供应链管理的信息化进程。其次，企业对信息化管理经费投入不足。截至 2013 年 3 月底，中国实有企业数量 1374.88 万户，中小企业占到了企业总数的 99%，普遍存在信息管理水平低、信息化建设投入不足等问题。在 ERP 的实施过程中，前期因为 ERP 软硬件收费不菲，中期需要软件维护、咨询服务，后期软件进行系统升级，都需要花费高昂的费用。企业外部面临竞争压力，内部进行生产运营，资金短缺，即使实施 ERP，效果也大打折扣。再次，从业人员信息管理观念淡薄。企业从业人员对 ERP 应用认识并不全面：误区一混淆了"ERP 软件"和"ERP 系统"，误认为只要购买计算机和安装软件就万事大吉；误区二将 ERP 看作信息化建设，实施 ERP 是 IT 部门的事，缺少管理人员的参与；误区三认为 ERP 是灵丹妙药，可以解决企业的所有管理问题，未明确 ERP 首先是管理思想，而后才是计算机应用；误区四不重视基础数据的采集、录入、分析和利用，部分人员被动参与甚至与 IT 抵制，对 ERP 实施需要"三分技术，七分管理，十二分数据"熟视无睹。最后，ERP 供应链管理的适用性有待提高。现阶段的 ERP 还不能很好地集成、优化企业的各种资源，全面实现电子数据交换、客户关系管理、供应关系管理。在软件开发商方面，存在 ERP 厂商把国外软件和中国产品简单嫁接，仅将软件的界面和报表

汉化，敷衍了事。在实施企业方面，一部分企业没有结合自身情况进行需求分析、正确规划建设、业务流程重组及实施效果评价；另一部分企业在进行服务商和产品选择时，盲目追求"大而全"，只买贵的，不买对的。

三、基于云计算构建 ERP 供应链管理的集成体系

ERP 作为供应链管理的有效手段，其建设的出发点是利用信息化手段，为企业组织的生产运营提供优质的数字化资源和服务。故此，进行业务流程再造、采用云计算技术、实施绩效评价体系是 ERP 在供应链管理应用中的三项重点任务。通过业务流程再造，将 BPR 与 ERP 完美结合；通过云计算，对企业内外部资源进行有效协调和整合；通过绩效评价，最大地满足市场需求。

（一）基于业务流程再造，实施 ERP 供应链协同管理应用系统

"业务流程再造（BPR）"是迈克尔·哈默与詹姆斯·钱皮首次提出的，是指针对企业业务流程的基本问题进行反思，并对它进行彻底的重新设计，以便在成本、质量、服务、速度等当前衡量企业业绩的这些重要的尺度上取得显著的进展。

BRP 和 ERP 几乎是对方取得成功的互为成功的条件。一方面，ERP 的先进系统要发挥作用、产生效益，企业必须进行 BPR；另一方面，若企业组织从观念重建、流程重建、组织重建三个层次成功实施 BPR，则有效地保证 ERP 应用成功并达到预期效果。因此，BRP 是 ERP 实施的前提条件，ERP 是 BPR 的保障。面向 ERP 供应链的企业业务流程再造（BPR）实施步骤为：第一，识别现有业务流程；第二，进行企业流程分析；第三，结合 ERP 的实施设计新的业务流程；第四，制订文化变革计划；第五，流程再造实施及改进阶段。通过 ERP+BPR 的有机结合，能够实现系统运行集成化、业务流程合理化、绩效监控动态化和管理改善持续化。

（二）应用云计算技术，实现数据有效存储、共享和使用

云计算（云服务）的核心思想是将大量用网络连接的计算资源统一管理和调度，构成一个计算资源池向用户提供按需服务。提供资源的网络被称为"云"，2013 年全球的云服务的消费水平已达到 1 500 亿美元。

云处理是 ERP 的技术基础与延伸，应用在 ERP 供应链管理的数据存储管理工作中，具体体现在：第一，"云"中的资源在使用者看来是无限扩展的，可以随时获取，按需使用，按实际付费。第二，云处理技术可以减少噪音，在供应链内简化、加快数据交换，企业能从云服务中寻求最大利益。例如云服务商能提供 80% 全球供应商的数据库，企业能在更佳的时间，以更便宜的成本和更好的质量进入市场。第三，在云环境下的供应链管理中，云服务提供了有效、灵活管理供应商的能力，组织优化供应链更加容易。第四，云基础的供应链服务还可以增加组织边界的能见度。能见度体现在两个方面：一是验证供应商订单进度报告的真实性；二是获得第三层供应链的能见度。云服务提供商可以收集有关运输、库存、质量保证等点对点的信息，并将之形成数据分析报告。

（三）加强 ERP 供应链绩效评价体系建设，有效满足顾客需求

建立供应链绩效评价系统的目的在于评价供应链的运行效果、评价各成员的贡献以及激励员工。验证供应链是否有效的依据在于最终客户的满意水平。不同节点的企业对用户的需求以及各自的工作业绩的评价是不同的，如下游企业更加注重顾客导向，顾客对交货期最为关心。建立指标体系应遵循以下原则：突出重点，对关键绩效指标进行重点分析；采用能反映整个供应链业务流程的绩效指标体系；评价指标能反映整个供应链的运营情况，而不仅仅反映单个节点企业的运营情况；尽可能采用实时分析和评价方法，要把绩效量度的范围扩大到能反映供应链实时运营的信息上去；战略层面上使用关键绩效指标，战术及操作层面使用具体绩效指标为宜。

第四节　ERP 成本管理在制造业中的应用

近年来随着制造业的原材料的上涨、人工成本的大幅增加以及人民币的升值，我国的制造业也走进了微利时代。因此，准确、及时地核算成本、控制和改善成本的薄弱环节以及成本的变化趋势，成为了企业盈利的重要原因。而 ERP 成本管理的运用，能科学、准确地分析、核算、控制和预测成本，进而使企业在成本上占据优势，因此在我国制造业企业中得到了广泛运用。

一、ERP 成本管理对制造业的重要性

正是基于制造业本身的行业特点，选择 ERP 能将信息化的技术运用到企业的管理中，发挥自身的特长和优势，辅助企业管理得到优化。一方面，ERP 详尽的计划体系对制造业的成功管理具有极其重要的作用，它是围绕制造业生产活动制订出的。例如原材料的需求、采购计划以及相应的人力计划等。另一方面，ERP 将企业、企业的生产与客户以及产品订单都紧密地联系在了一起。无论距离多远的客户都能凭借互联网及时、便利地与企业进行联系，这在很大程度上为企业加大了宣传，拓宽了企业的市场。同时 ERP 也能让企业各个部门的工作在局域网上进行，减少了大量重复的数据统计和传递工作，提高了员工的主动性和积极性，有利于提高了企业内部员工的工作效率。

二、ERP 成本管理在制造业应用中存在的问题

当前有许多企业非常注重对 ERP 成本管理的实施，但是由于各方面的原因，在实施过程中并不十分顺利，很难达到预期的效果，仍然面临着许多问题。

（一）缺乏周全的成本业务解决方案

企业在运用 ERP 的过程中，对 ERP 的实施效果起决定性作用的就是成本业务的解决方案。而企业在设立业务解决方案时要对企业管理基础、企业的行业特点以及企业的成本管理目标等方面进行充分、综合地考虑，从而合理制定成本的核算流程以及特

殊业务的处理方法，安排各个岗位应该履行的职责，选择周全的成本计算、归集、分配的方法。

由于许多实施顾问是刚进入 ERP 软件行业，缺乏知识经验和专业背景的积累，专业素养还达不到一定高度，因此他们在考虑问题方面并不十分全面。目前大部分公司在 ERP 的实施过程中首先是从供应链、财务做起，而供应链和财务的实施顾问并没有对后续问题进行考虑就直接制订业务解决方案。如成本管理模块，增加生产管理后怎样运作系统才能让前期的数据和运行都保持正常和稳定，而增加成本管理模块之后会在参数方面不适应，并且系统参数也不能修改，从而导致要全部重新实施，这就浪费了许多的人力和物力，工作效率也十分低下。

（二）ERP 成本计算方法与传统手工计算方法存在差异

大部分制造业的成本管理基础比较薄弱，因此在成本的计算方法上也只选用传统简单的计算方法，只能对产品和品种这些较大的项目进行核算，也有一些企业仅仅对生产总额进行计算，在很大程度上会导致财务手工与 ERP 计算的差异。ERP 软件的使用，无论是成本会计的工作内容，还是工作方法上都有很明显的改变，一些企业员工在短时间内还不能适应，这就成为了实施 ERP 成本管理过程中的阻碍。

（三）ERP 系统不适应企业的生产特点

许多企业在选择 ERP 的过程中，仅仅注重 ERP 系统的知名度，认为只要是外国的知名公司开发的就是最好的，却很少考虑过企业自身的特点，有些企业的 ERP 的实施团队甚至不能熟练应用，也不具备成本管理的实施经验，在知识的全面性和实施思路的清晰度上都还不够。因此，许多企业在对 ERP 系统的选择上出现问题，既导致了资源的浪费，又没有实现成本的优化管理。

（四）企业推动 ERP 内部阻力较大

ERP 实施初期效果难以快速彰显，在实施过程中，各实施部门增加大量工作而难以迅速收到实效，因此各部门只看到了增加的工作量，看不到实效，对 ERP 相关工作推三阻四，或者敷衍了事，导致 ERP 上线过程中，工作不断反复，非常艰难。所以，企业推动 ERP 内部阻力较大。

三、提高制造业实施 ERP 成本管理成功率的策略

（一）制订科学的业务解决方案

要制订科学、合理、周详的业务解决方案，首先要进行充分的调研和论证。企业的成本会计人员要与 ERP 实施顾问一起对物资进出流动、生产活动组织、生产工艺等流程进行深入了解，从而改善传统的手工计算方式，在 ERP 系统的基础上制定出优化的业务流程，选择合适的成本计算方法以及科学的解决方案，最后通过数据的测试来对业务解决方案的运作便捷性和可行性进行论证。

（二）加快对成本会计的知识转移

从传统的手工计算到 ERP 的成本核算，成本会计在工作内容、工作方法上都有了

变化，在很大程度上增加了工作量，而在短时间内成本会计很难适应。因此，ERP 的实施顾问要对企业的成本会计进行业务操作流程的讲解和产品知识原理的培训，尤其是较难或者易错的部分要重点教授，确保企业成本会计人员能够轻易、熟练地操作。企业内部的实施顾问在能够熟练运作之后，也要在业务变化的基础上及时、有效地提出新的解决方案。

如果不进行知识转移，当 ERP 系统的实施顾问撤离后，企业则不能很好地对 ERP 进行操作，无法发挥出最大效益。因此，加快知识的转移对 ERP 信息系统的高效、平稳、持久运行有着十分重要的意义和作用。

（三）ERP 系统选择要合适

针对许多企业在 ERP 系统的选择上出现的问题，企业在今后的改进过程中要进行更加全面、细致地考虑。首先要考察 ERP 的整体实力、它在同行里是否得到过成功运用；其次，要分析企业自身的特点，思考 ERP 的实施团队能否熟练应用、是否具有成本管理的实施经验、实施思路的清晰度以及知识的全面性。同时，为了减少因为人员调动而影响工作进度，企业必须对 ERP 软件实施的供应商实施人员进行一定约束，这样才能保证 ERP 实施的工作效率。

（四）高度重视 ERP 系统的推动工作

企业要高度重视 ERP 的推动工作，可以成立专门的项目领导小组，由公司总经理挂帅，把 ERP 工程当成重点工程来做。企业要加强 ERP 项目宣传的力度，让大家体会到的不仅仅是 ERP 实施过程中的付出，更重要的是能够看到实施 ERP 系统而获得的回报。

随着经济的快速发展，ERP 的运用也越来越广泛，基于我国制造企业的特点，越来越多的企业选择使用 ERP 系统，但在具体的操作过程中由于一些原因还存在问题，如果从制订科学的业务解决方案、加快对成本会计的知识转移以及选择合适、优质的 ERP 系统三个方面来进行改进，不仅有利于 ERP 实施成功率的提高，也对企业的工作效率最大化有一定帮助。

第二章 系统管理与企业应用平台

第一节 系统管理

用友 ERP-U8 软件产品是由多个产品组成，各个产品之间相互联系，数据共享，完整实现财务、业务一体化的管理。为了实现一体化的管理模式，要求各个子系统具备公用的基础信息，拥有相同的账套和年度账，操作员和操作权限集中管理并且进行角色的集中权限管理，业务数据共用一个数据库。因此，需要一个平台来进行集中管理，系统管理模块的功能就是提供这样一个操作平台。其优点就是对于企业的信息化管理人员可以进行方便的管理、及时的监控，随时可以掌握企业的信息系统状态。系统管理的使用者为企业的信息管理人员：系统管理员 Admin、安全管理员 Sadmin、管理员用户和账套主管。

系统管理模块主要能够实现如下功能：

·对账套的统一管理，包括建立、修改、引入和输出（恢复备份和备份）。

·对操作员及其功能权限实行统一管理，设立统一的安全机制，包括用户、角色和权限设置。

·允许设置自动备份计划，系统根据这些设置定期进行自动备份处理，实现账套的自动备份。

·对账套库的管理，包括建立、引入、输出、备份账套库，重新初始化，清空账套库数据。

·对系统任务的管理，包括查看当前运行任务、清除指定任务、清退站点等。

一、系统注册

在用友 ERP-U8 V10.1 系统中，对于系统管理员（Admin）、安全管理员（SAdmin）、管理员用户和账套主管看到的登录界面是有差异的，系统管理员、安全管理员登录界面只包括：服务器、操作员、密码、语言区域，而管理员用户、账套主管则包括服务器、操作员、密码、账套、操作日期、语言区域。

对于系统管理员（Admin）、安全管理员（SAdmin）、管理员用户和账套主管其可操作的权限明细如表 2-1 所示。

表 2-1　　　　　　　　　各类管理员和账套主管的权限明细表

主要功能	详细功能1	详细功能2	系统管理员（Admin）	安全管理员（SAdmin）	管理员用户	账套主管
账套操作	账套建立	建立新账套	Y	N	N	N
		建立账套库	N	N	N	Y
	账套修改		N	N	N	N
	数据删除	账套数据删除	Y	N	N	N
		账套库数据删除	N	N	N	Y
	账套备份	账套数据输出	Y	N	N	N
		账套库数据输出	N	N	N	Y
	设置备份计划	设置账套数据备份计划	Y	N	N	N
		设置账套库数据备份计划	Y	N	Y	Y
		设置账套库增量备份计划	Y	N	Y	Y
	账套数据引入	账套数据引入	Y	N	N	N
		账套库数据引入	N	N	N	Y
	升级 SQL Server 数据		Y	N	Y	Y
	语言扩展		N	N	N	N
	清空账套库数据		N	N	N	Y
	账套库初始化		N	N	N	Y
操作员、权限	角色	角色操作	Y	N	Y	N
	用户	用户操作	Y	N	Y	N
	权限	设置普通用户、角色权限	Y	N	Y	Y
		设置管理员用户权限	Y	N	N	N
其他操作	安全策略		N	Y	N	N
	数据清除及还原	日志数据清除及还原	N	Y	N	N
		工作流数清除出及还原	Y	N	N	N
	清除异常任务		Y	N	N	N
	清除所有任务		Y	N	N	N
	清除选定任务		Y	N	N	Y
	清退站点		Y	N	N	N
	清除单据锁定		Y	N	N	N
	上机日志		Y	Y	Y	N
	视图	刷新	Y	Y	Y	Y

注：Y 表示具有权限，N 表示不具备权限；

管理员用户可操作的功能，以其实际拥有的权限为准，本表中以最大权限为例。

用户运行用友 U8 管理软件系统管理模块，登录注册的主要操作步骤如下：

（1）启动系统管理：执行"开始→程序→用友 U8V10.1→系统服务→系统管理"命令，启动系统管理，如图 2-1 所示。

（2）执行"系统→注册"命令，打开注册登录系统管理对话框，如图 2-2 所示。

选择登录到的服务器：在客户端登录，则选择服务端的服务器名称（标识）；在服务端或单机用户则选择本地服务器名称（标识）。

输入操作员名称和密码。如要修改密码，则单击"改密码"选择钮。

图 2-1 启动系统管理

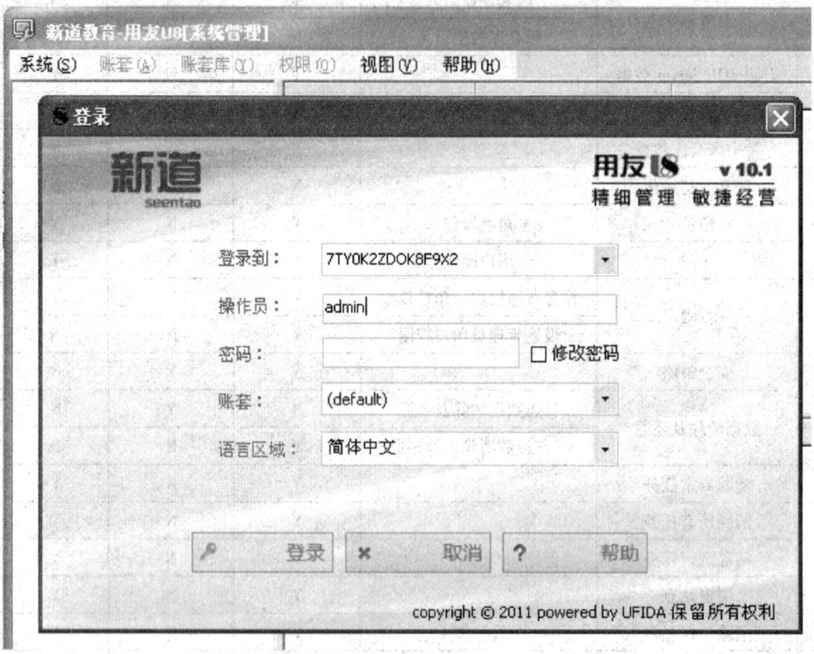

图 2-2 用友 U8 注册登录界面

第一次登录运行系统，用系统管理员（admin），密码为空，选择系统默认账套（default），单击"登录"按钮可登录系统管理。

在实际工作中，为了保证系统的安全，必须为系统管理员设置密码。而在教学过程中，由于一台计算机供多个学员使用，为了方便则建议不为系统管理员设置密码。

二、建立账套

在使用系统之前，首先要新建本单位的账套。

［实务案例］

建立账套，账套信息如下：

账套号：118 账套名称：制造业进销存及成本电算化实务

启用日期：2014 年 09 月 01 日

单位名称：飞跃摩托车制造公司 单位简称：飞跃摩托

企业类型：工业 行业性质：新会计制度 账套主管：王齐

选择按行业预设科目

存货、客户、供应商选择分类，有外币业务

科目编码级次：4-2-2-2-2

客户分类编码级次：2-2

供应商分类编码级次 2-3-4

存货分类编码级次：2-2-2-2-3

部门编码级次：2-2

地区分类编码级次：2-3-4

结算方式编码级次：1-2

货位编码级次：2-3-4

收发类别编码级次：1-2

客户权限：2-3-4

供应商权限编码级次：2-2-2

存货权限组级次：2-2-2-2-3

其他参数均为系统默认值。

设置数据精度定义：均为两位小数位。

设置启用系统：总账、采购管理、销售管理、库存管理、存货核算、物料清单、主生产计划、成本管理、需求规划和生产订单。

【操作步骤】

（1）以系统管理员 admin 身份注册登录后，执行"账套→建立"命令，进入"创建账套"对话框，选择"新建空白账套"选项，单击"下一步"按钮。

（2）输入账套信息：用于记录新建账套的基本信息，如图 2-3 所示。输入完成后，点击"下一步"按钮。

界面中的各栏目说明如下：

·已存账套：系统将现有的账套以下拉框的形式在此栏目中表示出来，用户只能查看，而不能输入或修改。其作用是在建立新账套时可以明晰已经存在的账套，避免在新建账套时重复建立。

·账套号：用来输入新建账套的编号，用户必须输入，可输入 3 个字符（只能是1~999之间的数字，而且不能是已存账套中的账套号）。

·账套名称：用来输入新建账套的名称，作用是标识新账套的信息，用户必须输入。可以输入 40 个字符。

·账套语言：用来选择账套数据支持的语种，也可以在以后通过语言扩展对所选语种进行扩充。

·账套路径：用来输入新建账套所要被保存的路径，用户必须输入，可以参照输

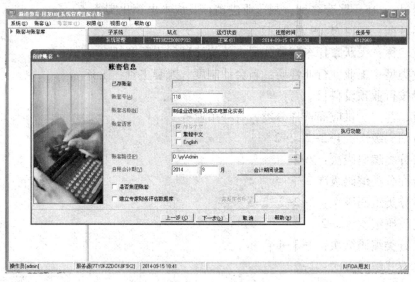

图 2-3　账套信息输入界面

入，但不能是网络路径中的磁盘。

·启用会计期：用来输入新建账套将被启用的时间，具体到月，用户必须输入。

·会计期间设置：因为企业的实际核算期间可能和正常的自然日期不一致，所以系统提供此功能进行设置。用户在输入"启用会计期"后，用鼠标点击"会计期间设置"按钮，弹出会计期间设置界面。系统根据前面"启用会计期"的设置，自动将启用月份以前的日期标识为不可修改的部分，而将启用月份以后的日期（仅限于各月的截止日期，至于各月的初始日期则随上月截止日期的变动而变动）标识为可以修改的部分。用户可以任意设置。

例如本企业由于需要，每月 25 日结账，那么可以在"会计日历—建账"界面双击可修改日期部分（白色部分），在显示的会计日历上输入每月结账日期，下月的开始日期为上月截止日期+1（26 日），年末 12 月份以 12 月 31 日为截止日期。设置完成后，企业每月 25 日为结账日，25 日以后的业务记入下个月。每月的结账日期可以不同，但其开始日期为上一个截止日期的下一天。输入完成后，点击"下一步"按钮，进行第二步设置；点击"取消"按钮，取消此次建账操作。

·是否集团账套：勾选表示要建立集团账套，可以启用集团财务等集团性质的子产品。

（3）输入单位信息：用于记录本单位的基本信息，单位名称为必输项，如图 2-4所示。输入完成后，点击"下一步"按钮。

（4）核算类型设置：用于记录本单位的基本核算信息，如图 2-5 所示。输入完成后，点击"下一步"按钮。

界面各栏目说明如下

·本币代码：用来输入新建账套所用的本位币的代码，系统默认的是"人民币"的代码 RMB。

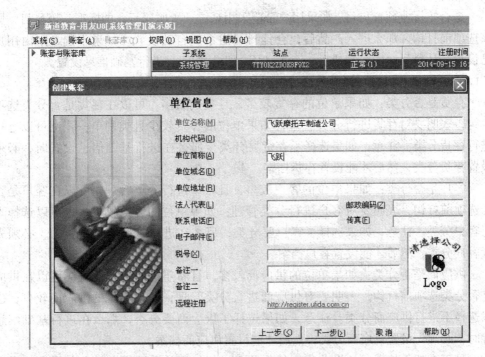

图 2-4 单位信息输入界面

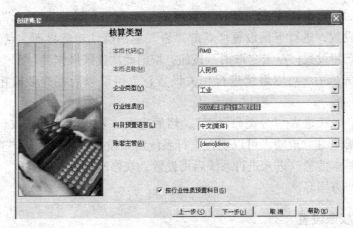

图 2-5 核算类型设置界面

·本币名称：用来输入新建账套所用的本位币的名称。系统默认的是"人民币"，此项为必有项。

·账套主管：用来确认新建账套的账套主管，用户只能从下拉框中选择输入。对于账套主管的设置和定义请参考操作员和划分权限。

·企业类型：用户必须从下拉框中选择输入与自己企业类型相同或最相近的类型。

·行业性质：用户必须从下拉框中选择输入本单位所处的行业性质。选择适用于企业的行业性质。这为下一步"是否按行业预置科目"确定科目范围，并且系统会根据企业所选行业（工业和商业）预制一些行业的特定方法和报表。

·是否按行业预置科目：如果用户希望采用系统预置所属行业的标准一级科目，则在该选项前打钩，那么进入产品后，会计科目由系统自动设置；如果不选，则由用户自己设置会计科目。输入完成后，点击"下一步"按钮，进行基础信息设置。

（5）基础信息设置，界面各栏目说明如下：

·存货是否分类：如果单位的存货较多，且类别繁多，可以在存货是否分类选项前打钩，表明要对存货进行分类管理；如果单位的存货较少且类别单一，也可以选择不进行存货分类。注意，如果选择了存货要分类，那么在进行基础信息设置时，必须先设置存货分类，然后才能设置存货档案。

·客户是否分类：如果单位的客户较多，且希望进行分类管理，可以在客户是否分类选项前打钩，表明要对客户进行分类管理；如果单位的客户较少，也可以选择不进行客户分类。注意，如果选择了客户要分类，那么在进行基础信息设置时，必须先设置客户分类，然后才能设置客户档案。

·供应商是否分类：如果单位的供应商较多，且希望进行分类管理，可以在供应商是否分类选项前打钩，表明要对供应商进行分类管理；如果单位的供应商较少，也可以选择不进行供应商分类。注意，如果选择了供应商要分类，那么在进行基础信息设置时，必须先设置供应商分类，然后才能设置供应商档案。

·是否有外币核算：如果单位有外币业务，例如用外币进行交易业务或用外币发放工资等，可以在此选项前打钩。

输入完成后，点击"完成"按钮，系统提示"可以创建账套了么"，点击"是"完成上述信息设置，进行下面设置；点击"否"返回确认步骤界面。点击"上一步"按钮，返回第三步设置；点击"取消"按钮，取消此次建账操作。

（6）建账完成后，可以继续进行相关设置，也可以以后在企业应用平台中进行设置。

继续操作：系统进入"分类码设置"，然后进入"数据精度"定义。完成后系统提示"XXX"账套建立成功，可以现在进行系统启用设置，或以后从"企业应用平台—基础设置—基本信息"进入进行系统启用设置，或修改已设置的信息，如会计期间、系统启用、编码方案等。

三、操作员及权限设置

（一）角色

角色是指在企业管理中拥有某一类职能的组织，这个角色组织也可以是实际的部门，可以是由拥有同一类职能的人构成的虚拟组织。例如：实际工作中最常见的会计和出纳两个角色，他们可以是一个部门的人员，也可以不是一个部门但工作职能是一样的角色统称。在设置角色后，可以定义角色的权限，如果用户归属此角色其相应具有该角色的权限。此功能的好处是方便控制操作员权限，可以依据职能统一进行权限的划分。本功能可以进行账套中角色的增加、删除、修改等维护工作。

［实务案例］

飞跃摩托车制造公司的主要角色如表2-2所示：

表2-2 飞跃摩托车制造公司主要角色

编码 \ 角色	角色名称	备注
001	财务主管	
002	会计	
003	出纳	
004	销售主管	
005	采购主管	

【操作步骤】

（1）在"系统管理"主界面，选择"权限"菜单中的"角色"，点击进入角色管理功能界面。

（2）在角色管理界面，点击"增加"按钮，显示"增加角色"界面，输入角色编码和角色名称。在所属用户名称中可以选中归属该角色的用户。点击"增加"按钮，保存新增设置。如图2-6所示。

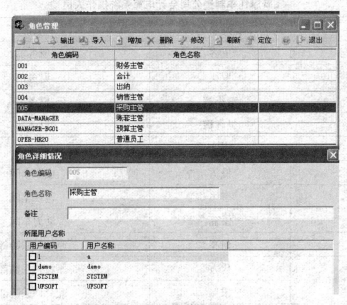

图2-6 角色管理界面

·修改：选中要修改的角色，点击"修改"按钮，进入角色编辑界面，对当前所选角色记录进行编辑，除角色编号不能进行修改之外，其他的信息均可以修改。

·删除：选中要删除的角色，点击"删除"按钮，则将选中的角色删除，在删除前系统会让其进行确认。如果该角色有所属用户，是不允许删除的。必须先进行"修改"，将所属用户置于非选中状态，然后才能进行角色的删除。

点击"刷新"按钮，重新从数据库中提取当前用户记录及相应的信息。

对于界面的选项"是否打印所属用户"是指在打印角色的同时将所属的该角色的客户同时打印出来。

用户和角色设置不分先后顺序，用户可以根据自己的需要先后设置。但对于自动传递权限来说，应该首先设定角色，然后分配权限，最后进行用户的设置。这样在设置用户的时候，如果选择其归属那一个角色，则其自动具有该角色的权限。

一个角色可以拥有多个用户，一个用户也可以分属于多个不同的角色。

若角色已经在用户设置中被选择过，系统则会将这些用户名称自动显示在角色设置中的所属用户名称的列表中。

只有系统管理员有权限进行本功能的设置。

（二）用户（操作员）

本功能主要完成本账套用户的增加、删除、修改等维护工作。设置用户后系统对于登录操作，要进行相关的合法性检查。其作用类似于 WINDOWS 的用户账号，只有设置了具体的用户之后，才能进行相关的操作。

［实务案例］

飞跃摩托车制造公司的会计电算化系统操作人员如表 2-3 所示：

表 2-3　　　　　　飞跃摩托车制造公司会计电算系统操作人员

编号	姓名	所属部门
1	王齐	财务部
2	罗梁	财务部
3	董小辉	财务部
4	吴红梅	财务部
5	李明	技术部
6	倪雪	成车车间
7	李飞	包装车间
8	雷磊	动力车间
9	何亮	原材料采购部
10	代方	原材料采购部
11	宋岚	配套件采购部
12	赵红兵	其他采购
13	肖遥	西南办事处
14	陈雪	西北办事处
15	石海	北方办事处

【操作步骤】

（1）在"系统管理"主界面，选择"权限"菜单中的"用户"，点击进入用户管理功能界面。

（2）在用户管理界面，点击"增加"按钮，显示"增加用户"界面。此时录入编号、姓名、用户类型、认证方式、口令、所属部门、E-mail、手机号、默认语言等内容，并在所属角色中选中归属的内容。然后点击"增加"按钮，保存新增用户信息，如图2-7所示。

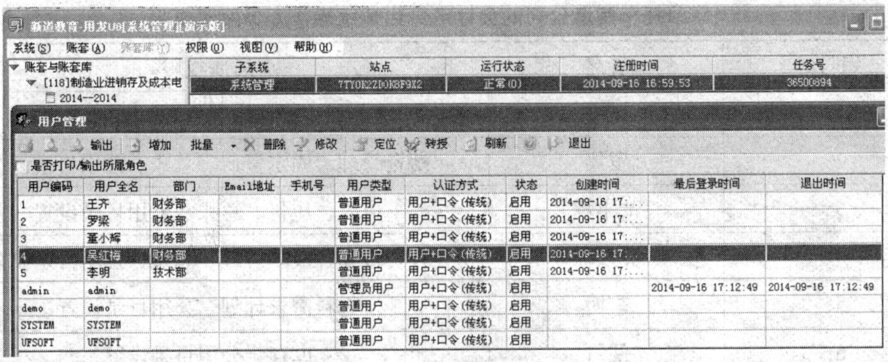

图2-7　用户管理界面

·修改：选中要修改的用户信息，点击"修改"按钮，可进入修改状态，但已启用用户只能修口令、所属部门、E-mail、手机号和所属角色等信息。此时系统会在"姓名"后出现"注销当前用户"的按钮，如果需要暂时停止使用该用户，则点击此按钮。此按钮会变为"启用当前用户"，可以点击继续启用该用户。

·删除：选中要删除的用户，点击"删除"按钮，可删除该用户。但已启用的用户不能删除。

对于"刷新"功能的应用，是在增加了用户之后，在用户列表中看不到该用户。此时点击"刷新"，可以进行页面的更新。

点击"退出"按钮，退出当前的功能应用。

（三）划分权限

随着经济的发展，用户对管理要求不断变化、提高，越来越多的信息都表明权限管理必须向更细、更深的方向发展。用友ERP-U8提供集中权限管理，除了提供用户对各模块操作的权限之外，还相应地提供了金额的权限管理和对于数据的字段级和记录级的控制，不同的组合方式将为企业的控制提供有效的方法。用友ERP-U8可以实现三个层次的权限管理。

·功能级权限管理：该权限将提供划分更为细致的功能级权限管理功能，包括各功能模块相关业务的查看和分配权限。

·数据级权限管理：该权限可以通过两个方面进行权控制，一个是字段级权限控制，另一个是记录级的权限控制。

·金额级权限管理：该权限主要用于完善内部金额控制，实现对具体金额数量划分级别，对不同岗位和职位的操作员进行金额级别控制，限制他们制单时可以使用的金额数量，不涉及内部系统控制的不在管理范围内。

功能权限的分配在系统管理中的权限分配设置，数据权限和金额权限在"企业应用平台"→"系统服务"→"权限"中进行分配。对于数据级权限和金额级的设置，必须是在系统管理的功能权限分配之后才能进行。

［实务案例］

飞跃摩托车制造公司的会计电算化系统操作人员所属权限如表2-4所示：

表2-4　　　　飞跃摩托车制造公司的会计电算化系统操作人员所属权限

编号	姓名	所属权限
1	王齐	账套主管
2	罗梁	薪资管理、固定资产、总账、公用目录设置
3	董小辉	应收、应付、总账、公用目录设置
4	吴红梅	存货核算、成本管理、总账、公用目录设置
5	李明	物料需求计划、公用目录设置
6	倪雪	库存、公用目录设置
7	李飞	库存、公用目录设置
8	雷磊	库存、公用目录设置
9	何亮	采购、公用目录设置
10	代方	采购、公用目录设置
11	宋岚	采购、公用目录设置
12	赵红兵	采购、公用目录设置
13	肖遥	销售、公用目录设置
14	陈雪	销售、公用目录设置
15	石海	销售、公用目录设置

【操作步骤】

以系统管理员身份注册登录，然后在"权限"菜单下的"权限"中进行功能权限分配。

从操作员列表中选择操作员，点击"修改"按钮后，设置用户或者角色的权限。系统提供52个子系统的功能权限的分配，此时可以点击"图"展开各个子系统的详细功能，在"□"内点击鼠标使其状态成为"☑"后，系统将权限分配给当前的用户。此时如果选中根目录的上一级，系统的相应下级则全部为选中状态，如图2-8所示。

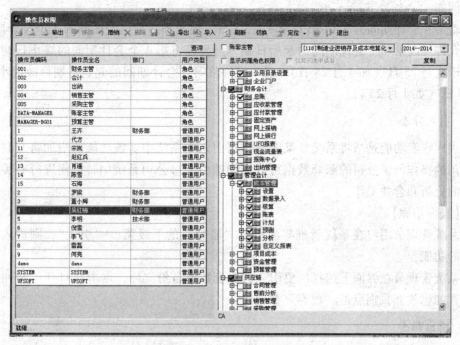

图 2-8　操作员权限设置窗口

四、账套管理

（一）修改账套

当系统管理员建完账套后，在未使用相关信息的基础上，需要对某些信息进行调整，以便使信息更真实准确地反映企业的相关内容时，可以进行适当地调整。只有账套主管可以修改其具有权限的账套库中的信息，系统管理员无权修改。

【操作步骤】

用户以账套主管的身份注册，选择相应的账套，进入系统管理界面。

选择"账套"菜单中的"修改"，则进入修改账套的功能。

系统注册进入后，可以修改的信息主要有：

账套信息：账套名称。

单位信息：所有信息。

核算信息：只允许修改行业性质。

基础设置信息：不允许修改。

对于账套分类信息和数据精度信息：可以修改全部信息。

点击"完成"按钮，表示确认修改内容；如放弃修改，则点击"放弃"。

在账套的使用中，可以对本年未启用的会计期间修改其开始日期和终止日期。只有没有业务数据的会计期间才可以修改其开始日期和终止日期。使用该会计期间的模块均需要根据修改后的会计期间来确认业务所在的正确期间。只有账套管理员用户才有权限修改相应的账套。

例如：

若第4会计期间为3月26日至4月25日，现业务数据已经做到第4个会计期间，则不允许修改第4个会计期间的起始日期，只允许将第4个会计期间的终止日期修改成大于4月25日（如4月28日），且不允许将第5会计期间的起始日期修改成小于4月26日（如4月23日）。

（二）引入账套

引入账套功能是指将系统外某账套数据引入本系统中。该功能的增加将有利于集团公司的操作，子公司的账套数据可以定期被引入母公司系统中，以便进行有关账套数据的分析和合并工作。

【操作步骤】

系统管理员用户在系统管理界面单击"账套"的下级菜单"引入"，则进入引入账套的功能。

系统管理员在界面上选择所要引入的账套数据备份文件，点击"打开"按钮表示确认；如想放弃，则点击"放弃"按钮。

（三）输出账套

输出账套功能是指将所选的账套数据进行备份输出。对于企业系统管理员来讲，定时地将企业数据备份出来存储到不同的介质上（如常见的U盘、移动硬盘、网络磁盘等），对数据的安全是非常重要的。如果企业由于不可预知的原因（如地震、火灾、计算机病毒、人为的误操作等），需要对数据进行恢复，此时备份数据就可以将企业的损失降到最小。当然，对于异地管理的公司，此种方法还可以解决审计和数据汇总的问题。各个企业应根据各企业实际情况加以应用。

【操作步骤】

以系统管理员身份注册，进入系统管理模块。然后点击"账套"菜单下级的"输出"功能进入账套输出界面，如图2-9所示。

在账套输出界面中的"账套号"处选择需要输出的账套，在"输出文件位置"选择输出账套保存的路径，点击"确认"进行输出。

只有系统管理员（Admin）有权限进行账套输出。如果将"删除当前输出账套"同时选中，在输出完成后系统会确认是否将数据源从当前系统中删除。正在使用的账套系统不允许删除。

五、账套库管理

（一）新账套库建立

对于企业来讲其是持续经营的，因此企业的日常工作是一个连续性的工作，用友U8支持在一个账套库中保存连续多年数据，理论上一个账套可以在一个账套库中一直使用下去。但是由于某些原因，比如需要调整重要基础档案、调整组织机构、调整部分业务等，或者一个账套库中数据过多影响业务处理性能，需要使用新的账套库并重

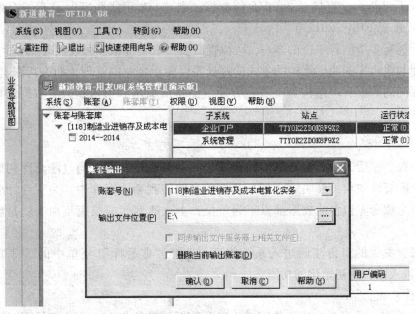

图 2-9 账套输出界面

置一些数据，这样就需要新建账套库。

账套库的建立是在已有账套库的基础上，通过新账套库建立，自动将老账套库的基本档案信息结转到新的账套库中，对于以前余额等信息需要在账套库初始化操作完成后，由老账套库自动转入新库的下年数据中。

【操作步骤】

首先要以账套主管的身份登录，选定需要进行建立新库的账套和上年的时间，进入系统管理界面。例如：需要建立 118 账套的 2015 新账套库，此时就要登录 118 账套的包含 2014 年数据的那个账套库。

然后，在系统管理界面单击"账套库"—"建立"菜单，进入建立账套库的界面。在建立账套库的界面，显示当前账套、将要建立的新账套库的起始年度、本账套库内各子系统所在会计期间清单和建立新库主要步骤及其进度。这些项目都是系统默认显示内容，不可修改，便于用户确认建库的信息。如果需要调整，请点击"放弃"按钮操作重新注册登录选择。如果确认可以建立新账套库，点击"确定"按钮；如果放弃账套库的建立可点击"放弃"按钮。

在用友 ERP-U8 软件中，其账套和账套库是有一定的区别的，具体体现在以下方面：

账套是账套库的上一级，账套是由一个或多个账套库组成，一个账套库含有一年或多年使用数据。一个账套对应一个经营实体或核算单位，账套中的某个账套库对应这个经营实体的某年度区间内的业务数据。例如：建立账套"118 正式账套"后在 2014 年使用，然后在 2015 年的期初建 2015 账套库后使用，则"118 正式账套"具有两个账套库即"118 正式账套 2014 年"和"118 正式账套 2015 年"。如果希望连续使用也可以不建新库，直接录入 2015 年数据，则"118 正式账套"具有一个账套库即"118 正式账套 2014—2015 年"。

对于拥有多个核算单位的客户，可以拥有多个账套（最多可以拥有 999 个账套）。

账套和账套库的两层结构的方式的好处是：便于企业的管理，如进行账套的上报、跨年度区间的数据管理结构调整等；方便数据备份输出和引入；减少数据的负担，提高应用效率。

（二）账套库初始化

新建账套库后，为了支持新旧账套库之间业务衔接，可以通过账套库初始化功能将上一个账套库中相关模块的余额及其他信息结转到新账套库中。为了统计分析的规整性，每个账套库包含的数据都以年为单位，上一账套库的结束年加 1 就是新账套库的开始年。

以账套主管的身份注册进入系统管理，选择"账套库"菜单中的"账套库初始化"，则进入账套库初始化的功能。

【操作步骤】

（1）系统显示将要初始化的账套，以及数据结转的年度，这些都是用于确认，不可修改的。

（2）选择需要结转的业务档案和余额信息，已结转过的产品置为"粉红色"，如图 2-10 所示。

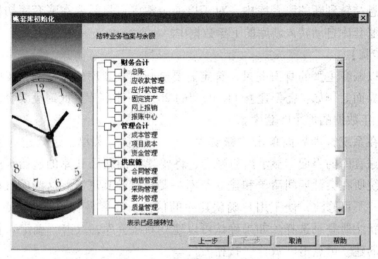

图 2-10 账套库初始化界面

（3）根据选择内容进行数据检查，系统将分别检查上一账套库的数据是否满足各项结转要求，并列出详细检查结果。如果有子系统不满足结转要求，则不允许继续结转。

（4）如果检查全部通过，单击"下一步"可以看到待结转产品的列表，点击"结转"就开始按照列表逐项结转。

（5）如果第 3 步没有全部选择结转，以后还可以再次进入本功能结转其他数据，或清空对应业务系统的数据后再次结转。

【注意事项】

· 如果登录账套库的上一个账套库不存在，不能进行初始化。

· 该账套库如果进行过数据卸出操作，不能进行初始化。

（三）清空账套库数据

有时，如发现某账套库中错误太多，或不希望将上一账套库的余额或其他信息全部转到下一年度，这时候，便可使用清空账套库数据的功能。"清空"并不是指将账套库的数据全部清空，还是要保留一些信息的，主要有基础信息、系统预置的科目报表等。保留这些信息主要是为了方便使用清空后的账套库重新做账。

【操作步骤】

（1）以账套主管的身份注册，并且选定账套和登录时间，进入系统管理界面。

（2）在系统管理界面单击"账套库"菜单，再将鼠标移动到"清空账套库数据"上，单击鼠标。

（3）账套主管用户可在界面中的会计年度栏目确认要清空的账套库的年度区间（仅供确认，不可修改），同时做好清空前的备份、选择输出路径，点击"确定"按钮表示确认。这时为保险起见，系统还将弹出一窗口，要求用户进行再度确认；如果想放弃，则直接点击"放弃"按钮。

（4）账套库数据清空后，系统弹出确认窗口。点击"确认"完成清空账套库数据操作。

（四）数据卸出

在一个账套库中包含过多年份数据体积过于庞大而影响业务处理性能时，可以通过数据卸出功能把一些历史年度的历史数据卸出，减小本账套库的体积，提高运行效率。

数据卸出时，只能以会计年为单位进行处理，从本账套库的最小年度开始，到指定年度结束，卸出这个年度区间中所有业务产品的不常用数据。

数据卸出后，系统将自动生成一个账套库保留这些卸出的数据，相对当前使用的账套库来说，这个包含卸出数据的账套库可以称之为"历史账套库"。

以账套主管的身份注册进入系统管理，选择"账套库"菜单中的"数据卸出"，则进入数据卸出的功能。

【操作步骤】

（1）系统简要介绍数据卸出的功能，明确后按提示点击"下一步"按钮。

（2）系统列示出本账套库中启用系统的使用情况，包括启用日期和该系统当前所处的会计期间（这些都是用于确认，不可修改的），在此基础上可以选择需要卸出的年度。同时，卸出前最好做好备份，选择输出路径。

（3）根据启用系统的情况进行数据检查，系统将分别检查本账套库的数据是否满足各项卸出要求，并列出详细检查结果。如果有系统不满足卸出要求，则不允许继续卸出。

（4）如果检查全部通过，点击"下一步"，系统显示卸出的主要步骤的列表，如创建新账套库、各业务系统卸出准备、各业务系统清除数据前准备等。点击"卸出"按钮开始逐项执行，并有进度条显示各项执行进度。

【注意事项】

·只有账套中的最新账套库（所含年度最大）才能进行数据卸出。

·可以卸出的年度，最小是本账套库的最小年度，最大是本账套库已启产品中所处会计期间最小值所在年份减1，即当前期间不可卸出。

·在一次卸出操作中，必须同时卸出指定年度范围内所有已启用产品的数据，不可分次卸出。

·卸载前请一定做好数据备份，以免数据卸出后无法恢复。

（五）账套库的引入与输出

账套库的引入与输出作用和账套的引入与输出作用相同，操作步骤相似。

第二节　企业应用平台基础设置

信息的及时沟通、资源的有效利用、与合作伙伴的在线和实时的链接，将提高企业员工的工作效率以及企业的总处理能力。用友 ERP-U8 就为企业提供了这样一个应用平台，它使企业能够存储在企业内部和外部的各种信息，使企业员工、用户和合作伙伴能够从单一的渠道访问其所需的个性化信息。通过用友 ERP-U8 的企业应用平台，企业员工可以通过单一的访问入口访问企业的各种信息，定义自己的业务工作，并设计自己的工作流程。

一、基本信息

建账完成后，如未及时设置编码方案、数据精度、启用子系统，或需修改以前设置的编码方案、数据精度、会计期间以及启用的子系统，可执行"开始→程序→用友U8 V10.1→企业应用平台"命令，打开"登录"对话框，输入操作员"1"或"王齐"，选择账套"118 制造业进销存及成本电算化实务"，单击"确认"按钮，进入用友"UFIDA U8"窗口。从"企业应用平台—基础设置—基本信息"进入，进行系统启用设置，或修改已设置的信息。

（一）系统启用

"系统启用"功能用于系统的启用，记录启用日期和启用人。要对某个系统进行操作必须先启用此系统。在企业应用平台中，单击"基础设置—基本信息—系统启用"选项，打开"系统启用"对话框，选择要启用的系统，在方框内打钩，只有系统管理员和账套主管才有系统启用权限。在启用会计期间内输入启用的年、月数据。按"确认"按钮后，保存此次的启用信息，并将当前操作员写入启用人。

（二）编码方案

为了便于进行分级核算、统计和管理，用友 U8 V10.1 系统可以对基础数据的编码进行分级设置，可分级设置的内容有科目编码、客户分类编码、部门编码、存货分类编码、地区分类编码、货位编码、供应商分类编码、收发类别编码和结算方式编码等。

编码级次和各级编码长度的设置将决定企业如何编制基础数据的编号，进而构成分级核算、统计和管理的基础。

【栏目说明】

· 科目编码级次：系统最大限制为十三级四十位，且任何一级的最大长度都不得超过九位编码，一般单位用 42222 即可。在此设定的科目编码级次和长度将决定单位的科目编号如何编制。例如某单位将科目编码设为 42222，则科目编号时一级科目编码是四位长，二至五级科目编码均为两位长。又如某单位将科目编码长度设为 4332，则科目编号时一级科目编码为四位长，二级科目编码为三位长，四级科目编码为两位长。

· 客户分类编码级次：系统最大限制为五级十二位，且任何一级的最大长度都不得超过九位编码。

· 供应商、存货分类编码级次、货位编码级次、收发类别编码级次等同理。

· 在建立账套时设置存货（客户、供应商）不需分类，则在此不能进行存货分类（客户分类、供应商分类）的编码方案设置。

二、基础档案

设置基础档案就是把手工资料经过加工整理，根据本单位建立信息化管理的需要，建立软件系统应用平台，这是手工业务的延续和提高。

基础档案的设置顺序如图 2-11 所示。

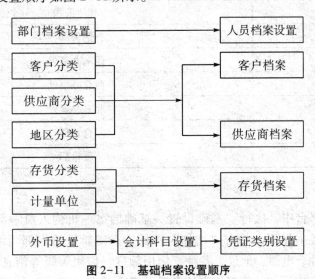

图 2-11 基础档案设置顺序

（一）机构人员（部门档案、人员档案）

1. 部门档案设置

部门档案主要用于设置企业各个职能部门的信息，部门指某使用单位下辖的具有分别进行财务核算或业务管理要求的单元体，不一定是实际中的部门机构，按照已经定义好的部门编码级次原则输入部门编号及其信息。

［实务案例］

飞跃摩托车制造公司的部门档案如表2-5所示：

表2-5 　　　　　　　　　　飞跃摩托车制造公司部门档案

部门编码	部门名称
01	总经理办公室
02	行政部
03	财务部
04	技术部
05	生产部
0501	动力车间
0502	成车车间
0503	包装车间
06	采购部
0601	原材料采购部
0602	配套件采购部
0603	其他采购
07	销售部
0701	西南办事处
0702	西北办事处
0703	北方办事处
08	仓管部
09	质检部

【操作步骤】

在企业应用平台中，执行"基础设置→基础档案→机构人员→部门档案"命令，进入部门档案设置主界面，单击"增加"按钮，在编辑区输入部门编码、部门名称、负责人、部门属性、电话、地址、备注、信用额度、信用等级等信息即可，点击"保存"按钮，保存此次增加的部门档案信息后，再次单击"增加"按钮，可继续增加其他部门信息，如图2-12所示。

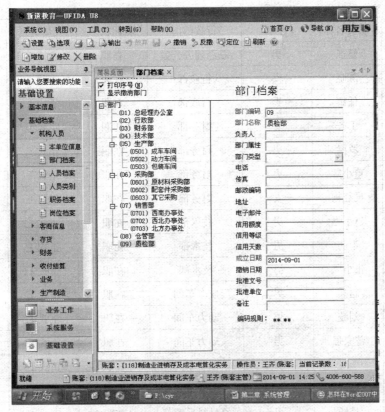

图 2-12 部门档案录入窗口

·修改部门档案：在部门档案界面左边，将光标定位到要修改的部门编号上，用鼠标单击"修改"按钮。这时界面即处于修改状态，除部门编号不能修改外，其他信息均可修改。

·删除部门档案：点击左边目录树中要删除的部门，背景显示蓝色表示选中，单击"删除"按钮即可删除此部门。注意，若部门被其他对象引用则不能被删除。

·刷新档案记录：在网络操作中，可能同时有多个操作员在操作相同的目录。可以点击"刷新"按钮，查看到当前最新目录情况，即可以查看其他有权限的操作员新增或修改的目录信息。

2. 人员档案设置

职员档案主要用于记录本单位使用系统的职员列表，包括职员编号、名称、所属部门及职员属性等。

［实务案例］

飞跃摩托车制造公司的人员档案如表 2-6 所示：

表 2-6 　　　　　　　　　飞跃摩托车制造公司人员档案

职员编号	职员名称	性别	行政部门	雇佣状态	人员类别	人员属性
01001	周兴华	男	总经理办公室	在职	正式工	总经理

表2-6（续）

职员编码	职员名称	性别	行政部门	雇佣状态	人员类别	人员属性
01002	姚强	男	总经理办公室	在职	正式工	副总经理
02001	陈晓	女	行政部	在职	正式工	负责人
02002	任辉	男	行政部	在职	正式工	管理人员
03001	王齐	女	财务部	在职	正式工	财务经理
03002	罗梁	男	财务部	在职	正式工	财务人员
03003	董小辉	男	财务部	在职	正式工	财务人员
03004	吴红梅	女	财务部	在职	正式工	出纳
04001	赵小强	男	技术部	在职	正式工	负责人
04002	李明	男	技术部	在职	正式工	技术人员
04003	张小风	男	技术部	在职	正式工	技术人员
0501001	赵兵	男	成车车间	在职	正式工	工人
0502001	刘波	男	动力车间	在职	正式工	负责人
0502002	曾家强	男	动力车间	在职	正式工	工人
0503001	李飞	男	包装车间	在职	正式工	工人
0503002	郑莹	女	包装车间	在职	正式工	工人
0601001	吴纤	男	原材料采购部	在职	正式工	负责人
0601002	何亮	男	原材料采购部	在职	正式工	业务人员
0601003	代方	男	原材料采购部	在职	正式工	业务人员
0602001	黄强	男	配套件采购部	在职	正式工	业务人员
0603001	赵红兵	男	其他采购	在职	正式工	负责人
0701001	于庆	男	西南办事处	在职	正式工	负责人
0701002	鲁志	男	西南办事处	在职	正式工	业务人员
0701003	何飞	男	西南办事处	在职	正式工	业务人员
0702001	张全	男	西北办事处	在职	正式工	业务人员
0703001	石海	男	北方办事处	在职	正式工	业务人员
08001	李遥	男	仓管部	在职	正式工	仓管人员
09001	张小全	男	质检部	在职	正式工	负责人
09002	程双泉	男	质检部	在职	正式工	质检人员

【操作步骤】

在企业应用平台中，执行"基础设置→基础档案→机构人员→人员档案"命令，进入人员档案设置主界面，在左侧部门目录中选择要增加人员的末级部门，单击功能键中的"增加"按钮，显示"添加职员档案"空白页，用户可根据自己企业的实际情况，在相应栏目中输入适当内容。其中蓝色名称为必输项，如图 2-13 所示。然后，点击"保存"按钮，保存此次增加的人员档案信息后，再次单击"增加"按钮，可继续增加其他人员信息。

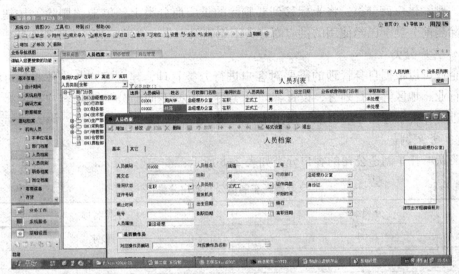

图 2-13　人员档案录入窗口

人员档案设置界面和其他基础档案设置界面的"修改""删除"等功能按钮操作与部门档案的功能操作类似。

(二) 客商信息

1. 供应商分类

企业可以根据自身管理的需要对供应商进行分类管理，建立供应商分类体系。可将供应商按行业、地区等进行划分，设置供应商分类后，根据不同的分类建立供应商档案。没有对供应商进行分类管理需求的用户可以不使用本功能。

［实务案例］

飞跃摩托车制造公司的供应商分类如表 2-7 所示：

表 2-7　　　　　　　　　　飞跃摩托车制造公司供应商分类

分类编码	分类名称
01	原材料供应商
02	配套品供应商
03	包装物及其他

【操作步骤】

在企业应用平台中，执行"基础设置→基础档案→客商信息→供应商分类"命令，进入供应商分类设置主界面，单击"增加"按钮，在编辑区输入分类编码和名称等分类信息，点击"保存"按钮，保存此次增加的客户分类后，再次单击"增加"按钮，可继续增加其他分类信息。

·修改供应商分类：选择要修改的供应商分类，单击"修改"，注意这时只能修改类别名称，类别编码不可修改。

·删除供应商分类：将光标移到要删除的供应商分类上，单击"删除"按钮，即可删除当前分类。已经使用的供应商分类不能删除，非末级供应商分类不能删除。

2. 客户分类

企业可以根据自身管理的需要对客户进行分类管理，建立客户分类体系。可将客户按行业、地区等进行划分，设置客户分类后，根据不同的分类建立客户档案。不对客户进行分类管理需求时可以不使用本功能。

[实务案例]

飞跃摩托车制造公司的客户分类如表2-8所示：

表2-8   飞跃摩托车制造公司客户分类

分类编码	分类名称
01	西南
02	西北
03	北方
04	代理商
05	零售
99	其他

【操作步骤】

客户分类的增加、修改和删除功能按钮操作与供应商分类相同。

3. 供应商档案

建立供应商档案主要是为企业的采购管理、库存管理、应付账管理服务的。在填制采购入库单、采购发票和进行采购结算、应付款结算和有关供货单位统计时都会用到供货单位档案，因此必须应先设立供应商档案，以便减少工作差错。在输入单据时，如果单据上的供货单位不在供应商档案中，则必须在此建立该供应商的档案。供应商档案的栏目包括供应商档案基本页、供应商档案联系页、供应商档案其他页、供应商档案信用页等。

（1）供应商档案基本页，如图2-14所示。

·供应商编码：供应商编码必须唯一；供应商编码可以用数字或字符表示，最多可输入20位数字或字符。

·供应商名称：可以是汉字或英文字母，供应商名称最多可写49个汉字或98个字符。供应商名称用于采购发票的录入、应付往来业务的核对等。

·供应商简称：可以是汉字或英文字母，供应商名称最多可写30个汉字或60个字符。供应商简称用于业务单据和账表的屏幕显示，例如，屏幕显示的采购入库单的供

图 2-14 供应商档案基本页界面

应商栏目中显示的内容为供应商简称。

· 助记码：根据供应商名称自动生成助记码，也可手工修改。在单据上可以录入助记码快速找到供应商。

· 对应客户：在供应商档案中输入对应客户名称时不允许记录重复，即不允许有多个供应商对应一个客户的情况出现。且当在 001 供应商中输入了对应客户编码为 666，则在保存该供应商信息时同时需要将 666 客户档案中的对应供应商编码记录存为 001。

· 员工人数：输入供应商企业员工人数，只能输入数值，不能有小数。此信息为企业辅助信息可以不填，可以随时修改。

· 所属分类码：点击参照按钮选择供应商所属分类，或者直接输入分类编码。

· 所属地区码：可输入供应商所属地区的代码，输入系统中已存在代码时，自动转换成地区名称，显示在该栏目的右编辑框内。也可以用参照输入法，即在输入所属地区码时用鼠标按参照键显示所有地区供选择，用户用鼠标双击选定行或当光标位于选定行时用鼠标单击确认按钮即可。

· 总公司编码：参照供应商档案选择供应商总公司编码，同时带出显示供应商简称。供应商总公司指当前供应商所隶属的最高一级的公司，该公司必须是已经通过"供应商档案设置"功能设定的另一个供应商。在供应商开票结算处理时，具有同一个供应商总公司的不同供应商的发货业务，可以汇总在一张发票中统一开票结算。

· 所属行业：输入供应商所归属的行业，可输入汉字。

· 税号：输入供应商的工商登记税号，用于销售发票的税号栏内容的屏幕显示和打印输出。

·注册资金：输入企业注册资金总额，必须输入数值，可以有 2 位小数。此信息为企业辅助信息，可以不填，可以随时修改。

·注册币种：必须输入，可参照选择或输入；所输的内容应为币种档案中的记录。默认为本位币。

·法定代表人：输入供应商的企业法定代表人的姓名，长度 40 个字符，20 个字。

·开户银行：输入供应商的开户银行的名称，如果供应商的开户银行有多个，在此处输入该企业同用户之间发生业务往来最常用的开户银行。

·银行账号：输入供应商在其开户银行中的账号，可输入 50 位数字或字符。银行账号应对应于开户银行栏目所填写的内容。如果供应商在某开户银行中有多个银行账号，在此处输入该企业同用户之间发生业务往来最常用的银行账号。

·税率：数值类型，大于等于 0。采购单据和库存的采购入库单中，在取单据表体的税率时，优先按"选项"中设置的取价方式取税率；如果取不到或取价方式是手工录入时，按供应商档案上的"税率%"值、存货档案上的"税率%"值、表头税率值的优先顺序取税率。

·供应商属性：请在采购、委外、服务和国外四种属性中选择一种或多种，采购属性的供应商用于采购货物时可选的供应商，委外属性的供应商用于委外业务时可选的供应商，服务属性的供应商用于费用或服务业务时可选的供应商。如果此供应商已被使用，则供应商属性不能删除修改，可增选其他项。

（2）供应商档案联系页，如图 2-15 所示。

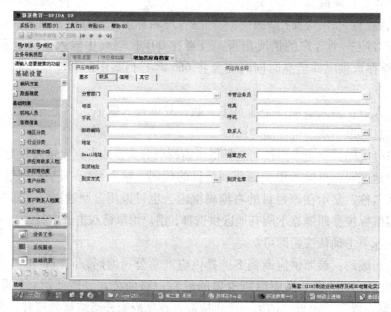

图 2-15　供应商档案联系页界面

·分管部门：该供应商归属分管的采购部门。

·专营业务员：指该供应商由哪个业务员负责联系业务。

·地址：可用于采购到货单的供应商地址栏内容的屏幕显示和打印输出，最多可输入 127 个汉字和 255 个字符。如果供应商的地址有多个，则在此处输入该企业同用户之间发生业务往来最常用的地址。

·电话、手机号码：可用于采购到货单的供应商电话栏内容的屏幕显示和打印输出。

·到货地址：可用于采购到货单中到货地址栏的缺省取值。在很多情况下，到货地址是本企业仓库的地址。

·Email 地址：最多可输入 127 个汉字和 255 个字符，手工输入，可为空。

·到货方式：可用于采购到货单中发运方式栏的缺省取值，输入系统中已存在代码时，自动转换成发运方式名称。也可以用参照输入法，即在输入发运方式码时用鼠标按参照键显示所有发运方式供选择，用鼠标双击选定行或当光标位于选定行时用鼠标单击确认按钮即可。

·到货仓库：可用于采购单据中仓库的缺省取值，输入系统中已存在代码时，自动转换成仓库名称。也可以用参照输入法，即在输入发运方式码时用鼠标按参照键显示所有仓库供选择，用户用鼠标双击选定行或当光标位于选定行时用鼠标单击确认按钮即可。

·结算方式：在收付款单据录入时可以根据选择的"供应商"带出"结算方式"进而带出"结算科目"。

（3）供应商档案信用页，如图 2-16 所示。

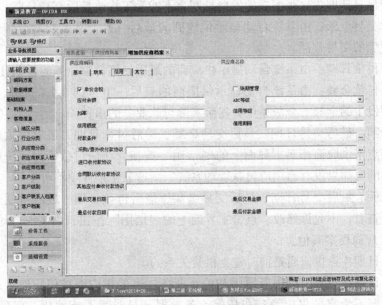

图 2-16 供应商档案信用页界面

·单价是否含税：显示的单价是含税价格还是不含税价格。

·账期管理：默认为不可修改。如果选中，则表示要对当前供应商进行账期的管理。

·应付余额：应付余额指供应商当前的应付账款的余额。由系统自动维护，不能修改该栏目的内容。点击供应商档案主界面上的"信用"按钮，计算并显示应付款管理系统中供应商当前应付款余额。

·ABC 等级：可根据该供应商的表现选择 A、B、C 三个信用等级符号表示该供应商的信用等级，可随时根据实际发展情况予以调整。

·扣率：显示供应商在一般情况下给予的购货折扣率，可用于采购单据中折扣的缺省取值。

·信用等级：按照自行设定的信用等级分级方法，依据在供应商应付款项方面的表现，输入供应商的信用等级。

·信用额度：内容必须是数字，可输入两位小数，可以为空。

·信用期限：可作为计算供应商超期应付款项的计算依据，其度量单位为"天"。

·付款条件：可用于采购单据中付款条件的缺省取值，输入系统中已存在代码时，自动转换成付款条件表示。

·采购/委外收付款协议：默认为空，可以修改，从收付款协议中选择（支持立账依据是采购入库单或代管挂账确认单的收付款协议）。

·进口收付款协议：默认为空，可以修改，从收付款协议中选择（只支持立账依据是进口发票的收付款协议）。

·其他应付单据收付款协议：默认为空，可以修改，从收付款协议中选择。

·最后交易日期：由系统自动显示供应商的最后一笔业务的交易日期，即在各种交易中业务日期最大的那天。例如，该供应商的最后一笔业务是开具一张采购发票，那么最后交易日期即为这张发票的发票日期，不能手工修改最后交易日期。

·最后交易金额：由系统自动显示供应商的最后一笔业务的交易金额，即在最后交易日期发生的交易金额。

·最后付款日期：由系统自动显示供应商的最后一笔付款业务的付款日期。

·最后付款金额：由系统自动显示供应商的最后一笔付款业务的付款金额，即最后付款日期发生的金额。金额单位为发生实际付款业务的币种。

应付余额、最后交易日期、最后交易金额、最后付款日期、最后付款金额这五个条件项，是点击供应商档案主界面上的"信用"按钮，在应付款管理系统中计算相关数据并显示的。如果没有启用应付款管理系统，则这五个条件项不可使用。

应付余额、最后交易日期、最后交易金额、最后付款日期、最后付款金额在基础档案中只可查看，不允许修改，点击主界面上的"信用"按钮，由系统自动维护。

（4）供应商档案其他页。

·发展日期：该供应商是何时建立供货关系的。

·停用日期：输入因信用等原因和停止业务往来的供应商被停止使用的日期。停用日期栏内容不为空的供应商，在任何业务单据开具时都不能使用，但可进行查询。如果要使用被停用的供应商，将停用日期栏的内容清空即可。

·使用频度：指供应商在业务单据中被使用的次数。

·对应条形码中的编码：最多可输入 30 个字符，可以随时修改，可以为空，不能重复。

·备注：如果还有有关该供应商的其他信息要录入说明的，可以在备注栏录入长度为 120 个汉字的内容，可输可不输，可随时修改备注内容。

·所属银行：指付款账号缺省时所属的银行，可输可不输。

·默认委外仓：来源于具有"委外仓"属性的仓库档案，可随时修改。该仓库用于指定该委外商倒冲领料的默认委外仓，在委外用料表的倒冲领料的默认仓库中，系统会自动带这里指定的默认委外仓。

以下四项只能查看不能修改：

·建档人：在增加供应商记录时，系统自动将该操作员编码存入该记录中作为建档人，以后不管是谁修改这条记录均不能修改这一栏目，且系统也不能自动进行修改。

·所属的权限组：该项目不允许编辑，只能查看；该项目在数据分配权限中进行定义。

·变更人：新增供应商记录时变更人栏目存放的操作员与建档人内容相同，以后修改该条记录时系统自动将该记录的变更人修改为当前操作员编码，该栏目不允许手工修改。

·变更日期：新增供应商记录时变更日期存放当时的系统日期，以后修改该记录时系统将自动用修改时的系统日期替换原来的信息，该栏目不允许手工修改。

建档日期：自动记录该供应商档案建立日期，建立后不可修改（如果以供应商资质审批方式加入的供应商，取该供应商录入供应商档案的时间）。

［实务案例］

飞跃摩托车制造公司的供应商档案如表 2-9 所示：

表 2-9　　　　　　　　　　　飞跃摩托车制造公司供应商档案

供应商编码	供应商名称	供应商简称	所属分类	税号	开户银行	银行账号	分管部门	专管业务员
01001	重庆五工机电制造有限公司	五工机电	原材料供应商	23458438518	重庆市农业银行	3563456242145	原料采购部	何亮
01002	重庆振中制动器有限公司	振中制动	原材料供应商	58492849651	光大银行大坪营业厅	4563456345324	原料采购部	何亮
01003	重庆春华发动机制造有限公司	春华发动机	原材料供应商	65745673465	中国银行新桥分理处	3467345643568	原料采购部	何亮
01004	重庆化工有限责任公司	重庆化工	原材料供应商	56475674567	重庆招商银行江津营业厅	4567856734523	原料采购部	何亮
02001	重庆卓越摩托车配件公司	卓越摩配	配套品供应商	27456234579	上海浦东发展银行壁山营业厅	6574563245234	配套件采购部	黄强
03001	重庆南华塑印装潢有限公司	南华塑印	包装物及其他	49856034756	农业银行长寿分行	8956734897568	其他采购	赵红兵

【操作步骤】

在企业应用平台中，执行"基础设置→基础档案→客商信息→供应商档案"命令，进入供应商档案设置主界面，在左边的树型列表中选择一个末级的供应商分类（如果在建立账套时设置供应商不分类，则不用进行选择），单击"增加"按钮，进入增加状态。逐一选择"基本""联系""信用""其他"页签，填写相关内容。如果设置了自定义项，还需要填写自定义项页签。然后，点击"保存"按钮，保存此次增加的供应商档案信息；或点击"保存并新增"按钮保存此次增加的供应商档案信息，并增加空白页供继续录入供应商信息。

4. 客户档案

本功能主要用于设置往来客户的档案信息，以便于对客户资料的管理和业务数据的录入、统计、分析。如果建立账套时选择了客户分类，则必须在设置完成客户分类档案的情况下才能编辑客户档案。客户档案的栏目包括客户档案基本页、客户档案联系页、客户档案信用页、客户档案其他页等。其各页面栏目的含义及录入要求与供应商档案相似。

［实务案例］

飞跃摩托车制造公司的客户档案如表 2-10 所示：

表 2-10 飞跃摩托车制造公司客户档案

客户编码	客户名称	客户简称	税号	开户银行	银行账号	业务员	部门名称
01001	四川鑫鑫摩托车销售公司	四川鑫鑫	6345634675346	工商银行龙泉分理处	45673456236345	何飞	西南办事处
01002	重庆金泰贸易有限公司	重庆金泰	5346856782345	中国银行南岸支行	567845623453456	何飞	西南办事处
01003	成都志远贸易公司	成都志远	4352874356245	工商银行五桂桥分理处	764563456345635	鲁志	西南办事处
02001	江西新阳光车业有限公司	江西新阳光	253689723857	上海浦东发展银行江西分行	245869837459827	张全	西北办事处
03001	北京宏图贸易有限公司	北京宏图	458769857627	农业银行加兴分行	2548693475698	石海	北方办事处

【操作步骤】

客户档案的增加、修改和删除功能按钮操作与供应商档案相同。

(三) 存货（分类、计量单位和档案）

1. 存货分类

企业可以根据对存货的管理要求对存货进行分类管理，以便于业务数据的统计和分析。存货分类最多可分为 8 级，编码总长不能超过 30 位，每级级长用户可自由定义。存货分类用于设置存货分类编码、名称及所属经济分类。

［实务案例］

飞跃摩托车制造公司的存货分类信息如表 2-11 所示：

表 2-11 飞跃摩托车制造公司存货分类信息

分类编码	分类名称
01	原材料

表2-11(续)

分类编码	分类名称
02	零用件
0201	外购件
0202	自制件
03	产成品
04	半成品
05	包装物
06	低值易耗品
07	工具
99	其他

【操作步骤】

在企业应用平台中，执行"基础设置→基础档案→存货→存货分类"命令，进入存货分类设置主界面，单击"增加"按钮，在编辑区输入分类编码和名称等分类信息，点击"保存"按钮，保存此次增加的客户分类后，可继续增加其他分类信息。

2. 计量单位

要设置计量单位档案，必须先增加计量单位组，然后再在该组下增加具体的计量单位内容。计量单位组分无换算、浮动换算、固定换算三种类别，每个计量单位组中有一个主计量单位、多个辅助计量单位，可以设置主辅计量单位之间的换算率，还可以设置采购、销售、库存和成本系统所默认的计量单位。

·无换算计量单位组：在该组下的所有计量单位都以单独形式存在，各计量单位之间不需要输入换算率，系统默认为主计量单位。

·浮动换算计量单位组：设置为浮动换算率时，可以选择的计量单位组中只能包含两个计量单位。此时需要将该计量单位组中的主计量单位、辅计量单位显示在存货卡片界面上。

·固定换算计量单位组：设置为固定换算率时，可以选择的计量单位组中才可以包含两个（不包括两个）以上的计量单位，且每一个辅计量单位对主计量单位的换算率不为空。此时需要将该计量单位组中的主计量单位显示在存货卡片界面上。

[实务案例]

飞跃摩托车制造公司的计量单位信息如表2-12所示：

表2-12　　　　　　　飞跃摩托车制造公司计量单位信息

单位编码	单位名称	单位组编码	计量单位组名称	计量单位组类别	主计量单位标志	换算率
01001	件	01	基本计量	无换算	否	
01002	套	01	基本计量	无换算	否	

表2-12(续)

单位编码	单位名称	单位组编码	计量单位组名称	计量单位组类别	主计量单位标志	换算率
01003	辆	01	基本计量	无换算	否	
01004	台	01	基本计量	无换算	否	
01005	千克	01	基本计量	无换算	否	
01006	个	01	基本计量	无换算	否	
01007	付	01	基本计量	无换算	否	
01008	元	01	基本计量	无换算	否	
01009	桶	01	基本计量	无换算	否	
02001	米	02	包装带	浮动换算	是	1
02002	包	02	包装带	浮动换算	否	100
03001	米	03	封口胶	固定换算	是	1
03002	卷	03	封口胶	固定换算	否	150
03003	箱	03	封口胶	固定换算	否	1 800
04001	升	04	油漆	固定换算	是	1
04002	桶	04	油漆	固定换算	否	100

【操作步骤】

在企业应用平台中，执行"基础设置→基础档案→存货→计量单位"命令，进入计量单位设置主界面。第一步点击"分组"进入设置计量单位组界面，单击"增加"按钮后，输入计量单位组编码和组名称，并根据三种计量单位组的特点选择计量单位单位组类别；点击"保存"，保存添加的内容，如图2-17所示；然后点击"退出"，返回计量单位设置主界面。

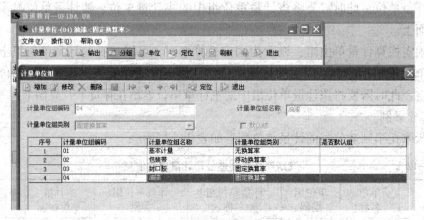

图2-17　计量单位组设置界面

第二步设置计量单位，在计量单位设置主界面的左边选择要增加的计量单位所归属的组名，点击"单位"，弹出计量单位设置窗口；点击"增加"，录入主计量、辅计量单位；按"保存"，保存添加的内容，如图 2-18 所示。

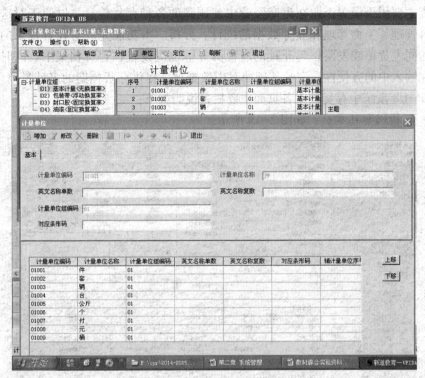

图 2-18　计量单位录入窗口

3. 仓库档案

[实务案例]

飞跃摩托车制造公司的仓库档案如表 2-13 所示：

表 2-13　　　　　　　　　飞跃摩托车制造公司仓库档案

仓库编码	仓库名称	计价方式	是否货位管理	是否参与 MRP 运算
001	原料仓库	全月平均法	否	是
002	成品仓库	全月平均法	否	是
003	自制件仓库	全月平均法	否	是
004	外购件仓库	全月平均法	否	是
005	不良品仓库	全月平均法	否	否
006	低值易耗品及其他仓库	全月平均法	否	否
007	废品仓库	全月平均法	否	否

【操作步骤】

在企业应用平台中，执行"基础设置→基础档案→业务→仓库档案"命令，进入仓库档案设置主界面，单击"增加"按钮，进入增加状态，根据需要填写相关内容。然后，点击"保存"按钮，保存此次增加的仓库档案信息。

4. 存货档案

存货主要用于设置企业在生产经营中使用到的各种存货信息，以便于对这些存货进行资料管理、实物管理和业务数据的统计、分析。本功能完成对存货目录的设立和管理，随同发货单或发票一起开具的应税劳务等也应设置在存货档案中。同时提供基础档案在输入中的方便性，完备基础档案中数据项，提供存货档案的多计量单位设置。用友 ERP-U8 系统中存货档案各页面主要栏目说明如下：

（1）存货档案基本页，如图 2-19 所示。

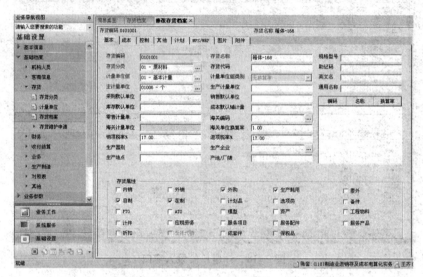

图 2-19　存货档案基本页界面

·存货编码：必须输入，最多可输入 60 位数字或字符。

·存货名称：本页中蓝色名称的项目为必填项，必须输入，最多可输入 255 位汉字或字符。

·计量单位组：可参照选择录入，最多可输入 20 位数字或字符。

·计量单位组类别：根据已选的计量单位组，系统自动带入。

·主计量单位：根据已选的计量单位组，显示或选择不同的计量单位。

·生产计量单位：设置生产制造系统缺省时使用的辅计量单位。对应每个计量单位组均可以设置一个生产订单系统缺省使用的辅计量单位。

·库存（采购、销售、成本、零售）系统默认单位：对应每个计量单位组均可以设置一个且最多设置一个库存（成本、销售、采购）系统缺省使用的辅计量单位。其中成本默认辅计量单位，不可输入主计量单位。

·存货分类：系统根据增加存货前所选择的存货分类自动填写，也可以修改。

·销项税率：录入，此税率为销售单据上该存货默认的销项税税率，默认为 17%，可修改，可以输入小数位，允许输入的小数位长根据数据精度对税率小数位数的要求进行限制，可修改。

·进项税率：默认新增档案时进项税率等于销项税率，为17%，可修改。

·存货属性：系统为存货设置了多种属性。同一存货可以设置多个属性，但当一个存货同时被设置为自制、委外和（或）外购时，MPS/MRP系统默认自制为其最高优先属性而自动建议计划生产订单；而当一个存货同时被设置为委外和外购时，MPS/MRP系统默认委外为其最高优先属性而自动建议计划委外订单。

·内销：具有该属性的存货可用于销售，该存货的客户是国内客户。发货单、发票、销售出库单等与销售有关的单据参照存货时，参照的都是具有销售属性的存货。开在发货单或发票上的应税劳务，也应设置为销售属性，否则开发货单或发票时无法参照。升级的数据默认为内销属性，新增存货档案内销默认为不选择。

·外销：具有该属性的存货可用于销售，该存货的客户是国外客户。发货单、发票、销售出库单等与销售有关的单据参照存货时，参照的都是具有销售属性的存货。开在发货单或发票上的应税劳务，也应设置为销售属性，否则开发货单或发票时无法参照。新增存货档案外销默认为不选择。

·外购：具有该属性的存货可用于采购。到货单、采购发票、采购入库单等与采购有关的单据参照存货时，参照的都是具有外购属性的存货。开在采购专用发票、普通发票、运费发票等票据上的采购费用，也应设置为外购属性，否则开具采购发票时无法参照。

·生产耗用：具有该属性的存货可用于生产耗用。如生产产品耗用的原材料、辅助材料等。具有该属性的存货可用于材料的领用，材料出库单参照存货时，参照的都是具有生产耗用属性的存货。

·委外：具有该属性的存货主要用于委外管理。委外订单、委外到货单、委外发票、委外入库单等与委外有关的单据参照存货时，参照的都是具有委外属性的存货。

·自制：具有该属性的存货可由企业生产自制。如工业企业生产的产成品、半成品等存货。具有该属性的存货可用于产成品或半成品的入库，产成品入库单参照存货时，参照的都是具有自制属性的存货。

·计划品：具有该属性的存货主要用于生产制造中的业务单据，以及对存货的参照过滤。计划品代表一个产品系列的物料类型，其物料清单中包含子件物料和子件计划百分比。可以使用计划物料清单来帮助执行主生产计划和物料需求计划。与"存货"所有属性互斥。

·选项类：是ATO模型或PTO模型物料清单上，对可选子件的一个分类。选项类作为一个物料，成为模型物料清单中的一层。

·备件：具有该属性的存货主要用于设备管理的业务单据和处理，以及对存货的参照过滤。与"应税劳务"，"计划品"，"PTO"选项类属性互斥。

·PTO：指订单挑库，就是产品先生产，接订单后发货，可使用标准BOM，选择BOM版本，可选择模拟BOM，直接将标准BOM展开到单据表体。

·ATO：指面向订单装配，即接受客户订单后方可下达生产装配。ATO在接受客户订单之前虽可预测，但目的在于事先提前准备其子件供应，ATO件本身则需按客户订单下达生产。本系统中，ATO一定同时为自制件属性。若ATO与模型属性共存，则是指在客户订购该物料时，其物料清单可列出其可选用的子件物料，即在销售管理或出口贸易系统中可以按客户要求订购不同的产品配置。

·模型：在其物料清单中可列出其可选配的子件物料。本系统中，模型可以是ATO或者为PTO。

·PTO+模型：指面向订单挑选出库。本系统中，PTO一定同时为模型属性，是指在客户订购该物料时，其物料清单可列出其可选用的子件物料，即在销售管理或出口贸易系统中可以按客户要求订购不同的产品配置。ATO模型与PTO模型的区别在于，ATO模型需选配后下达生产订单，组装完成再出货，PTO模型则按选配子件直接出货。

·资产："资产"与"受托代销"属性互斥。"资产"属性存货不参与计划，"计划方法"（MRP页签）只能选择N。资产存货，默认仓库只能录入和参照仓库档案中的资产仓。非"资产"存货，默认仓库只能录入和参照仓库档案中的非资产仓。

·工程物料：企业在进行新品大批量生产之前，小批量试制，试制用到新物料，这种物料在采购时需要进行单次采购数量的限制。

·计件：选中，表示该产品或加工件需要核算计件工资，可批量修改。

应税劳务：指开具在采购发票上的运费费用、包装费等采购费用或开具在销售发票或发货单上的应税劳务。应税劳务属性应与"自制""在制""生产耗用"属性互斥。

·服务项目：默认为不选择，升级默认为"否"。

·服务配件：默认为不选择，同"服务项目"选择互斥，与备件属性的控制规则相同。

·服务产品：服务单选择故障产品时，只可参照该标志的存货。服务产品控制规则同服务配件控制规则。

·是否折扣：即折让属性，若选择是，则在采购发票和销售发票中录入折扣额。该属性的存货在开发票时可以没有数量，只有金额，或者在兰字发票中开成负数。与"生成耗用""自制""在制"属性互斥，即不能与它们三个中任一个属性同时录入。

·是否受托代销：在建立账套时，企业类型为商业和医药流通才可以启用受托代销业务。要选此项需要先在"库存管理"选项设置中选中"有无受托代销业务"选项。

·是否成套件：选择是，则该存货可以进行成套业务。要选此项需要先在"库存管理"选项设置中选中"有无成套件管理"选项。

·保税品：进口的被免除关税的产品被称为保税品。只要有业务发生，该存货就不能变为非保税存货。

（2）存货档案成本页，如图 2-20 所示。

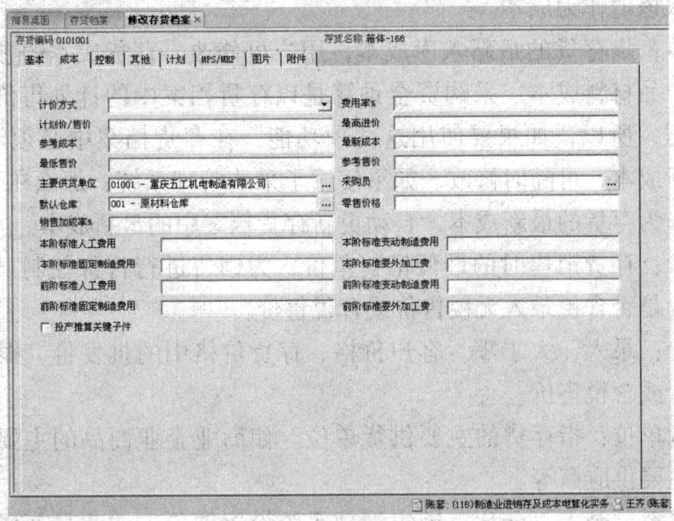

图 2-20 存货档案成本页界面

存货档案成本页中各种属性主要用于在进行存货的成本核算过程中提供价格计算的基础依据。具体属性说明如下：

在存货核算系统选择存货核算时必须对每一个存货记录设置一个计价方式，缺省选择全月平均，若前面已经有新增记录，则计价方式与前面新增记录相同。

当存货核算系统中已经使用该存货以后就不能修改该计价方式。

·费用率：录入，可为空，可以修改，小数位数是最大可为 6 的正数。用于存货核算系统，计提存货跌价准备。

·计划单价/售价：该属性对于计划价法核算的账套必须设置，因为在单据记账等处理中必须使用该单价；计算差异和差异率也以该价格为基础，工业企业使用计划价对存货进行核算，商业企业使用售价对存货进行核算，根据核算方式的不同，分别通过按照仓库、部门、存货设置计划价/售价核算。核算体系为标准成本时，该价格特指材料计划价，采购属性的存货在此录入，半成品或产成品的材料计划价由系统自动计算，无需手工录入。

·最高进价：指进货时用户参考的最高进价，为采购进行进价控制。如果用户在采购管理系统中选择要进行最高进价控制，则在填制采购单据时，如果最高进价高于此价，系统会要求用户输入口令，如果口令输入正确，方可高于最高进价采购，否则不行。

·参考成本：该成本指非计划价或售价核算的存货填制出入库成本时的参考成本。采购商品或材料暂估时，参考成本可作为暂估成本；存货负出库时，参考成本可作为出库成本。该属性比较重要，建议都进行填写。在存货核算系统，该值可以和"零成本出库单价确认""入库成本确认方式""红字回冲单成本确认方式""最大最小单价控制方式"等选项配合使用，如果各种选项设置为参考成本，则在各种成本确认的过程中都会自动取该值作为成本。

·最新成本：指存货的最新入库成本，用户可修改。存货成本的参考值，不进行严格的控制。产品材料成本、采购资金预算是以存货档案中的计划售价、参考成本和最新成本为依据，所以，如果要使用这两项功能，在存货档案中必须输入计划售价、参考成本和最新成本，可随时修改。如果使用了采购管理系统，那么在做采购结算时，提取结算单价作为存货的最新成本，自动更新存货档案中的最新成本。

·最低售价：存货销售时的最低销售单价，为销售进行售价控制。在录入最低售价时，根据报价是否含税录入无税售价或含税售价。

·参考售价：录入，大于零。客户价格、存货价格中的批发价，根据报价是否含税录入无税售价或含税售价。

·主要供货单位：指存货的主要供货单位。如商业企业商品的主要进货单位或工业企业材料的主要供应商等。

·销售加成率：录入百分比。销售管理系统设置取价方式为最新成本加成，则销售报价=存货最新成本×（1+销售加成率%）。报价根据"报价是否含税"带入到无税单价或含税单价。

·零售价格：用于零售系统录入单据时缺省带入的销售价格。

·本阶标准人工费用、本阶标准变动制造费用、本阶标准固定制造费用、本阶标准委外加工费：用于存货在物料清单子件产出类型为"联产品或副产品"时，计算单位标准成本及标准成本时引用此数据作为计算本阶主、副、联产品的权重。

·前阶标准人工费用、前阶标准变动制造费用、前阶标准固定制造费用、前阶标准委外加工费：用于存货在物料清单子件产出类型为"联产品或副产品"时，计算单位标准成本及标准成本时引用此数据作为计算前阶主、副、联产品的权重。

·投产推算关键子件：成本管理在产品分配率选择按约当产量时，勾选此选项，可作为成本管理推算产品投产数量的依据。此字段属性会直接带到 BOM 子件中，成本管理"月末在产品处理表"取数选择"按关键子件最大套数"或"按关键子件最小套数"时，将根据此选择取出产品的投产数量。注意：在存货档案修改"投产推算关键子件"属性，仅影响新增 BOM 子件。

（3）存货档案控制页，如图 2-21 所示。

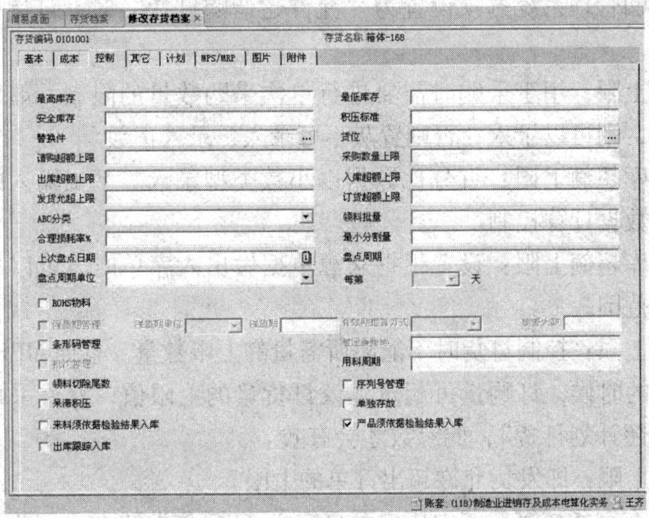

图 2-21　存货档案控制页界面

· 最高库存：存货在仓库中所能储存的最大数量，超过此数量就有可能形成存货的积压。最高库存不能小于最低库存。在填制出入库单时，如果某存货的目前结存量高于最高库存，系统将予以报警。库存管理系统需要设置此选项，才能报警。

· 最低库存：存货在仓库中应保存的最小数量，低于此数量就有可能形成短缺，影响正常生产。如果某存货当前可用量小于此值，在库存管理系统填制出入库单及登录时系统将予以报警。

· 安全库存：在库存中保存的货物项目数量，为了预防需求或供应方面不可预料的波动，在库存管理中，根据此来进行安全预警。安全库存指为了预防需求或供应方面不可预料的波动而定义的货物在库存中保存的基准数量。如果补货政策选择按再订货点（ROP）方法，库存管理 ROP 运算、再订货点维护以及查询安全库存预警报表时以此处的设置为基准。

· 积压标准：输入存货的周转率。呆滞积压存货分析根据积压标准进行统计，即周转率小于积压标准的存货，在库存管理中要进行统计分析。在库存管理系统进行呆滞积压存货分析时，以实际存货周转率与该值进行比较，以确定存货在库存中存放的状态（呆滞、积压或非呆滞积压状态）。

· 替换件：指可作为某存货的替换品的存货，来源于存货档案。录入可替换当前存货（被替换品）的存货（替换品）。录入库存单据时如果发现被替换品存量不足，可以用替换品代替原存货出库。

· 货位：主要用于仓储管理系统中对仓库实际存放空间的描述，指存货的默认存放货位。在库存系统填制单据时，系统会自动将此货位作为存货的默认货位，但用户可修改。在企业中仓库的存放货位一般用数字描述，例如 3-2-12 表示第 3 排第 2 层第 12 个货架。货位可以分级表示，货位可以是三维立体形式，也可以是二维平面表示。

· 请购超额上限：设置根据请购单生成采购订单时，可以超过来源请购单订货的上限范围。指采购管理系统选项设置为"允许超请购订货"时，订货可超过请购量的上限值。

· 采购数量上限：用于采购时需要进行单次采购数量的限制。如果在基本页签中工程物料被选中，则可以录入；否则置灰不可录入，录入正数。

· 入库、出库超额上限：百分比数据以小数类型录入。手工输入的数据，在出入库时根据录入的数据计算控制。

· 入库、出库超额上限：设置根据来源单据做出入库单时，可以超过来源单据出库或入库的上限范围。

· 订货超额上限：控制订货时不能超所需量的上限数量。参照 MPR/MPS 建议订货量生成采购订单的时候，订购量可超过建议订货量的上限值，允许采购管理系统的选项中"是否允许超计划订货"，此参数才会有效。

· 发货允超上限：即发货允许超出订单的上限。

ABC 分类：在存货核算系统中用户可自定义 ABC 分类的方法，并且系统根据设置的 ABC 分类方法自动计算 A、B、C 三类都有哪些存货。ABC 分类法是指由用户指定每一存货的 ABC 类别，只能输入 A、B、C 三个字母其中之一。基本原理是按成本比重高低将各成本项目分为 A、B、C 三类，对不同类别的成本采取不同控制方法。这一方法符合抓住关键少数、突出重点的原则，是一种比较经济合理的管理方法。该法既适用于单一品种各项成本的控制，又可以用于多品种成本控制，亦可用于某项成本的具体内容的分类控制。A 类成本项目其成本占 A、B、C 三类成本总和的比重最大，一般应为 70% 以上，但实物数量则不超过 20%；归入 B 类的成本项目其成本比重为 20% 左右，其实物量则一般不超过 30%；C 类项目实物量不低于 50%，但其成本比重则不超过 10%。按照 ABC 分析法的要求，A 类项目是重点控制对象，必须逐项严格控制；B 类项目是一般控制对象，可分不同情况采取不同措施；C 类项目不是控制的主要对象，只需采取简单控制的方法即可。显然，按 ABC 分类法分析成本控制对象，可以突出重点，区别对待，做到主次分明，抓住成本控制的主要矛盾。

· 合理损耗率%：可以手工输入小数位数最大为 6 位的正数，可以为空，可以随时修改。库存盘点时使用，库存管理进行存货盘点时用户可以根据实际损耗率与此值进行比较，确定盘亏存货的处理方式。还作为 BOM 中子件损耗率默认值携带。

· 领料批量：可空，可输入小数，如果存货设置成切除尾数，则不允许录入小数。如果设置了领料批量，在库存管理系统根据生产订单、委外订单进行领料及调拨时，系统将执行的领料量调整为领料批量的整数倍。

· 最小分割量：在进行配额分配时，对于有些采购数量较小的采购需求，企业并不希望将需求按照比例在多个供应商间进行分割，而是全部给实际完成率比较低的那个供应商。因此，这个参数针对存货设置。在进行配额前，系统可根据用户的设置和这个参数自动判断需不需要分给多个供应商。

·ROHS[①] 物料：标识当前存货是否是 ROHS 物料。某些企业在采购 ROHS 涉及的物料时需要从通过 ROHS 认证的供应商采购。

·是否保质期管理：指存货是否要进行保质期管理。如果某存货是保质期管理，可用鼠标点击选择框，选择"是"，且录入入库单据时，系统将要求输入该批存货的失效日期。

·保质期单位：设置保质期值对应的单位，可设为年、月、天，默认为天，可随时修改。只有保质期管理的存货才能选择保质期单位；保质期单位和保质期必须同时输入或同时不输入，不能一个为空另一个不为空；输入保质期之前必须先选择保质期单位。

·保质期：只能手工输入大于 0 的 4 位整数，可以为空，可以随时修改。

·是否条形码管理：可以随时修改该选项。在库存系统可以对条形码管理的存货分配条件形码规则。可以随时修改该选项。只有设置为条形码管理的存货才可以在库存系统中分配条形码规则。

·对应条形码：最多可输入 30 位数字或字符，可以随时修改，可以为空。但不允许有重复的条形码存在。库存生成条形码时，作为存货对应条形码的组成部分。

·是否批次管理：指存货是否需要批次管理。只有在库存选项设置为"有批次管理"时，此项才可选择。如果存货是批次管理，录入出、入库单据时，系统将要求输入出、入库批号。

·用料周期：指物料从上次出库到下次出库的时间间隔。此参数用于库存进行用料周期分析时使用。用料周期分析用于分析若干时间内没有做过出库业务的物料，以便统计物料的使用周期及呆滞积压情况。

·领料切除尾数：指经过 MRP/MPS 运算后得到的领料数量是否要切除小数点后的尾数。如果选择，当领料批量存在小数时会给出提示，可进行修改。

·是否序列号管理：是否序列号管理默认为"否"，可随时可改。存货启用序列号管理作用于"服务管理"和"库存管理"两个系统。服务管理中服务选项设置为"启用序列号管理"时，则服务单执行完工操作时必须输入产品的序列号。库存管理中库存选项设置为"启用序列号管理"时，对于有序列号管理存货，在出入库时可以维护其对应序列号信息。

·是否呆滞积压：用于设置该存货是否为呆滞积压存货。只在设置成此项才可以在库存管理的"呆滞积压备查簿"里查询。

·是否单独存放：用于设置该存货是否需要单独存放，可以随时修改，在货位跟别的存货可放在一个货位上。

·是否来料须依据检验结果入库：用于来料检验合格物料入库的控制，如果设置为来料须依据检验结果入库，则根据来料检验单生成采购入库单时系统控制累计入库量不得大于检验合格量加让步接受量。

---

① ROHS：The restriction of the use of certain nazardous substances in electrical and electronic equipment，限制使用某些有害物质的电气和电子设备。

·是否出库跟踪入库：可以修改，但是若需要将该选项从不选择状态改成选择状态，则需要检查该存货有无期初数据或者出入库数据，有数据的情况下不允许修改。在录入出库单时需要指定对应的入库单，只有设置此项才可以跟到供应商对应存货收发存情况。

·产品须依据检验结果入库：库管部门做入库时，有些企业或同一企业的某些品种，能够严格按照质量部门确定的检验合格量入库，而对有些企业或者有些品种来说，入库量与检验合格量之间允许有一定的容差。可以通过勾选进行操作。

（4）存货档案 MPS/MRP 页，如图 2-22 所示。

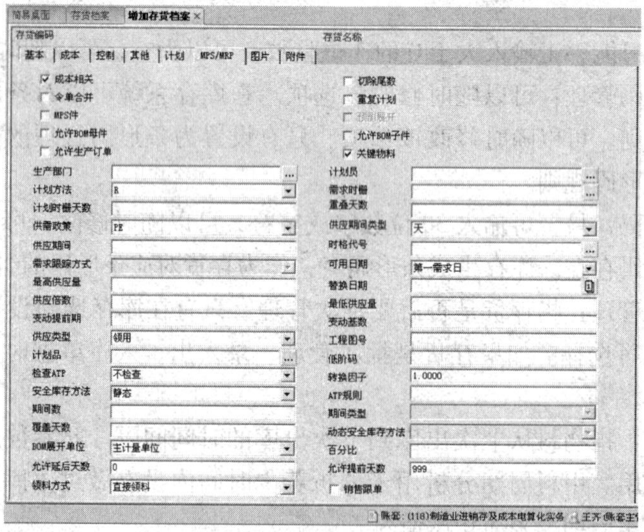

图 2-22 存货档案 MPS/MRP 页界面

其中：MPS 是主生产计划（Master Production Schedule）的简称。MPS 件是指在制定主生产计划时，可参照选用的存货。MRP 是物料需求计划（Material Requirement Planning）的简称。BOM 是物料清单（Bill of Material）的简称，它是计算机可以识别的产品结构数据文件，也是 MRP 的主导文件。设定为 BOM 母件的存货，在设置物料清单母件时，可选用；设定为 BOM 子件的存货，在设置物料清单子件时，可选用。

如果是工业账套，则需要显示并输入存货档案 MPS/MRP 页的相关信息资料。

·成本相关：表示该物料是否包含在物料清单中其母件的成本累计中，即该子件是否包含在因件标准成本计算中，当子件为产出品时，其值设置为"否"。如果存货属性内销/外销不选、生产耗用不选而允许 BOM 子件勾选，则成本相关默认不选。在存货档案中该栏位值，成为物料清单维护中子件设定为是否成本累计的默认值。

·是否切除尾数：一种计划修正手段，说明由 MRP/MPS 系统计算物料需求时，是否需要对计划订单数量进行取整。选择"是"时，系统会对数量进行向上进位取整，如计算出的数量为 3.4，选择切除尾数后，MPS/MRP 会把此数量修正为 4。

·是否令单合并：当供需政策为 LP 时，可选择同一销售订单或同一销售订单行号或同一需求分类号（视需求跟踪方式设定）的净需求是否予以合并。

·是否重复计划：表示此存货按重复计划方式还是按离散的任务方式进行计划与生产管理。选择"是"时，MPS/MRP 将按重复的日产量方式编制计划和管理生产订单。若不选择此选项，系统则以传统的离散计划方式来管理。只有自制件才可以设置为重复计划。在重复计划中，重复性的计划与重复计划期间内的净需求总和匹配；而在离散计划中，它是计划订单和现有订单的总和，始终与同一期间内的净需求总和匹配。

·MPS 件：本栏位用于区分此物料是 MPS 件还是 MRP 件，供主生产计划系统和物料需求计划之用，可选或不选择。若选择，则表明此存货为主生产计划对象，称为 MPS 件（MPS Items）。列入 MPS 件范围的，通常为销售品、关键零组件、供应提前期较长或占用产能负荷多或作为预测对象的存货等。MPS 件的选择可按各阶段需要而调整，以求适量。若不选择，则不列为主生产计划对象，即为 MRP 展开对象，也称为非 MPS 件。未启用主生产计划系统之前，可将全部存货定为非 MPS 件，即将全部存货列为 MRP 计算对象。在启用主生产计划或需求规划系统之前，本栏位可不设置。

·预测展开：可选择是或否。选项类、PTO 模型属性的存货默认为是不可改，ATO 模型、计划品属性的存货默认为是可改，其他属性的存货默认为否不可改。设置为是的存货，在产品预测订单按计划、模型或选项类物料清单执行预测展开时，将视为被展开对象。

·允许 BOM 母件：如果存货属性为计划品、ATO、PTO、选项类、自制、委外件时，该属性默认为可改，如果该存货为外购件，则该属性默认为不可改，其他存货属性一律为不可改。

·允许 BOM 子件：计划品、ATO、PTO、选项类、自制、委外件、外购件默认为可改，其他存货属性一律为不可改。

·允许生产订单：自制属性默认为可改；委外、外购属性默认为不可改；其他存货属性一律为不可改。

·关键物料：是指在母件模拟计算其标准成本时是否考虑该物料。

·生产部门：该自制存货通常负责的生产部门，为建立该存货生产订单时的默认值。

·计划员：说明该存货的计划资料由谁负责，须首先在职员档案建档。

·计划方法：可选择 R 或 N。R 表示此存货要列入 MRP/MPS 计算的对象，编制 MPS/MRP 计划；N 表示该存货及其以下子件都不计算需求，不列入 MRP/MPS 展开。如量少价低、可随时取得的物料，可采用再订购点或其他方式计划其供应。如果存货属性内销/外销不选、生产耗用不选而允许 BOM 子件勾选，计划方法默认为 N。

·需求时栅：MPS/MRP 计算时，在某一时段对某物料而言，其独立需求来源可能是按订单或按预测或两者都有，系统是按各物料所对应的时栅内容而运作的。系统读取时栅代号的顺序为，先以物料在存货主档中的时栅代号为准，若无则按 MPS/MRP 计划参数中设定的时栅代号。时栅是公司政策或做法的改变点，即计划的时间段。

·计划时栅天数：可输入最多三位正整数，可不输入。

·重叠天数：可输入最多三位正或负整数，可不输入。

供需政策：各存货的供应方式，可以选择 PE 或 LP。本栏位为主生产计划及需求规划系统，规划计划订单之用。对应存货在现存量表中有记录则不允许 LP、PE 转换。

·PE（Period）：表示期间供应法。MPS/MRP 计算时，按设定期间汇总净需求一次性供应，即合并生成一张计划订单。此方式可增加供应批量，减少供应次数，但需求来源（如销售订单）变化太大时，将造成库存太多、情况不明的现象。若供需政策采用 PE 且为非重复计划物料，则可在"供应期间类型、供应期间、时格代号"栏位输入相关值，并选择"可用日期"参数。

·LP（Lot Pegging）：表示批量供应法，按各时间的净需求分别各自供应。所有净需求都不合并，按销售订单不同各自生成计划订单。此方式可使供需对应关系明朗化，库存较低，但供应批量可能偏低，未达经济规模。若供需政策选用 LP，则可选择"是否令单合并"栏位。

·需求跟踪方式：如果供需政策为 LP，可选择"订单号/订单行号/需求分类代号"三种需求跟踪方式之一，分别表示是按销售订单号、销售订单行或需求分类号来对物料的供需资料分组。

·替换日期：因某些原因（如技术、经济上原因等），而确定存货将在该日期被另一存货所替代，但在该存货被另一存货替代之前，该存货的现有库存将被使用完毕。MRP 展开时，一旦该存货库存在替换日期之后被完全使用完毕，系统自动将该存货的相关需求分配给另一存货（替换料）。该存货的替换料资料在物料清单中维护。

最高供应量：一种计划修正手段，在 MPS/MRP 编制时使用。此处输入存货的最低供应量，若该存货有结构性自由项，则新增存货时为各结构自由项默认的最高供应量，如果要按各结构自由项分别设置其不同的最高供应量，可按结构自由项个别修改。MPS/MRP 计算时，如果净需求小于最高供应量，系统将保持原净需求量；而在净需求超过最高供应量时，系统将计划数量修改为等于最高供应量的计划订单。

·最低供应量：一种计划修正手段，在 MPS/MRP 编制时使用。输入存货的最低供应量，若该存货有结构性自由项，则新增存货时为各结构自由项默认的最低供应量，如果要按各结构自由项分别设置其不同的最低供应量，可按结构自由项个别修改。MPS/MRP 计算时，如果净需求数量小于最低供应量，将净需求数量修改为最低供应量；否则，保持原净需求数量不变。

·供应倍数：一种计划修正手段，在 MPS/MRP 编制时使用。输入存货的供应倍数，若该存货有结构性自由项，则新增存货时为各结构自由项默认的供应倍数，如果要按各结构自由项分别设置其不同的供应倍数，可按结构自由项个别修改。MPS/MRP 计算时，按各存货（或存货加结构自由项）的供应倍数，将净需求数量修正为供应倍数的整数倍，即各计划订单数量一定为供应倍数的整数倍。

·变动基数：如果有变动提前期考虑时，每日产量即为变动基数。

·固定提前期：从发出需求讯息，到接获存货为止所需的固定提前期。以采购件为例，即不论需求量多少，从发出采购订单到可收到存货为止的最少需求时间，称为此采购件的固定提前期。

·变动提前期：如果生产、采购或委外时，会因数量造成生产、采购或委外时间不一时，此段时间称为变动提前期。

总提前期的计算公式为：$\dfrac{总需求量}{变动基数}$×变动提前期 + 固定提前期

·工程图号：输入工程图号，备注用。

·供应类型：用以控制如何将子件物料供应给生产订单和委外订单，如何计划物料需求以及如何计算物料成本。此处定义的供应类型将带入物料清单，成为子件供应类型的默认值。

·领用：可按需要直接领料而供应给相应的生产订单和委外订单。

·入库倒冲：U8 倒冲在生产订单和委外订单母件完成入库时，系统自动产生领料单，将子件物料发放给相应的生产订单和委外订单。

·工序倒冲：在生产订单母件工序完工时，系统自动产生领料单，将子件物料发放给相应的生产订单。

·虚拟件：虚拟件是一个无库存的装配件，它可以将其母件所需物料组合在一起，产生一个子装配件。MPS/MRP 系统可以通过虚拟件直接展开到该虚拟件的子件，就好似这些子件直接连在该虚拟件的母件上。成本管理系统中计算产品成本时，这些虚拟件的母件的装配成本将会包括虚拟件的物料成本，但不包含该其人工及制造费用等成本要素。

·直接供应：生产过程中，如果子件是直接为上阶订单生产，且子件实体不必进入库存，这些子件称为直接供应子件。

·低阶码：又称为低层代码，表示该存货在所有物料清单中所处的最低层次，由"物料清单"系统中"物料低阶码自动计算"功能计算得到。MPS/MRP 计算使用低阶码来确保在计算出此子件的所有的毛需求之前不会对此存货进行净需求。

·计划品编码：可输入一个计划品的存货编码，目的在于建立存货与某一计划品的对应关系，与"转换因子"栏位值配合，用于存货的销售订单与该计划品的需求预测进行预测消抵。只有销售属性的存货才可输入，输入的计划品其"预测展开"设置为否。输入计划品的 MPS/MRP 属性与原存货相同。

·转换因子：输入计划品编码时必须输入，默认为 1，可改，须大于零。

·检查 ATP：系统默认为"不检查"，可改为"检查物料"。如果选择为"检查物料"，则在生产订单和委外管理系统中，可以检查该物料的可承诺数量，以进行缺料分析与处理。

·ATP 规则：ATP 是可承诺量（Available To Promise）的简称，是指物料现有库存及供应计划，在满足已有需求外，还可对新的需求进行承诺的量。可参照输入自定义的 ATP 规则，资料来源于 ATP 规则档案，可不输入，支持修改。ATP 规则可以定义供应和需求来源、时间栏参数等。执行生产订单/委外订单子件 ATP 数量查询时，如果子件"检查 ATP"设置为"检查物料"，则读此处输入的 ATP 规则，若未输入则以生产制造参数设定中的 ATP 规则为准。

·安全库存方法：选择 MPS/MRP/SRP 自动规划时，安全库存的处理方式。默认为"静态",可改为"静态/动态"之一。如果设置为"静态",MPS/MRP/SRP 计算以物料档案中输入的安全库存量为准;若设置为"动态",则系统自动计算物料基于需求的安全库存量。SRP 是销售需求计划(Sales Requirement Planning)的简称,是指按照接收到的销售订单展开计算出物料需求计划,是一种补充计划,如当前的供应计划已经可以满足接收到的销售订单的物料需求,不会产生新的供应计划,如当前的供应计划不能满足接收到的销售订单的物料需求,会在现有计划基础之上产生新的供应计划。

·期间类型:MPS/MRP/SRP 计算动态安全库存量,首先必须确定某一期间内物料的需求量,本栏位供选择确定此一期间的期间类型,系统依该栏位值与"期间数"输入值确定计算物料需求量的期间长度。如期间类型为天,期间数为 12,则期间长度为 12 天。系统默认为"天",可改为"天/周/月"之一,安全库存方法选择为"动态"时必须输入。

·期间数:安全库存方法选择为"动态"时必须输入。

动态安全库存方法:选择动态安全库存量是以覆盖日平均需求量的天数计算,或以动态安全库存期间内总需求量的百分比来计算。默认为"覆盖天数",可改为"覆盖天数/百分比"之一,安全库存方法选择为"动态"时必须输入。

·覆盖天数:动态安全库存方法选择为"覆盖天数"时必须输入。

·百分比:动态安全库存方法选择为"百分比"时必须输入。

·BOM 展开单位:可选择"主计量单位/辅助计量单位"之一。指执行 BOM 展开时,是以子件的基本用量或是以辅助基本用量作为子件使用数量的计算基准。

·销售跟单:如果供需政策为 PE,可选择销售跟单选项。销售跟单选项需要配合需求跟踪方式使用以确定计划订单带入的跟踪号是"订单号/订单行号/需求分类代号"之一。PE 物料的销售跟单只是将跟踪号带入计划订单中显示,其作用仅仅表示计划订单最初是根据哪一个需求跟踪号产生的,再次计划时并不按照需求跟踪号来进行供需平衡。如果供需政策为 LP,用友 U8V10.1 系统默认为销售跟单。

·领料方式:在供应类型为"领用"时,可以选择"直接领料/申请领料"两者之一,直接领料表示生产时按照生产订单进行领料作业,申请领料表示生产时需要预先按照生产订单申请领料,再进行领料作业。

·供应期间类型:对于非重复计划的 PE 件,选择其进行净需求合并的供应期间的期间类型。除了采用时格进行供应期间划分外,其他供应期间类型皆与"供应期间"栏位输入值一并确定供应期间长度。如供应期间类型为天,供应期间为 12,则供应期间长度为 12 天。系统默认为"天",可改为"天/周/月/时格"之一。

·时格代号:如果供应期间类型选择为"时格",则参照时格档案输入。时格是指用于统计数据的一个时间段。

可用日期:表示同一供应期间内的净需求合并之后,其需求日期如何确定。系统默认为"第一需求日",可选择"第一需求日/期间开始日/期间结束日"之一。

（5）存货档案计划页。

在此页签输入存货档案计划页的相关信息资料。用于库存管理 ROP（Re-Order Point）再订货点法，这是一种传统的库存规划方法，考虑安全库存和采购提前期，当库存量降到再订货点时，按照批量规则进行订购。现主要针对未在 BOM 中体现的低值易耗品、劳保用品。如果该存货补货政策为依再订货点，则需要在此页签进行相关信息的设置。

·ROP 件：设置为外购属性+ROP 的存货，在库存系统中可以参与 ROP 运算，生成 ROP 采购计划。

·再订货点方法：设置为 ROP 件时，必选其一。（手工：由用户手工输入再订货点。自动：由系统自动计算再订货点，不可手工修改，可录入日均耗量。再订货点＝日均耗量 * 固定提前期+安全库存）

·ROP 批量规则：此处选定的批量规则决定库存系统 ROP 运算时计划订货量的计算规则。

·保证供应天数：录入不小于零的数字，默认为1。ROP 批量规则选择历史消耗量时，根据此值计算计划订货量，计划订货量＝日均耗量 * 保证供应天数。

·日均耗量：在库存系统进行日均耗量与再订货点维护时，系统自动填写该项，日均耗量＝历史耗量/计算日均耗量的历史天数，可修改。

·固定供应量：录入，不能小于零，即经济批量。考虑批量可以使企业在采购或生产时按照经济、方便的批量订货或组织生产，避免出现拆箱或量小不经济的情况，多余库存可作为意外消耗的补充、瓶颈工序的缓解、需求变动的调节等。ROP 批量规则选择固定批量时，根据此值计算计划订货量。计划订货量＝固定供应量。

·固定提前期：指从订货到货物入库的时间。再订货点方法选择自动时，系统根据此值计算再订货点。

·累计提前期：指从取得原物料开始到完成制造该存货所需的时间，可逐层比较而取得其物料清单下各层子件的最长固定提前期，再将本存货与其各层子件中最长的提前期累加而得。该值由 MPS/MRP 系统中"累计提前期天数推算"作业自动计算而得。

在录存货档案前，最好先把仓库档案录完。

［实务案例］

飞跃摩托车制造公司的存货档案如表 2-13 所示：

表 2-13　　　　　　　　飞跃摩托车制造公司存货档案

存货编码	存货代码	存货名称	存货大类名称	主计量单位	主要供货单位名称	默认仓库名称
0101001	XT	箱体-168	原材料	个	重庆五工机电制造有限公司	原料仓库
0102001	DLG	动力盖-170F	原材料	个	重庆五工机电制造有限公司	原料仓库

表2-13（续）

存货编码	存货代码	存货名称	存货大类名称	主计量单位	主要供货单位名称	默认仓库名称
0102002	FLWG	飞轮外盖-172S	原材料	个	重庆五工机电制造有限公司	原料仓库
0102003	JSG	减速盖-173FR	原材料	个	重庆五工机电制造有限公司	原料仓库
0102004	LHG	离合盖-173FRS	原材料	个	重庆五工机电制造有限公司	原料仓库
0103001	GT100	缸体-泰100	原材料	个	重庆振中制动器有限公司	原料仓库
0104001	ZC	轴承-D2208	原材料	个	重庆春华发动机制造有限公司	原料仓库
0105001	YQ	黑酯胶调合漆	原材料	升	重庆化工有限责任公司	原料仓库
0199001	LHF	磷化粉	原材料	千克	重庆化工有限责任公司	原料仓库
0199002	NJLS	内六角螺丝-14*60	原材料	个	重庆振中制动器有限公司	原料仓库
0199003	NJLS	内六角螺丝-12*80	原材料	个	重庆振中制动器有限公司	原料仓库
020102001	XSQ	排气消声器-单孔	外购件	个	重庆春华发动机制造有限公司	外购件仓库
020104001	HYQ100	化油器-100带支架	外购件	套	重庆春华发动机制造有限公司	外购件仓库
020105001	YLQ100	油冷器-100	外购件	套	重庆春华发动机制造有限公司	外购件仓库
020106001	YB	仪表-100仪表总成	外购件	套	重庆卓越摩托车配件公司	外购件仓库
020107001	YX	油箱-普通	外购件	个	重庆春华发动机制造有限公司	外购件仓库
020107002	YX	油箱-加大	外购件	个	重庆春华发动机制造有限公司	外购件仓库
020110001	D	灯-大灯	外购件	个	重庆卓越摩托车配件公司	外购件仓库
020110002	D	灯-转向灯	外购件	个	重庆卓越摩托车配件公司	外购件仓库
020110003	D	灯-尾灯	外购件	个	重庆卓越摩托车配件公司	外购件仓库
020111001	ZJ	摩托车支架-100	外购件	个	重庆卓越摩托车配件公司	外购件仓库

表2-13(续)

存货编码	存货代码	存货名称	存货大类名称	主计量单位	主要供货单位名称	默认仓库名称
020199001	ZD	坐垫-减振	外购件	个	重庆卓越摩托车配件公司	外购件仓库
020199002	DLZC	电缆总成	外购件	套	重庆卓越摩托车配件公司	外购件仓库
020199003	ZD	坐垫-连座	外购件	个	重庆卓越摩托车配件公司	外购件仓库
02010801	QLT	前轮胎-普通	外购件	个	重庆卓越摩托车配件公司	外购件仓库
02010802	QLT	前轮胎-加宽	外购件	个	重庆卓越摩托车配件公司	外购件仓库
02010901	HLT	后轮胎-普通	外购件	个	重庆卓越摩托车配件公司	外购件仓库
02010902	HLT	后轮胎-加宽	外购件	个	重庆卓越摩托车配件公司	外购件仓库
02010301	QLZC	前轮轴承-100	外购件	件	重庆卓越摩托车配件公司	外购件仓库
02010302	HLZC	后轮轴承-100	外购件	件	重庆卓越摩托车配件公司	外购件仓库
02020101	LTZJ	轮胎组件-100普通	自制件	套		自制件仓库
02020102	LTZJ	轮胎组件-100加宽	自制件	套		自制件仓库
02020103	D	灯-125灯总成	自制件	套		自制件仓库
02020104	FDJ100	100型发动机-J脚启动	自制件	台		自制件仓库
0301001	MTC100	100型摩托车-普通型	产成品	台		成品仓库
0301002	MTC100	100型摩托车-加强型	产成品	台		成品仓库
0501001	NBZ	泡沫垫	包装物	个	重庆五工机电制造有限公司	低值易耗品及其他仓库
0502001	WBZ	100型包装箱	包装物	个	重庆五工机电制造有限公司	低值易耗品及其他仓库
0502002	BZD	包装带	包装物	米	重庆五工机电制造有限公司	低值易耗品及其他仓库
0502003	FKJ	封口胶	包装物	米	重庆五工机电制造有限公司	低值易耗品及其他仓库

表 2-13(续)

存货编码	存货名称	是否销售	是否外购	是否自制	是否生产耗用	是否在制	是否允许BOM母件	是否允许生成订单	是否允许BOM子件	是否关键物料	是否MPS件
0101001	箱体-168	否	是	是	是	是	否	否	是	是	否
0102001	动力盖-170F	否	是	是	是	是	否	否	是	是	否
0102002	飞轮外盖-172S	否	是	是	是	是	否	否	是	是	否
0102003	减速盖-173FR	否	是	是	是	是	否	否	是	是	否
0102004	离合盖-173FRS	否	是	是	是	是	否	否	是	是	否
0103001	缸体-泰100	否	是	是	是	是	否	否	是	是	否
0104001	轴承-D2208	否	是	是	是	是	否	否	是	是	否
0105001	黑酯胶调合漆	否	是	否	是	否	否	否	是	是	否
0199001	磷化粉	否	是	否	是	否	否	否	是	是	否
0199002	内六角螺丝－14＊60	否	是	否	是	否	否	否	是	是	否
0199003	内六角螺丝－12＊80	否	是	否	是	否	否	否	是	是	否
020102001	排气消声器-单孔	是	是	否	是	否	否	否	是	是	否
020104001	化油器－100带支架	是	是	否	是	否	否	否	是	是	否
020105001	油冷器-100	否	是	否	是	否	否	否	是	是	否
020106001	仪表－100仪表总成	否	是	否	是	否	否	否	是	是	否
020107001	油箱-普通	是	是	否	是	否	否	否	是	是	否
020107002	油箱-加大	是	是	否	是	否	否	否	是	是	否
020110001	灯-大灯	是	是	否	是	否	否	否	是	是	否
020110002	灯-转向灯	是	是	否	是	否	否	否	是	是	否
020110003	灯-尾灯	是	是	否	是	否	否	否	是	是	否
020111001	摩托车支架-100	否	是	否	是	否	否	否	是	是	否
020199001	坐垫-减振	否	是	是	是	是	否	否	是	是	否
020199002	电缆总成	否	是	否	是	否	否	否	是	是	否
020199003	坐垫-连座	否	是	否	是	否	否	否	是	是	否
02010801	前轮胎-普通	是	是	否	是	否	否	否	是	是	否
02010802	前轮胎-加宽	是	是	否	是	否	否	否	是	是	否
02010901	后轮胎-普通	是	是	否	是	否	否	否	是	是	否

表2-13(续)

存货编码	存货名称	是否销售	是否外购	是否自制	是否生产耗用	是否在制	是否允许BOM母件	是否允许生成订单	是否允许BOM子件	是否关键物料	是否MPS件
02010902	后轮胎-加宽	是	是	否	是	否	否	否	是	是	否
02010301	前轮轴承-100	是	是	否	是	否	否	否	是	是	否
02010302	后轮轴承-100	是	是	否	是	否	否	否	是	是	否
02020101	轮胎组件-100普通	是				否					是
02020102	轮胎组件-100加宽	是				否					是
02020103	灯-125灯总成	是				否					是
02020104	100型发动机-J脚启动	是	否								是
0301001	100型摩托车-普通型	是	否	是	否						是
0301002	100型摩托车-加强型	是	否	是	否						是
0501001	泡沫垫	是	是	否	是	否	否	否	是	是	否
0502001	100型包装箱	是	是	否	是	否	否	否	是	是	否
0502002	包装带	否	是	否	是	否	否	否	是	是	否
0502003	封口胶	否	是	否	是	否	否	否	是	是	否

【操作步骤】

在企业应用平台中，执行"基础设置→基础档案→存货→存货档案"命令，进入存货档案设置主界面，在左边的树型列表中选择一个末级的存货分类（如果在建立账套时设置存货不分类，则不用进行选择），单击"增加"按钮，进入增加状态。逐一选择"基本""成本""控制""其他""计划""MPS/MRP""图片""附件"页签，填写相关内容。然后，点击"保存"按钮，保存此次增加的存货档案信息；或点击"保存并新增"按钮保存此次增加的存货档案信息，并增加空白页供继续录入存货信息。

（四）业务

［实务案例］

飞跃摩托车制造公司的业务基础档案信息如下：

（1）收发类别（表2-14）。

表2-14　　　　　　　　　　　　收发类别

收发类别编码	收发类别名称	收发标志
1	入库	收
101	材料采购入库	收
102	配件采购入库	收
103	产成品入库	收
104	盘盈入库	收
105	调拨入库	收
199	其他入库	收
2	出库	发
201	生产领料出库	发
202	销售出库	发
203	维修部门领料	发
204	调拨出库	发
205	盘亏出库	发
299	其他出库	发

（2）采购类型（表2-15）。

表2-15　　　　　　　　　　采购类型

采购类型编码	采购类型名称	入库类别	是否默认值
01	原材料采购	材料采购入库	是
02	配件采购	配件采购入库	否
03	其他采购	其他入库	否

（3）销售类型（表2-16）。

表2-16　　　　　　　　　　销售类型

销售类型编码	销售类型名称	出库类别	是否默认值
01	普通销售	销售出库	是
02	零售	销售出库	否
03	其他销售	销售出库	否

（4）成套件。

第一，在企业应用平台中，执行"基础设置→业务参数→供应链→库存管理"命令，在"库存管理"参数中选择有成套件管理。

第二，在"灯-125灯总成""轮胎组建-100加宽"和"轮胎组件-100普通"的存货档案中，钩选"成套件"。

①轮胎组件-100普通（表2-17）。

表2-17　　　　　　　　　　轮胎组件—100普通

成套件编码	成套件名称	序号	单件编码	单件名称	主计量单位	单件数量
02020101	轮胎组件-100普通	1	02010301	前轮轴承-100	件	1
		2	02010302	后轮轴承-100	件	1
		3	02010801	前轮胎-普通	个	2
		4	02010901	后轮胎-普通	个	2

②轮胎组件-100加宽（表2-18）。

表2-18　　　　　　　　　　轮胎组件—100加宽

成套件编码	成套件名称	序号	单件编码	单件名称	主计量单位	单件数量
02020102	轮胎组件-100加宽	1	02010301	前轮轴承-100	件	1
		2	02010302	后轮轴承-100	件	1
		3	02010802	前轮胎-加宽	个	2
		4	02010902	后轮胎-加宽	个	2

③灯-125灯总成（表2-19）。

表2-19　　　　　　　　　　灯—125灯总成

成套件编码	成套件名称	序号	单件编码	单件名称	主计量单位	单件数量
02020103	灯-125灯总成	1	020110001	灯-大灯	个	4
		2	020110002	灯-转向灯	个	4
		3	020110003	灯-尾灯	个	2

（5）费用项目及其所属分类（表2-20）。

表2-20　　　　　　　　　　费用项目及其所属分类

费用项目编码	费用项目名称	所属分类编码	所属分类名称
01	运费	1	代垫费用
02	招待费	2	销售支出费用

注：先设分类再设项目。

（6）发运方式（表2-21）。

表2-21　　　　　　　　　　　　　发运方式

发运方式编码	发运方式名称
01	公路运输
02	铁路运输
03	空运
04	水运

（五）对照表

1. 仓库存货对照表

（1）原材料库（表2-22）。

表2-22　　　　　　　　　　　　　原材料库

存货编码	存货名称	主计量单位名称	最高库存	最低库存	安全库存	合理损耗率	上次盘点日期
0101001	箱体-168	个					2014-9-01
0102001	动力盖-170F	个					2014-9-01
0102002	飞轮外盖-172S	个					2014-9-01
0102003	减速盖-173FR	个					2014-9-01
0102004	离合盖-173FRS	个					2014-9-01
0103001	缸体-泰100	个					2014-9-01
0104001	轴承-D2208	个					2014-9-01
0105001	黑酯胶调合漆	升					2014-9-01
0199001	磷化粉	千克					2014-9-01
0199002	内六角螺丝-14*60	个					2014-9-01
0199003	内六角螺丝-12*80	个					2014-9-01

（2）外购件仓库（表2-23）。

表2-23　　　　　　　　　　　　　外购件仓库

存货编码	存货名称	主计量单位名称	最高库存	最低库存	安全库存	合理损耗率	上次盘点日期
020102001	排气消声器-单孔	个					2014-9-01
02010301	前轮轴承-100	件					2014-9-01
02010302	后轮轴承-100	件					2014-9-01
020104001	化油器-100带支架	套					2014-9-01
020105001	油冷器-100	套					2014-9-01
020106001	仪表-100仪表总成	套					2014-9-01

表2-23(续)

存货编码	存货名称	主计量单位名称	最高库存	最低库存	安全库存	合理损耗率	上次盘点日期
020107001	油箱-普通	个					2014-9-01
020107002	油箱-加大	个					2014-9-01
02010801	前轮胎-普通	个					2014-9-01
02010802	前轮胎-加宽	个					2014-9-01
02010901	后轮胎-普通	个					2014-9-01
02010902	后轮胎-加宽	个					2014-9-01
020110001	灯-大灯	个					2014-9-01
020110002	灯-转向灯	个					2014-9-01
020110003	灯-尾灯	个					2014-9-01
020111001	摩托车支架-100	个					2014-9-01
020199001	坐垫-减振	套					2014-9-01
020199002	电缆总成	套					2014-9-01
020199003	坐垫-连座	套					2014-9-01

（3）自制件仓库（表2-24）。

表2-24　　　　　　　　　　自制件仓库

存货编码	存货名称	主计量单位名称	最高库存	最低库存	安全库存	合理损耗率	上次盘点日期
02020101	轮胎组件-100普通	套					2014-9-01
02020102	轮胎组件-100加宽	套					2014-9-01
02020103	灯-125灯总成	套					2014-9-01
02020104	100型发动机-J脚启动	台					2014-9-01

（4）成品仓库（表2-25）。

表2-25　　　　　　　　　　成品仓库

存货编码	存货名称	主计量单位名称	最高库存	最低库存	安全库存	合理损耗率	上次盘点日期
0301001	100型摩托车-普通型	台					2014-9-01
0301002	100型摩托车-加强型	台					2014-9-01

2. 供应商存货对照表

［实务案例］

（1）重庆春华发动机制造有限公司（表2-26）。

表 2-26   **重庆春华发动机制造有限公司存货表**

供应商名称	序号	存货编码	存货名称	主计量单位名称	配额%	最高进价（元）
重庆春华发动机制造有限公司	1	0104001	轴承-D2208	个	100	93.50
	2	020102001	排气消声器-单孔	个	100	41.00
	3	020104001	化油器-100 带支架	套	100	23.00
	4	020105001	油冷器-100	套	100	32.00
	5	020107001	油箱-普通	个	100	63.00
	6	020107002	油箱-加大	个	100	64.00

（2）重庆化工有限责任公司（表 2-27）。

表 2-27   **重庆化工有限责任公司存货表**

供应商名称	序号	存货编码	存货名称	主计量单位名称	配额%	最高进价（元）
重庆化工有限责任公司	1	0105001	黑酯胶调合漆	升	100	36.50
	2	0199001	磷化粉	千克	100	36.50

（3）重庆五工机电制造有限公司（表 2-28）。

表 2-28   **重庆五工机电制造有限公司存货表**

供应商名称	序号	存货编码	存货名称	主计量单位名称	配额%	最高进价（元）
重庆五工机电制造有限公司	1	0101001	箱体-168	个	100	86.00
	2	0102001	动力盖-170F	个	100	48.00
	3	0102002	飞轮外盖-172S	个	100	31.00
	4	0102003	减速盖-173FR	个	100	24.50
	5	0102004	离合盖-173FRS	个	100	23.00

（4）重庆振中制动器有限公司（表 2-29）。

表 2-29   **重庆振中制动器有限公司存货表**

供应商名称	序号	存货编码	存货名称	主计量单位名称	配额%	最高进价（元）
重庆振中制动器有限公司	1	0103001	缸体-泰 100	个	100	91.00
	2	0199002	内六角螺丝-14 * 60	个	100	0.05
	3	0199003	内六角螺丝-12 * 80	个	100	0.05

（5）重庆卓越摩托车配件公司（表2-30）。

表2-30　　　　　　　　　重庆卓越摩托车配件公司存货表

供应商名称	序号	存货编码	存货名称	主计量单位名称	配额%	最高进价（元）
重庆卓越摩托车配件技术开发公司	1	020110001	灯-大灯	个	100	35.00
	2	020110002	灯-转向灯	个	100	15.00
	3	020110003	灯-尾灯	个	100	6.00
	4	020111001	摩托车支架-100	个	100	98.00
	5	020199001	坐垫-减振	个	100	35.00
	6	020199002	电缆总成	套	100	37.80
	7	020199003	坐垫-连座	个	100	35.00
	8	02010801	前轮胎-普通	个	100	80.00
	9	02010802	前轮胎-加宽	个	100	85.00
	10	02010901	后轮胎-普通	个	100	80.00
	11	02010902	后轮胎-加宽	个	100	85.00
	12	02010301	前轮轴承-100	件	100	43.00
	13	02010302	后轮轴承-100	件	100	43.00

第三节　企业应用平台财务基础设置

一、设置相关的业务参数

用友U8总账参数设置界面如图2-23所示。执行"业务工作→总账→设置→选项"命令，可进入总账参数设置。

在建立新的账套后由于具体情况需要，或业务变更，发生一些账套信息与核算内容不符，可以通过"总账参数"设置进行账簿选项的调整和查看。可对"凭证选项""账簿选项""凭证打印""预算控制""权限选项""会计日历""其他选项""自定义项核算"八部分内容的操作控制选项进行修改。

1. 凭证选项

（1）制单控制，主要设置在填制凭证时，系统应对哪些操作进行控制。

·制单序时控制：此项和"系统编号"选项联用，制单时凭证编号必须按日期顺序排列，10月25日编制25号凭证，则10月26日只能开始编制26号凭证，即制单序时，如果有特殊需要可以将其改为不序时制单。

·支票控制：若选择此项，在制单时使用银行科目编制凭证时，系统针对票据管理的结算方式进行登记，如果录入支票号在支票登记簿中已存，系统提供登记支票报销的功能；否则，系统提供登记支票登记簿的功能。

·赤字控制：若选择了此项，在制单时，当"资金及往来科目"或"全部科目"

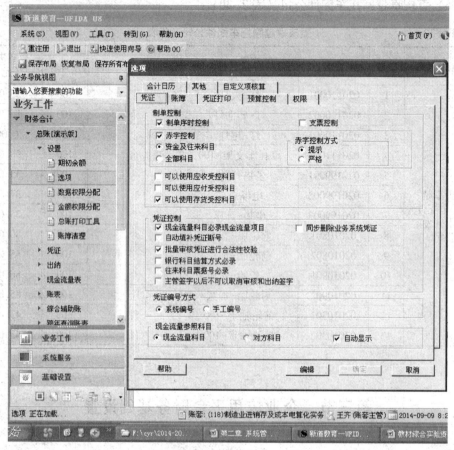

图 2-23　总账参数设置界面

的最新余额出现负数时，系统将予以提示。提供了提示、严格两种方式，可根据需要进行选择。

·可以使用应收受控科目：若科目为应收款管理系统的受控科目，为了防止重复制单，只允许应收系统使用此科目进行制单，总账系统是不能使用此科目制单的。所以如果希望在总账系统中也能使用这些科目填制凭证，则应选择此项。（注意：总账和其他业务系统使用了受控科目会引起应收系统与总账对账不平）

·可以使用应付受控科目：若科目为应付款管理系统的受控科目，为了防止重复制单，只允许应付系统使用此科目进行制单，总账系统是不能使用此科目制单的。所以如果希望在总账系统中也能使用这些科目填制凭证，则应选择此项。（注意：总账和其他业务系统使用了受控科目会引起应付系统与总账对账不平）

·可以使用存货受控科目：若科目为存货核算系统的受控科目，为了防止重复制单，只允许存货核算系统使用此科目进行制单，总账系统是不能使用此科目制单的。所以如果希望在总账系统中也能使用这些科目填制凭证，则应选择此项。（注意：总账和其他业务系统使用了受控科目会引起存货系统与总账对账不平）

（2）凭证控制，指管理流程设置。

·现金流量科目必录现金流量项目：选择此项后，在录入凭证时如果使用现金流量科目则必须输入现金流量项目及金额。

·自动填补凭证断号：如果选择凭证编号方式为系统编号，则在新增凭证时，系统按凭证类别自动查询本月的第一个断号默认为本次新增凭证的凭证号。如无断号则为新号，与原编号规则一致。

·批量审核凭证进行合法性校验：批量审核凭证时针对凭证进行二次审核，提高凭证输入的正确率，合法性校验与保存凭证时的合法性校验相同。

·银行科目结算方式必录：选中该选项，填制凭证时结算方式必须录入，录入的结算方式如果勾选"是否票据管理"，则票据号也控制为必录，录入的结算方式如果不勾选"是否票据管理"，则票据号不控制必录。不选中该选项，则结算方式和票据号都不控制必录。

·往来科目票据号必录：选中该选项，填制凭证时往来科目必须录入票据号。

·同步删除外部系统凭证：选中该选项，外部系统删除凭证时相应的将总账的凭证同步删除；否则，将总账凭证作废，不予删除。

（3）凭证编号方式。系统在"填制凭证"功能中一般按照凭证类别按月自动编制凭证编号，即"系统编号"；但有的企业需要系统允许在制单时手工录入凭证编号，即"手工编号"。

（4）现金流量参照科目。用来设置现金流量录入界面的参照内容和方式。"现金流量科目"选项选中时，系统只参照凭证中的现金流量科目；"对方科目"选项选中时，系统只显示凭证中的非现金流量科目。"自动显示"选项选中时，系统依据前两个选项将现金流量科目或对方科目自动显示在指定现金流量项目界面中，否则需要手工参照选择。

2. 权限选项

·制单权限控制到科目：要在系统管理的"功能权限"中设置科目权限，再选择此项，权限设置有效。选择此项，则在制单时，操作员只能使用具有相应制单权限的科目制单。

·制单权限控制到凭证类别：要在系统管理的"功能权限"中设置凭证类别权限，再选择此项，权限设置有效。选择此项，则在制单时，只显示此操作员有权限的凭证类别。同时在凭证类别参照中按人员的权限过滤出有权限的凭证类别。

·操作员进行金额权限控制：选择此项，可以对不同级别的人员进行金额大小的控制，例如财务主管可以对 10 万元以上的经济业务制单，一般财务人员只能对 5 万元以下的经济业务制单，这样可以减少由于不必要的责任事故带来的经济损失。如为外部凭证或常用凭证调用生成，则处理与预算处理相同，不做金额控制。

用友 U8V10.1 系统结转凭证不受金额权限控制；在调用常用凭证时，如果不修改直接保存凭证，此时由被调用的常用凭证生成的凭证不受任何权限的控制，例如包括金额权限控制、辅助核算及辅助项内容的限制等；外部系统凭证是已生成的凭证，得到系统的认可，所以除非进行更改，否则不做金额等权限控制。

·凭证审核控制到操作员：如只允许某操作员审核其本部门操作员填制的凭证，则应选择此选项。

·出纳凭证必须经由出纳签字：若要求现金、银行科目凭证必须由出纳人员核对签字后才能记账，则选择"出纳凭证必须经由出纳签字"。

·凭证必须经由主管会计签字：如要求所有凭证必须由主管签字后才能记账，则选择"凭证必须经主管签字"。

·允许修改、作废他人填制的凭证：若选择了此项，在制单时可修改或作废别人填制的凭证，否则不能修改。

·可查询他人凭证：如允许操作员查询他人凭证，则选择"可查询他人凭证"。

·明细账查询权限控制到科目：这里是权限控制的开关，在系统管理中设置明细账查询权限，必须在总账系统选项中打开，才能起到控制作用。

·制单、辅助账查询控制到辅助核算：设置此项权限，制单时才能使用有辅助核算属性的科目录入分录，辅助账查询时只能查询有权限的辅助项内容。

3. 其他选项

（1）外币核算。如果企业有外币业务，则应选择相应的汇率方式——固定汇率、浮动汇率。"固定汇率"即在制单时，一个月只按一个固定的汇率折算本位币金额。"浮动汇率"即在制单时，按当日汇率折算本位币金额。

（2）分销联查凭证 IP 地址，在这里输入分销系统的网址，可以联查分销系统的单据。

（3）启用调整期。如果希望在结账后仍旧可以填制凭证用来调整报表数据，可在总账选项中启用调整期。调整期启用后，加入关账操作，在结账之后关账之前为调整期。在调整期内填制的凭证为调整期凭证。

二、设置会计科目

会计科目是对会计对象具体内容分门别类进行核算所规定的项目，也是填制会计凭证、登记会计账簿、编制会计报表的基础。会计科目设置的完整性、科学性影响着会计工作的顺利实施，会计科目设置的层次深度直接影响会计核算的详细、准确程度。除此之外，对于电算化系统会计科目的设置是应用系统的基础，它是实施各个会计手段的前提。

（一）建立会计科目的原则

整理手工账使用的会计科目，可以直接采用现有的科目，也可以根据电算化的特点对科目进行调整。一般来说，为了充分体现计算机管理的优势，在企业原有的会计科目基础上，应对以往的一些科目结构进行调整，以便充分发挥计算机的辅助核算功能。如果企业原来有许多往来单位、个人、部门、项目是通过设置明细科目来进行核算管理的，那么，在使用总账系统后，最好改用辅助核算进行管理，即将这些明细科目的上级科目设为辅助核算科目，并将这些明细科目设为相应的辅助核算目录。总账系统中一共可设置十余种辅助核算，包括部门、个人、客户、供应商、项目五种辅助核算以及部门客户、部门供应商、客户项目、供应商项目、部门项目及个人项目六种组合辅助核算。一个科目设置了辅助核算后，它所发生的每一笔业务将会登记在辅助总账和辅助明细账上。

（二）建立会计科目时设置的主要项目（辅助账等项目设置）

只把科目设置了辅助核算还是不够的，还应将从科目中去掉的明细科目设置为辅助核算的目录。若有部门核算，应设置相应的部门目录；若有个人核算，应设置相应的个人目录；若有项目核算，应设置相应的项目目录；若有客户往来核算，应设置相应的客户目录；若有供应商往来核算，应设置相应的供应商目录。

（三）增加、修改和删除会计科目的要求与限制

1. 新增会计科目

单击"增加"按钮，进入会计科目页编辑界面，根据栏目说明输入科目信息，点击"确定"后保存。

2. 修改会计科目

选择要修改的科目，单击"修改"按钮或双击该科目，即可进入会计科目修改界面，可以在此对需要修改的会计科目进行修改。单击"第一页""前页""后页""最后页"找到下一个需要修改的科目，重复上述步骤即可。

没有会计科目设置权的用户只能在此浏览科目的具体定义，而不能进行修改。已使用的科目可以增加下级，新增的下级科目为原上级科目的全部属性。

3. 删除会计科目

删除选中的科目，但已使用的科目不能删除。

已有授权系统、已录入科目期初余额、已在多栏定义中使用、已在支票登记簿中使用、已录入辅助账期初余额、已在凭证类别设置中使用、已在转账凭证定义中使用、已在常用摘要定义中使用和已制单、记账或录入待核银行账期初的科目均为已使用科目。

［实务案例］

飞跃摩托车制造公司的会计科目如表2-31所示：

表2-31　　　　　　　　　飞跃摩托车制造公司会计科目

类型	级次	科目编码	科目名称	辅助账类型	账页格式	余额方向
资产	1	1001	库存现金		金额式	借
资产	1	1002	银行存款		金额式	借
资产	2	100201	中国工商银行		金额式	借
资产	2	100202	中国农业银行		金额式	借
资产	2	100203	中国招商银行		金额式	借
资产	2	100204	中国建设银行		金额式	借
资产	2	100205	中国人民银行		金额式	借
资产	1	1009	其他货币资金		金额式	借

表2-31(续)

类型	级次	科目编码	科目名称	辅助账类型	账页格式	余额方向
资产	2	100901	外埠存款		金额式	借
资产	2	100902	银行本票		金额式	借
资产	2	100903	银行汇票		金额式	借
资产	2	100904	信用卡		金额式	借
资产	2	100905	信用证保证金		金额式	借
资产	2	100906	存出投资款		金额式	借
资产	1	1101	交易性金融资产		金额式	借
资产	2	110101	股票		金额式	借
资产	2	110102	债券		金额式	借
资产	2	110103	基金		金额式	借
资产	2	110110	其他		金额式	借
资产	1	1121	应收票据	客户往来	金额式	借
资产	1	1122	应收账款	客户往来	金额式	借
资产	1	1131	应收股利		金额式	借
资产	1	1132	应收利息		金额式	借
资产	1	1221	其他应收款		金额式	借
资产	2	122101	个人	个人往来	金额式	借
资产	2	122102	单位	客户往来	金额式	借
资产	2	122103	应收出口退税款		金额式	借
资产	2	122199	其他		金额式	借
资产	1	1231	坏账准备		金额式	贷
资产	1	1151	预付账款	供应商往来	金额式	借
资产	1	1161	应收补贴款		金额式	借
资产	1	1401	材料采购		金额式	借
资产	2	140101	原材料采购		金额式	借
资产	3	14010101	买价		金额式	借
资产	3	14010102	采购费用		金额式	借
资产	2	140102	配件采购		金额式	借
资产	3	14010201	买价		金额式	借
资产	3	14010202	采购费用		金额式	借
资产	2	140199	其他采购		金额式	借
资产	1	1403	原材料		金额式	借
资产	2	140301	生产用材料		金额式	借
资产	2	140302	外购件		金额式	借
资产	2	140303	自制件		金额式	借

表2-31（续）

类型	级次	科目编码	科目名称	辅助账类型	账页格式	余额方向
资产	2	140399	其他		金额式	借
资产	1	1412	包装物		金额式	借
资产	1	1233	低值易耗品		金额式	借
资产	1	1404	材料成本差异		金额式	借
资产	1	1241	包装物		金额式	借
资产	1	1242	半成品		金额式	借
资产	1	1405	库存商品		金额式	借
资产	2	140501	100普通型摩托车		数量金额式	借
资产	2	140502	100加强型摩托车		数量金额式	借
资产	1	1244	商品进销差价		金额式	借
资产	1	1251	委托加工物资		金额式	借
资产	1	1261	委托代销商品		金额式	借
资产	1	1271	受托代销商品		金额式	借
资产	1	1281	存货跌价准备		金额式	贷
资产	1	1291	分期收款发出商品		金额式	借
资产	1	1301	待摊费用		金额式	借
资产	1	1501	持有至到期投资		金额式	借
资产	2	150101	债券投资		金额式	借
资产	2	150102	其他债权投资		金额式	借
资产	1	1502	持有至到期投资减值准备		金额式	贷
资产	1	1503	可供出售金融资产		金额式	借
资产	1	1511	长期股权投资		金额式	借
资产	2	151101	股票投资		金额式	借
资产	2	151102	其他股权投资		金额式	借
资产	1	1512	长期股权投资减值准备		金额式	借
资产	1	1521	投资性房地产		金额式	借
资产	1	1531	长期应收款		金额式	借
资产	1	1532	未实现融资收益		金额式	借
资产	1	1541	存出资本保证金		金额式	借
资产	1	1601	固定资产		金额式	借
资产	1	1602	累计折旧		金额式	贷
资产	1	1603	固定资产减值准备		金额式	贷
资产	1	1604	在建工程	项目核算	金额式	借
资产	1	1605	工程物资		金额式	贷

表2-31（续）

类型	级次	科目编码	科目名称	辅助账类型	账页格式	余额方向
资产	1	1606	固定资产清理		金额式	借
资产	1	1701	无形资产		金额式	借
资产	1	1702	累计摊销		金额式	贷
资产	1	1703	无形资产减值准备		金额式	贷
资产	1	1801	长期待摊费用		金额式	借
资产	1	1901	待处理财产损益		金额式	借
资产	2	190101	待处理流动资产损益		金额式	借
资产	2	190102	待处理固定资产损益		金额式	借
负债	1	2001	短期借款		金额式	贷
负债	1	2201	应付票据	供应商往来	金额式	贷
负债	1	2202	应付账款	供应商往来	金额式	贷
负债	1	2203	预收账款	客户往来	金额式	贷
负债	1	2211	应付职工薪酬		金额式	贷
负债	1	2231	应付利息		金额式	贷
负债	1	2232	应付股利		金额式	贷
负债	1	2221	应交税费		金额式	贷
负债	2	222101	应交增值税		金额式	贷
负债	3	22210101	进项税额		金额式	贷
负债	3	22210102	已交税金		金额式	贷
负债	3	22210103	转出未交增值税		金额式	贷
负债	3	22210104	减免税款		金额式	贷
负债	3	22210105	销项税额		金额式	贷
负债	3	22210106	出口退税		金额式	贷
负债	3	22210107	进项税额转出		金额式	贷
负债	3	22210108	出口抵减内销产品应纳税额		金额式	贷
负债	3	22210109	转出多交增值税		金额式	贷
负债	2	222102	未交增值税		金额式	贷
负债	2	222103	应交营业税		金额式	贷
负债	2	222104	应交消费税		金额式	贷
负债	2	222105	应交资源税		金额式	贷
负债	2	222106	应交所得税		金额式	贷
负债	2	222107	应交土地增值税		金额式	贷
负债	2	222108	应交城市维护建设税		金额式	贷
负债	2	222109	应交房产税		金额式	贷

类型	级次	科目编码	科目名称	辅助账类型	账页格式	余额方向
负债	2	222110	应交土地使用税		金额式	贷
负债	2	222111	应交车船使用税		金额式	贷
负债	2	222112	应交个人所得税		金额式	贷
负债	1	2241	其他应付款		金额式	贷
负债	1	2191	预提费用		金额式	贷
负债	1	2501	长期借款		金额式	贷
负债	1	2502	应付债券		金额式	贷
负债	2	250201	债券面值		金额式	贷
负债	2	250202	债券溢价		金额式	贷
负债	2	25203	债券折价		金额式	贷
负债	2	250204	应计利息		金额式	贷
负债	1	2701	长期应付款		金额式	贷
权益	1	4001	实收资本（或股本）		金额式	贷
权益	1	4002	资本公积		金额式	贷
权益	2	400201	资本（或股本）溢价		金额式	贷
权益	2	400202	接受捐赠非现金资产准备		金额式	贷
权益	2	400203	接受现金捐赠		金额式	贷
权益	2	400204	股权投资准备		金额式	贷
权益	2	400205	拨款转入		金额式	贷
权益	2	400206	外币资本折算差额		金额式	贷
权益	2	400207	其他资本公积		金额式	贷
权益	1	4101	盈余公积		金额式	贷
权益	2	410101	法定盈余公积		金额式	贷
权益	2	410102	任意盈余公积		金额式	贷
权益	2	410103	法定公益金		金额式	贷
权益	2	410104	储备基金		金额式	贷
权益	2	410105	企业发展基金		金额式	贷
权益	2	410106	利润归还投资		金额式	贷
权益	1	4103	本年利润		金额式	贷
权益	1	4104	利润分配		金额式	贷
权益	2	410401	其他转入		金额式	贷
权益	2	410402	提取法定盈余公积		金额式	贷
权益	2	410403	提取法定公益金		金额式	贷
权益	2	410404	提取储备基金		金额式	贷

表2-31（续）

类型	级次	科目编码	科目名称	辅助账类型	账页格式	余额方向
权益	2	410405	提取企业发展基金		金额式	贷
权益	2	410406	提取职工奖励及福利基金		金额式	贷
权益	2	410407	利润归还投资		金额式	贷
权益	2	410408	应付优先股股利		金额式	贷
权益	2	410409	提取任意盈余公积		金额式	贷
权益	2	410410	应付普通股股利		金额式	贷
权益	2	410411	转作资本（或股本）的普通股股利		金额式	贷
权益	2	410415	未分配利润		金额式	贷
成本	1	5001	生产成本		金额式	借
成本	2	500101	基本生产	部门、项目	金额式	借
成本	3	50010101	直接材料	部门、项目	金额式	借
成本	3	50010102	直接人工	部门、项目	金额式	借
成本	3	50010103	制造费用	部门、项目	金额式	借
成本	2	500102	薪资费用分配	部门核算	金额式	借
成本	2	500103	生产成本结转	部门、项目	金额式	借
成本	1	5101	制造费用	部门核算	金额式	借
成本	2	510101	折旧费	部门核算	金额式	借
成本	2	510102	薪资费	部门核算	金额式	借
成本	1	5201	劳务成本		金额式	借
损益	1	6001	主营业务收入		金额式	贷
损益	1	6051	其他业务收入		金额式	贷
损益	1	6111	投资收益		金额式	贷
损益	1	6301	营业外收入		金额式	贷
损益	1	6401	主营业务成本		金额式	借
损益	1	6403	主营业务税金及附加		金额式	借
损益	1	6402	其他业务成本		金额式	借
损益	1	6601	销售费用	部门核算	金额式	借
损益	2	660101	运输费	部门核算	金额式	借
损益	2	660102	广告费	部门核算	金额式	借
损益	2	660103	会务费	部门核算	金额式	借
损益	2	660104	培训费	部门核算	金额式	借
损益	2	660105	业务招待费	部门核算	金额式	借
损益	2	660106	通信费	部门核算	金额式	借
损益	2	660107	办公费	部门核算	金额式	借

表2-31（续）

类型	级次	科目编码	科目名称	辅助账类型	账页格式	余额方向
损益	2	660199	其他	部门核算	金额式	借
损益	1	6602	管理费用		金额式	借
损益	2	660201	办公费		金额式	借
损益	3	66020101	水电费		金额式	借
损益	3	66020102	电话费	部门核算	金额式	借
损益	3	66020103	办公用品	部门核算	金额式	借
损益	3	66020104	邮寄费	部门核算	金额式	借
损益	3	55020105	复印费	部门核算	金额式	借
损益	3	66020199	其他		金额式	借
损益	2	660202	会务费	部门核算	金额式	借
损益	2	660203	差旅费	个人往来	金额式	借
损益	3	66020301	车船住宿费	个人往来	金额式	借
损益	3	66020302	出差补助费	个人往来	金额式	借
损益	2	660204	折旧	部门核算	金额式	借
损益	2	660205	薪酬福利	部门核算	金额式	借
损益	3	66020501	工资	部门核算	金额式	借
损益	3	66020502	奖金	部门核算	金额式	借
损益	3	66020503	福利	部门核算	金额式	借
损益	2	660206	业务招待费	部门核算	金额式	借
损益	2	660207	税金		金额式	借
损益	3	66020701	印花税		金额式	借
损益	3	66020702	房产税		金额式	借
损益	3	66020703	土地使用税		金额式	借
损益	2	660208	汽车费		金额式	借
损益	3	66020801	油料费		金额式	借
损益	3	66020802	修理费		金额式	借
损益	3	66020803	路桥停车费		金额式	借
损益	3	66020804	养路保险费		金额式	借
损益	3	66020805	车船使用税		金额式	借
损益	3	66020806	汽车年审费		金额式	借
损益	3	66020899	其他		金额式	借
损益	2	660209	坏账		金额式	借
损益	2	660299	其他		金额式	借
损益	3	66029901	房屋租赁费		金额式	借
损益	3	66029902	律师代理费		金额式	借

表2-31（续）

类型	级次	科目编码	科目名称	辅助账类型	账页格式	余额方向
损益	3	66029903	税务代理费		金额式	借
损益	3	66029904	商标费		金额式	借
损益	3	66029905	报刊费		金额式	借
损益	3	66029906	技术开发费		金额式	借
损益	1	6603	财务费用		金额式	借
损益	1	6711	营业外支出		金额式	借
损益	1	6801	所得税费用		金额式	借
损益	1	6901	以前年度损益调整		金额式	借

【操作步骤】

在企业应用平台中，执行"基础设置→基础档案→财务→会计科目"命令，进入会计科目设置主界面，单击"增加"按钮，进入会计科目页编辑界面，根据栏目说明输入科目信息，"确定"后保存。

指定科目：现金科目为"库存现金"；银行存款科目为"银行存款"；现金流量科目为"库存现金"以及银行存款和其他货币资金下的所有明细科目。

三、设置凭证类型

许多单位为了便于管理或登账方便，一般对记账凭证进行分类编制，但各单位的分类方法不尽相同，可利用"凭证类别"功能，按照本单位的需要对凭证进行分类。

如果是第一次进行凭证类别设置，可以按以下几种常用分类方式进行定义：

第一种，记账凭证；第二种，收款、付款、转账凭证；第三种，现金、银行、转账凭证；第四种，现金收款、现金付款、银行收款、银行付款、转账凭证。

［实务案例］

飞跃摩托车制造公司的会计凭证类别如表2-32所示：

表2-32　　　　　　　　飞跃摩托车制造公司会计凭证类别

类别字	类别名称	限制类型	限制科目
收	收款凭证	借方必有	1001，1002
付	付款凭证	贷方必有	1001，1002
转	转账凭证	贷方必无	1001，1002

【操作步骤】

在企业应用平台中，执行"基础设置→基础档案→财务→凭证类别"命令，进入凭证类别设置主界面，单击"增加"按钮，在表格中新增的空白行中填写凭证类别字、凭证类别名称并参照选择限制类型及限制科目。

"限制科目"含义如下：

当填制收款凭证时，借方必有 1001 或 1002 科目至少一个科目，如果没有，则为不合法凭证，不能保存。

当填制付款凭证时，贷方必有 1001 或 1002 科目至少一个科目，如果没有，则为不合法凭证，不能保存。

当填制转账凭证时，借、贷方均不能有 1001 或 1002 科目，如果有则为不合法凭证，不能保存。

若限制科目为非末级科目，则在制单时，其所有下级科目都将受到同样的限制。如：限制科目为 1002，且 1002 科目下有 100201、100202 两个下级科目，那么，在填制转账凭证时，将不能使用科目 100201 和 100202。

已经使用的凭证类别不能被删除，如选中了已使用的凭证类别，则系统会在"凭证类别窗口"中显示"已使用"的红字标志。

四、设置结算方式

该功能用来建立和管理企业在经营活动中所涉及的结算方式。它与财务结算方式一致，如现金结算、支票结算等。结算方式最多可以分为 2 级。结算方式一旦被引用，便不能进行修改和删除的操作。

［实务案例］

飞跃摩托车制造公司的结算方式如表 2-33 所示：

表 2-33　　　　　　　　　　飞跃摩托车制造公司的结算方式

结算方式编码	结算方式名称	是否票据管理
1	现金	否
2	现金支票	是
3	转账支票	是
301	工商银行	是
302	农业银行	是
303	招商银行	是
304	建设银行	是
4	电汇	是
5	网上银行	是
6	银行承兑汇票	是
7	银行本票	是
8	其他	否

【操作步骤】

在企业应用平台中，执行"基础设置→基础档案→收付结算→结算方式"命令，进入结算方式设置主界面，单击"增加"按钮，输入结算方式编码、结算方式名称和是否票据管理。点击"保存"按钮，便可将本次增加的内容保存，并在左边部分的树形结构中添加和显示。

五、设置外汇及汇率

汇率管理是专为外币核算服务的。在此可以对本账套所使用的外币进行定义；在"填制凭证"中所用的汇率应先在此进行定义，以便制单时调用，减少录入汇率的次数和差错。

当汇率变化时，应预先在此进行定义，否则，制单时不能正确录入汇率。

对于使用固定汇率（即使用月初或年初汇率）作为记账汇率的用户，在填制每月的凭证前，应预先在此录入该月的记账汇率，否则在填制该月外币凭证时，将会出现汇率为零的错误

对于使用变动汇率（即使用当日汇率）作为记账汇率的用户，在填制该天的凭证前，应预先在此录入该天的记账汇率。

［实务案例］

飞跃摩托车制造公司的外汇及汇率："中国人民银行（100201）"科目"美元"采用固定汇率 6.15 进行核算。

六、设置项目档案

［实务案例］

飞跃摩托车制造公司的项目管理如下：

1. 项目成本核算管理

项目大类：项目管理。

核算科目：在建工程。

项目分类：①自建；②其他。

项目目录：

项目编码	项目名称	是否结算	所属分类码
01	生产二线	否	1
02	职工停车棚	否	1

2. 产品成本核算管理

项目大类：成本对象。

核算科目：生产成本及其明细科目。

项目分类：①自制；②委外；③其他。

项目目录：

项目编码	项目名称	是否结算	所属分类码	存货编码	存货名称
01	100 型摩托车-普通型	否	1	0301001	100 型摩托车-普通型

表（续）

项目编码	项目名称	是否结算	所属分类码	存货编码	存货名称
02	100 型摩托车-加强型	否	1	0301002	100 型摩托车-加强型
03	轮胎组件-100 普通	否	1	02020101	轮胎组件-100 普通
04	轮胎组件-100 加宽	否	1	02020102	轮胎组件-100 加宽
05	灯-125 灯总成	否	1	02020103	灯-125 灯总成
06	100 型发动机-J 脚启动	否	1	02020104	100 型发动机-J 脚启动

注意：设置产品成本核算管理，需先在企业应用平台中，执行"业务工作→生产制造→物料清单（演示版）→物料清单维护"命令，将"100 型摩托车-普通型"和" 100 型摩托车-加强型"等五种产品的物料清单增加完毕。

七、期初余额录入

［实务案例］

飞跃摩托车制造公司 2014 年 9 月的期初余额信息如下：

（1）科目余额表（表2-34）。

表 2-34　　　　　　　　　　科目余额表

科目名称	方向	币别/计量	期初余额
现金（1001）	借		3 392.00
银行存款（1002）	借		14 907 741.80
中国工商银行（100201）	借		2 150 312.00
中国农业银行（100202）	借		360 000.00
中国招商银行（100203）	借		12 000 000.00
中国建设银行（100204）	借		397 429.80
交易性金融资产（1101）	借		662 040.00
股票（110101）	借		662 040.00
应收账款	借		312 000.00
其他应收款	借		10 320.00
个人	借		2 000.00
单位	借		8 200.00
其他	借		120.00
原材料	借		562 165.00
生产用材料	借		131 030.08
外购件	借		431 135.00
包装物	借		3 210.00
库存商品	借		47 960.00
固定资产	借		18 003 200.00

表2-34（续）

科目名称	方向	币别/计量	期初余额
累计折旧	贷		597 586.00
在建工程	借		567 123.00
无形资产	借		3 000 000.00
短期借款	贷		6 000 000.00
应付账款	贷		538 713.00
应付职工薪酬	贷		2 927 396.88
应交税费	贷		1 044 315.00
应交增值税	贷		679 302.00
进项税额	贷		-4 998 787.00
销项税额	贷		5 678 089.00
未交增值税	贷		44 581.00
应交所得税	贷		320 432.00
长期借款	贷		15 000 000.00
实收资本（或股本）	贷		10 000 000.00
资本公积	贷		547 895.00
盈余公积	贷		420 000.00
法定盈余公积	贷		200 000.00
任意盈余公积	贷		100 000.00
企业发展基金	贷		120 000.00
利润分配	贷		1 003 246.00
未分配利润	贷		1 003 246.00

（2）其他应收款——单位期初余额（表2-35）。

表2-35　　　　　　　　其他应收款——单位期初余额

客户编码	客户名称	摘要	方向	本币期初余额
01005	成都志远	销售包装物	借	5 000.00
03004	北京宏图	销售包装物	借	3 200.00

（3）其他应收款——个人期初余额（表2-36）。

表2-36　　　　　　　　其他应收款——个人期初余额

部门名称	个人名称	摘要	方向	本币期初余额
西南办事处	何飞	借差旅费	借	2 000.00

（4）应收账款期初余额（表2-37）。

表2-37 应收账款期初余额

客户编码	客户名称	摘要	方向	本币期初余额
01001	四川鑫鑫	期初货款	借	32 000.00
02001	江西新阳光	期初货款	借	280 000.00

（5）应付账款期初余额（表2-38）。

表2-38 应付账款期初余额

供应商编码	供应商名称	摘要	方向	本币期初余额
01003	振中制动	材料款	贷	321 981.00
01004	春华发动机	材料款	贷	216 732.00

（6）在建工程期初余额（表2-39）。

表2-39 在建工程期初余额

项目编码	项目名称	方向	本币期初余额
01	生产二线	借	565 123.00
02	职工停车棚	借	2 000.00

（7）库存商品期初余额（表2-40）。

表2-40 库存商品期初余额

科目名称	方向	币别/计量	期初余额
库存商品（1405）	借		47 960
100普通型摩托车（140501）	借		25 160.00
		台	5
100加强型摩托车（140502）	借		22 800.00
	借	台	4

【操作步骤】

在总账系统中，执行"设置→期初余额"命令，进入期初余额录入界面，将光标移到需要输入数据的余额栏，直接输入数据即可。录完所有余额后，点击"试算"按钮，进行试算平衡。点击"对账"按钮，检查总账、明细账、辅助账的期初余额是否一致。

【功能按键说明】

·"试算"指显示期初试算平衡表，显示试算结果是否平衡，如果不平，需重新调整至平衡后再进行下一步工作。

·"查找"指输入科目编码或名称，或通过科目参照输入要查找的科目，可快速显示此科目所在的记录行。如果在录入期初余额时使用查找功能，可以提高输入速度。

·"清零"指期初余额清零功能，当此科目的下级科目的期初数据互相抵消使本科目的期初余额为零时，清除此科目的所有下级科目的期初数据。存在已记账凭证时此按钮置为灰色，不可用。

·"对账"指期初余额对账，核对总账上下级、核对总账与部门账、核对总账与客户往来账、核对总账与供应商往来账、核对总账与个人往来账、核对总账与项目账。

如果对账后发现有错误，可按"显示对账错误"按钮，系统将把对账中发现的问题列出来。

第三章　生产制造

第一节　生产制造基础设置

一、生产制造业务流程

（一）生产计划管理流程

用友 U8 生产计划管理流程如图 3-1 所示。

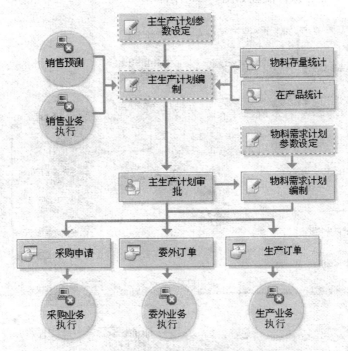

图 3-1　生产计划管理流程图

（二）生产业务统计分析流程

用友 U8 生产业务统计分析流程如图 3-2 所示。

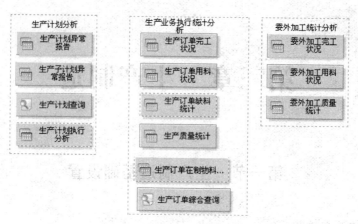

图 3-2　生产业务统计分析流程图

（三）生产业务执行流程

用友 U8 生产业务执行流程如图 3-3 所示：

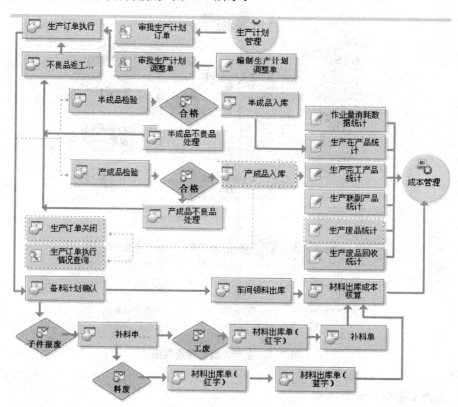

图 3-3　生产业务执行流程图

（四）物料清单管理流程

用友 U8 物料清单管理流程如图 3-4 所示。

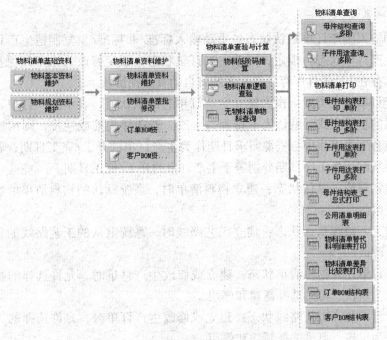

图 3-4 物料清单管理流程图

二、主生产计划参数设定

设定生产制造系统参数，供生产制造系统各模块控制使用。为提高生产制造系统运行效率，该参数设置用友 U8 系统采用客户端缓存机制，因此在修改有关参数后，需重新注册登录 U8 系统，以使修改后的参数在后续作业中被正式采用。在企业应用平台中，执行"基础设置→基础档案→生产制造→生产制造参数设定"命令，进入生产制造参数设定主界面，如图 3-5 所示。

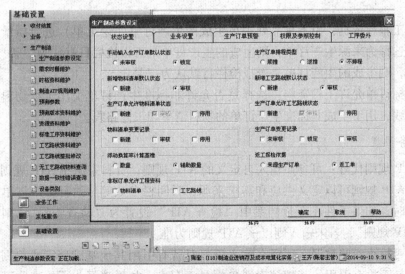

图 3-5 生产制造参数设定主界面

（一）状态设置

·手动输入生产订单默认状态：手动输入标准/非标准/重复制造生产订单时，系统默认的生产订单状态为锁定，可改。当订单状态由锁定修改为未审核保存时，若该生产订单已存在 PE 子件库存预留，系统将自动释放预留量。

·生产订单排程类型：作为建立生产订单时的默认值，表示生产订单转车间管理时工序计划的生成方式。默认为不排程，可改。若选择顺推或逆推，则按照指定的工艺路线，以各工序工作中心资源需求日期作为生产订单的开工/完工日期；若选择为不排程，则系统默认各工序日期分别等于生产订单的开工/完工日期。

·新增物料清单默认状态：建立物料清单时，系统默认的物料清单的状态。默认为审核，可改。

·新增工艺路线默认状态：建立工艺路线时，系统默认的工艺路线的状态。默认为审核，可改。

·生产订单允许物料清单状态：建立或修改生产订单时，允许选择的物料清单的状态。默认为审核，可另选择新建和停用。

·生产订单允许工艺路线状态：建立或修改生产订单时，允许选择的工艺路线的状态。默认为审核，可另选择新建和停用。

·浮动换算率计算基准：默认为辅助数量，可改为数量/辅助数量之一。在相关单据或基础资料中，新增输入浮动换算率计量单位组物料时，系统自动带入主计量单位、辅助单位、换算率。数量、辅助数量、换算率可以修改。

·物料清单变更记录：选择需要保留修改历史记录的物料清单的状态。对于选定状态的物料清单，如果物料清单资料有任何变更，系统将自动记录其变更历史资料供查询。

·生产订单变更记录：选择需要保留修改历史记录的生产订单的状态。对于选定状态的生产订单，如果生产订单资料有任何变更，系统将自动记录其变更历史资料供查询。

·返工报检依据：由不良品处理单生成的生产订单（返工单）进行质量报检的依据。如果选择为来源生产订单，则生成的生产订单是否报检栏目默认为"否"；若选择为返工单，则生成的生产订单是否报检栏目默认为"是"。

·非标订单允许工程资料：选择是否允许非标准生产订单引用工程物料清单或工程工艺路线，用于生成非标准生产订单的物料清单和工艺路线。

（二）业务设置

·ATP 规则代号：可参照输入自定义的 ATP 规则，资料来源于 ATP 规则档案，不可输入。ATP 规则可以定义供应和需求来源、时间栏参数等。执行生产订单子件 ATP 数量查询时，如果子件在存货档案中"检查 ATP"设置为"检查物料"，则读该存货中的"ATP 规则"，若未输入则以该 ATP 规则为准。

·是否检查参照数据：选择在输入资料时若有引用其他基础档案或单据，该资料保存时，是否检查引用的基础档案或单据是否存在。如果选择为不检查，可提高资料保存效率。

· 生产订单工序日期修改时更新生产订单：生产订单工序日期不同于生产订单计划日期时，系统是否自动以生产订单工序日期来更新其母件的开工/完工日和子件的需求日期。默认为是，可改。

· 超量完工控制：默认为否，可改。表示在车间管理系统中工序转移单执行工序转移时，当从工序加工状态移入同一工序检验、合格、拒绝、报废之任一状态，或从当前工序的加工、检验、合格、拒绝状态移入到本工序之后续工序的任何状态时，是否允许移入数量之和大于移出工序状态可用数量。

· 工序转移跨报告点控制：默认为否，可改。表示在车间管理系统中工序转移单执行工序正向转移时，是否允许移入工序跨越生产订单工艺路线中的报告点工序。

· 生产订单自动关闭：默认为是，可改。控制当生产订单累积入库数量达到生产订单计划生产数量且子件产出品的已领数量大于等于应领数量时，生产订单是否自动关闭。若设置为否，则生产订单完成后须在生产订单系统执行手动关闭处理。

· 现存量考虑在库检验量：如果选择为"是"，则物料的在库检验数量应加入到制造系统的现存量之中；若设置为"否"，则物料的在库检验数量不包含在制造的现存量中。

· 工序转移领料控制：默认为否，可改。生产订单工序转移单时，是否需要根据是否领料来控制工序转移单的录入。选择该选项，当录入生产订单工序转移单时如果生产订单子件资料中该工序需要领料则检查该工序是否已领料，如已领料，则允许工序转移单保存；如没有领料，则不允许工序转移单保存。

· 子件/工序行号增加值：默认为10，可改，输入范围为整数1至100。在物料清单和工艺路线维护、新增子件或工序行号时，系统自动以当前最大行号加该增加值作为其默认行号。

· 清单/工艺路线版本增加值：默认为10，可改，输入范围为整数1至100。在物料清单和工艺路线维护、新增版本时，系统自动以当前最大版本号加该增加值作为其默认版本号。

· 清单/工艺路线版本日期默认值：默认为2000/01/01，可改为空。物料清单和工艺路线维护、新增版本时，系统自动以该日期作为版本日期的默认值，若未设置则默认系统日期。

· 物料清单展开层数：默认为10，可改，输入范围为整数1至50。系统查验物料清单逻辑错误，即物料清单中所有物料是否有成为自我子件的错误逻辑时，以此为参照基准，因此输入时应注意大于系统中所有物料清单的最大阶层数。

（三）生产订单预警设置

· 生产订单状态：选择需要对哪些状态的生产订单进行预警和报警处理，可不输入，可同时选择"未审核""锁定""审核"。

· 开工提前天数：若未选择生产订单状态，则不可输入。若为空，则生产订单不对开工日作预警处理。当生产订单开工日大于或等于当前日期，且生产订单临近开工天数小于或等于开工提前天数时，系统将产生生产订单预警资料。

·完工提前天数：若未选择生产订单状态，则不可输入。若为空，则生产订单不对完工日作预警处理。当生产订单完工日大于等于当前日期，且生产订单临近完工天数小于或等于完工提前天数时，系统将产生生产订单预警资料。

·逾期天数：若未选择生产订单状态，则不可输入。若为空，则生产订单不对完工日作报警处理。当生产订单完工日小于当前日期，且生产订单完工日超过逾期天数时，系统将产生生产订单报警资料。

·允超百分比：若未选择生产订单状态之"审核"，则不可输入，且不可与允超数量同时输入。若为空，则生产订单不对完成数量作报警处理。当生产订单完成数量超过允超百分比时，系统将产生生产订单报警资料。

·允超数量：若未选择生产订单状态之"审核"，则不可输入，且不可与允超百分比同时输入。若为空，则生产订单不对完成数量作报警处理。当生产订单完成数量超过允超数量时，系统将产生生产订单报警资料。

（四）权限及参照控制设置

·操作员权限：对各模块皆默认为不控制，可按模块修改，但必须首先在"企业应用平台—系统服务—权限—数据权限控制设置"中进行用户权限控制设置，否则不可修改。若设为控制，则操作者只能对单据制单人有权限的单据进行查询、修改、删除、审核、弃审、关闭、还原等操作。

·部门权限：对各模块（生产订单、车间管理、工程变更）皆默认为不控制，可按模块修改，但必须首先在"企业应用平台—系统服务—权限—数据权限控制设置"中进行部门权限控制设置，否则不可修改。若设为控制，则操作者只能对其有查询权限的部门及其记录进行查询；输入资料时，只能参照录入有录入权限的部门资料。

·生产订单类别权限：对各模块（生产订单、车间管理）皆默认为不控制，可按模块修改，但必须首先在"企业应用平台—系统服务—权限—数据权限控制设置"中进行生产订单类别权限控制设置，否则不可修改。若设为控制，则操作者只能对其有查询权限的生产订单类别及其记录进行查询；输入资料时，只能参照录入有录入权限的生产订单类别资料。

·参照控制：选择不同的模糊参照方式。例如，在供货单位栏目录入参照内容，点击参照按钮，系统根据参照控制选项，显示符合条件的供应商档案。

·参照物料批次录入：对各模块（产能管理、车间管理除外）皆默认为可批次录入，可按模块修改。表示在参照物料主档录入物料时，是否可以同时选择多条物料档案。

（五）工序委外设置

·修改税额时是否改变税率：若选择是，则税额变动时系统反算税率，不进行容差控制；若选择否，则税额变动不反算税率。在调整税额尾差（单行）、保存单据（合计）时，系统检查是否超过容差，超过时不允许修改，未超过则允许修改。

·单行容差：默认为 0.06，可改。当用户修改税额时，系统根据当前行修改前的税额与用户修改后的税额进行比较，如果修改后的税额与修改后的税额的差值的绝对值大于设置的容差数值，则提示"输入的税额变化超过容差"，取消修改，恢复原税额。

·合计容差：默认为0.36，可改。当用户修改单据中表体行的税额时，系统将修改后的税额合计与修改前的税额合计进行比较，如果修改后的税额与修改后的税额的差值的绝对值大于设置的合计容差数值，则提示超过容差，返回单据。

·根据加工单发料：如果选择为是，则工序委外必须按委外加工单发料；反之，可按委外加工单发料，也可直接参照生产订单工序计划发料。

·控制业务员权限：如选择控制，则查询时只能显示有查询权限的业务员及其记录；填制单据时只能参照录入有录入权限的业务员。

·控制供应商权限：如选择控制，则查询时只能显示有查询权限的供应商及其记录；制单时只能参照录入有录入权限的供应商。

·控制存货权限：如选择控制，查询时只能显示有查询权限的存货及其记录；填制单据时只能参照录入有录入权限的存货。

·控制部门权限：如选择控制，查询时只能显示有查询权限的部门及其记录；填制单据时只能参照录入有录入权限的部门。

·控制操作员权限：如选择控制，则查询、修改、删除、审核、弃审、关闭、打开单据时，只能对单据制单人有权限的单据进行操作；对单据审核人有权限的单据进行操作；对单据关闭人有权限的单据进行操作；变更不控制操作员数据权限，仅判断当前操作员是否有变更功能权限和其他几项数据的录入权限。

三、生产制造基础档案

（一）需求时栅设置

需求时栅也称时间栏，表示公司政策或做法改变的时点。

MPS/MRP 展开计算时，在某一时段对某物料而言，其独立需求来源可能是按订单或按预测或两者都有，系统是按各物料所对应的时栅内容而运作的。

MPS/MRP 展开时，系统读取时栅代号的顺序为：先以物料在存货主档中的时栅代号为准，若无则按 MPS/MRP 计划参数中设定的时栅代号。

（二）时格资料维护

时格：也称时段。从计划当前日期往后，将以后的时间划分为一段一段的区间，用来统计某些与时间相关的资料时所用的时间单位。如查询某一时间段内汇总的产能或负载状况、物料的可承诺量等。

用友 U8V10.1 的时格供查看物料可承诺量、MPS/MRP 供需资料、工作中心资源产能/负载资料，及设定资源需求计划、重复计划期间时使用。

（三）制造 ATP 规则维护

制造 ATP 主要是解决再下生产订单时能够查询出子件是否缺料，计算出子件的可承诺量。

（四）预测参数

预测参数设定用于展开式预测订单输入的相关参数。

（五）预测版本资料维护

预测版本资料维护用于需求预测订单的版本号及其类别，以说明 MPS/MRP 展开所用的产品预测资料来源的设定。

[实务案例]

飞跃摩托车制造公司的生产制造部分基础档案信息如下：

（1）需求时栅（表 3-1）。

表 3-1　　　　　　　　　　　　　　　需求时栅

行号	日数	需求来源
1	30	预测+客户订单不消抵

（2）时格资料（表 3-2）。

表 3-2　　　　　　　　　　　　　　　时格资料

行号	类别	期间数	起始位置
1	月	1	1 日

（3）制造 ATP 规则（表 3-3）。

表 3-3　　　　　　　　　　　　　　制造 ATP 规则

规则代号	说明	逾期需求数	逾期供应天数	无限供应天数	需求来源	供应来源
1	100 型摩托车制造规则	5	5	0	考虑销售订单、出口订单、生产订单、委外订单、计划需求、安全库存需求	考虑计划订单、生产订单、委外订单、采购订单、进口订单、请购单、现存量供应

（4）预测参数（表 3-4）。

表 3-4　　　　　　　　　　　　　　　预测参数

说明	行号	时段类别	期间数	起始位置	均化类型	均化取整
100 型摩托车制造预测	1	月	1	1 日	不均化	不取整

（5）预测版本资料（表3-5）。

表3-5　　　　　　　　　　　　　　　　预测版本资料

版本代号	版本说明	版本类别	默认版本
1	轮胎组件-100普通	MPS	是
2	轮胎组件-100加宽	MPS	否
3	灯-125灯总成	MPS	否
4	100型发动机-J脚启动	MPS	否
5	100型摩托车-普通型	MPS	否
6	100型摩托车-加强型	MPS	否
7	轮胎组件-100普通	MRP	否
8	轮胎组件-100加宽	MRP	否
9	灯-125灯总成	MRP	否
10	100型发动机-J脚启动	MRP	否
11	100型摩托车-普通型	MRP	否
12	100型摩托车-加强型	MRP	否

［操作步骤］

在企业应用平台中，执行"基础设置→基础档案→生产制造→需求时栅维护（等）"命令，进入上述各基础设置的主界面，单击"增加"按钮，输入相应内容后，点击保存按钮。

第二节　物料清单

一、物料清单系统概述

物料清单（Bills Of Material，BOM）是指产品所需零部件明细表。具体而言，物料清单是构成父项装配件的所有子装配件、零件和原材料的清单，也是制造一个装配件所需要每种零部件的数量的清单。

BOM是ERP系统中最重要的基础数据，其组织格式设计合理与否直接影响到系统的处理性能。BOM不仅是MRP重要的输入数据，而且是财务部门核算成本、制造部门组织生产（生产型配料）、采购部门外协加工或采购以及销售部门制定价格等的重要数据。如果说MRP是ERP的核心，那么BOM则是MRP的基础。

（一）物料清单系统

用友U8V10.1系统提供了定义组成各产成品的所有零配件及原材料，以达到以下目的：标准成本卷叠计算，包括物料、人工、制造费用等；新产品的成本模拟，作为拟定售价的参考；物料需求计划计算用料的基础；计划品、模型及选项类物料需求预测展开的依据；支持按订单配置产品的组件选配；领料、发料的依据。

（二）与其他系统的主要关系

物料清单系统与其他系统的主要关系如图 3-6 所示。

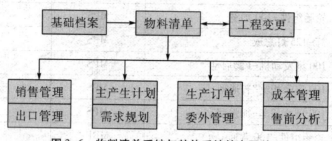

图 3-6　物料清单系统与其他系统的主要关系

（三）物料清单操作流程

用友 U8 物料清单操作流程如图 3-7 所示。

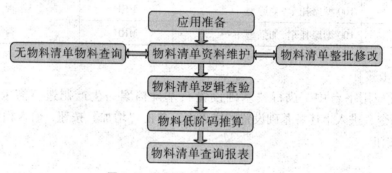

图 3-7　物料清单系统操作流程图

二、物料清单维护

（一）主要和替代物料清单

主要物料清单是建立产品最常用的子件用料清单，替代物料清单则是另一相同母件的子件清单。

主生产计划系统和需求规划系统使用主要物料清单来计划物料需求，销售管理系统和出口管理系统使用模型和选项类物料的主要物料清单来进行产品配置，另外主要物料清单被默认用来计算物料标准成本、定义生产订单和委外订单的子件用料。

在建立生产订单和委外订单、计算物料标准成本、定义重复计划物料生产线关系以及执行其他使用物料清单的功能时，可以指定使用主要物料清单（默认）还是替代物料清单。如执行产品返工、维修等作业，以及同一物料在不同生产线生产时，其生产订单可以特别指定使用替代物料清单。

必须在定义替代清单前定义物料的主要清单，一个物料可以定义多个替代清单。

任何物料清单类型都可以建立替代清单。

[实务案例]

飞跃摩托车制造公司的主要物料清单如下：

（1）100型发动机-J脚启动（表3-6）。

表3-6　　　　　　　　　　　　　　100型发动机-J脚启动

母件编码	母件名称	序号	子项编码	子项名称	主计量单位	基本用量	仓库名称	领料部门
02020104	100型发动机-J脚启动	1	0101001	箱体-168	个	1	原料仓库	动力车间
		2	0102001	动力盖-170F	个	2	原料仓库	动力车间
		3	0102002	飞轮外盖-172S	个	1	原料仓库	动力车间
		4	0102003	减速盖-173FR	个	1	原料仓库	动力车间
		5	0102004	离合盖-173FRS	个	1	原料仓库	动力车间
		6	0103001	缸体-泰100	个	2	原料仓库	动力车间
		7	0104001	轴承-D2208	个	1	原料仓库	动力车间
		8	0105001	黑酯胶调合漆	升	2	原料仓库	动力车间
		9	0199001	磷化粉	千克	0.5	原料仓库	动力车间
		10	0199002	内六角螺丝-14*60	个	12	原料仓库	动力车间
		11	0199003	内六角螺丝-12*80	个	6	原料仓库	动力车间

（2）100型摩托车-普通型（表3-7）。

表3-7　　　　　　　　　　　　　　100型摩托车-普通型

母件编码	母件名称	序号	子项编码	子项名称	主计量单位	基本用量	仓库名称	领料部门
0301001	100型摩托车-普通型	1	020102001	排气消声器-单孔	个	1	外购件仓库	成车车间
		2	020104001	化油器-100带支架	套	1	外购件仓库	成车车间
		3	020105001	油冷器-100	套	1	外购件仓库	成车车间
		4	020106001	仪表-100仪表总成	套	1	外购件仓库	成车车间
		5	020107001	油箱-普通	个	1	外购件仓库	成车车间
		6	02020103	灯-125灯总成	套	1	自制件仓库	成车车间
		7	020111001	摩托车支架-100	个	1	外购件仓库	成车车间
		8	02020101	轮胎组件-100普通	套	1	自制件仓库	成车车间
		9	020199002	电缆总成	套	2	外购件仓库	成车车间
		10	020199003	坐垫-连座	个	1	外购件仓库	成车车间
		11	02020104	100型发动机-J脚启动	台	1	自制件仓库	成车车间

（3）100 型摩托车-加强型（表 3-8）。

表 3-8 　　　　　　　　　　　100 型摩托车-加强型

母件编码	母件名称	序号	子项编码	子项名称	主计量单位	基本用量	仓库名称	领料部门
0301002	100 型摩托车-加强型	1	020102001	排气消声器-单孔	个	1	外购件仓库	成车车间
		2	020104001	化油器-100 带支架	套	1	外购件仓库	成车车间
		3	020105001	油冷器-100	套	1	外购件仓库	成车车间
		4	020106001	仪表-100 仪表总成	套	1	外购件仓库	成车车间
		5	020107002	油箱-加大	个	1	外购件仓库	成车车间
		6	02020103	灯-125 灯总成	套	1	自制件仓库	成车车间
		7	020111001	摩托车支架-100	个	1	外购件仓库	成车车间
		8	02020102	轮胎组件-100 加宽	套	1	自制件仓库	成车车间
		9	020199002	电缆总成	套	2	外购件仓库	成车车间
		10	020199001	坐垫-减振	个	1	外购件仓库	成车车间
		11	02020104	100 型发动机-J 脚启动	台	1	自制件仓库	成车车间

（4）轮胎组件-100 普通（表 3-9）。

表 3-9 　　　　　　　　　　　轮胎组件-100 普通

成套件编码	成套件名称	序号	单件编码	单件名称	主计量单位	单件数量	仓库名称	领料部门
02020101	轮胎组件-100 普通	1	02010301	前轮轴承-100	件	1	外购件仓库	动力车间
		2	02010302	后轮轴承-100	件	1	外购件仓库	动力车间
		3	02010801	前轮胎-普通	个	2	外购件仓库	动力车间
		4	02010901	后轮胎-普通	个	2	外购件仓库	动力车间

（5）轮胎组建-100 加宽（表 3-10）。

表 3-10 　　　　　　　　　　　轮胎组建-100 加宽

成套件编码	成套件名称	序号	单件编码	单件名称	主计量单位	单件数量	仓库名称	领料部门
02020102	轮胎组件-100 加宽	1	02010301	前轮轴承-100	件	1	外购件仓库	动力车间
		2	02010302	后轮轴承-100	件	1	外购件仓库	动力车间
		3	02010802	前轮胎-加宽	个	2	外购件仓库	动力车间
		4	02010902	后轮胎-加宽	个	2	外购件仓库	动力车间

（6）灯-125 灯总成（表 3-11）。

表 3-11　　　　　　　　　　　　　灯-125 灯总成

成套件编码	成套件名称	序号	单件编码	单件名称	主计量单位	单件数量	库存名称	领料部门
02020103	灯-125 灯总成	1	020110001	灯-大灯	个	4	外购件仓库	动力车间
		2	020110002	灯-转向灯	个	4	外购件仓库	动力车间
		3	020110003	灯-尾灯	个	2	外购件仓库	动力车间

［操作步骤］

在企业应用平台中，执行"业务工作→生产制造→物料清单→物料清单维护→物料清单资料维护"命令，进入物料清单资料维护主界面，单击"增加"按钮，逐一输入母子件编码等信息后，点击"保存"按钮。

在物料清单资料维护主界面，单击"增加"按钮的下拉菜单中的"替代 BOM"，可增加替代物料清单，即与主要物料清单相同母件的子件清单。

（二）客户物料清单

特为某一客户建立的物料清单。如果要满足某一客户产品结构的特定需求，同时不需要为该产品建立新的物料主档，则可以使用客户 BOM，以与标准产品结构相区别。用一个客户代号和一个标准物料，来唯一识别一个客户 BOM。

（三）订单物料清单

特为销售订单建立的物料清单。如果要满足某一销售订单产品结构的特定需求，同时不需要为该产品建立新的物料主档，则可以使用订单 BOM，以与标准产品结构相区别。用一个销售订单号、销售订单行和一个标准物料，来唯一识别一个订单 BOM。

在面向订单生产的企业中，有一类企业，其产品的订单交期非常短（由于市场竞争或产品本身生产周期的原因），并且由于客户个性化定制的要求，最终交付产品的形态往往不完全一样（如消费类电子数码产品等），因此需要在不影响标准 BOM 的前提下可以根据销售订单建立订单 BOM 资料。

此外，物料清单系统还提供了物料清单整批修改、物料清单逻辑查验、物料低阶码推算、物料清单变更记录清除等。

三、物料清单查询与报表

（一）母件结构查询——多阶

母件结构查询——多阶用于查询母件之下各阶的子件资料。按查询资料，系统据以绘出各物料上下隶属物料清单结构图。

（二）子件用途查询——多阶

子件用途查询——多阶用于查询子件之上各阶的母件资料。按查询资料，系统据以绘出各物料上下隶属物料清单结构图。

（三）母件结构表——单阶

母件结构表——单阶用于依指定母件代号范围，打印母件其下一阶的子件资料。

（四）物料清单替代料明细表

物料清单替代料明细表用于打印母件物料清单中各子件可被替代的物料编码及数量关系等，供核对用。

（五）物料清单差异比较表

物料清单差异比较表用于打印同一母件/不同母件主要清单和替代清单，或同一母件/不同母件主要清单不同版本，订单 BOM 之间、订单 BOM 与主要/替代 BOM，以及订单 BOM 与客户 BOM、客户 BOM 与主要/替代 BOM、不同客户 BOM 之间的比较表。

此外，物料清单系统还提供了母件结构表-单阶、母件结构表——多阶、客户 BOM 结构表、订单 BOM 结构表、子件用途表——单阶、子件用途表——多阶、母件结构表——汇总式、公用清单明细表、物料清单变更记录明细表等的物料清单资料查询功能。

第三节　主生产计划

一、主生产计划系统概述

（一）主生产计划系统

MPS 是主生产计划（Master Production Schedule）的简称，是描述企业生产什么、生产多少以及什么时段完成的生产计划，是把企业战略、企业生产计划大纲等宏观计划转化为生产作业和采购作业等微观作业计划的工具，是企业物料需求计划的直接来源，是粗略平衡企业生产负荷和生产能力的方法，是联系市场销售和生产制造的纽带，是指导企业生产管理部门开展生产管理和调度活动的权威性文件。

用友 U8V10.1 系统通过独立需求来源（需求预测和客户订单），考虑现有库存和未关闭订单，生成主生产计划。有效的主生产计划为销售承诺提供基准，并用以识别所需资源（物料、劳力、设备与资金等）及其所需要的时间。可以使用 MPS 调节生产，以便有效地利用资源并推动物料需求计划。因此 MPS 是产销协调的依据，是所有作业计划的根源。制造、委外和采购三种活动的细部日程，均是依据 MPS 的日程加以计算而得到的。如果 MPS 日程不够稳定，或可行性不高，那么它将迫使所有的供应活动摇摆不定，造成极大的浪费。

（二）与其他系统的主要关系

主生产计划系统与其他系统的主要关系如图 3-8 所示。

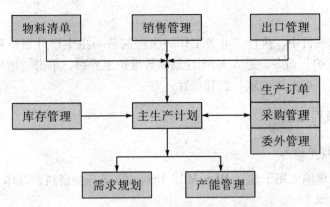

图 3-8　主生产计划系统与其他系统的主要关系图

（三）主生产计划操作流程

主生产计划系统操作流程如图 3-9 所示。

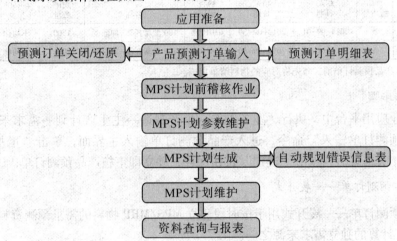

图 3-9　主生产计划系统操作流程图

二、MPS 计划参数维护

MPS 计划参数维护用于建立 MPS 计划代号及其相关参数。MPS 计划参数是 MPS 展开计算时所依据的条件。

［实务案例］

飞跃摩托车制造公司的 MPS 计划参数如表 3-12 所示：

表 3-12　　　　　　　　　飞跃摩托车制造公司的 MPS 计划参数

计划代号	计划说明	预测版本	需求时栅	截止日期	时栅优先考虑	初始库存	计划时考虑	出货消抵
1	100 加强型	6	1	2014-09-30	物料	现存量	生产订单、采购订单	是
2	100 普通型	5	1	2014-09-30	物料	现存量	生产订单、采购订单	是

［操作步骤］

在企业应用平台中，执行"业务工作→生产制造→主生产计划→基本资料维护→MPS 计划参数维护"命令，进入 MPS 计划参数维护主界面，单击"增加"按钮，逐一输入相关信息后，点击"确定"按钮保存。

三、需求来源资料维护

（一）产品预测订单输入

产品预测订单输入用于建立 MPS/MRP 物料的需求预测资料，以作为 MPS/MRP 计算的独立需求来源之一。

［实务案例］

飞跃摩托车制造公司的产品预测订单输入如表 3-13 所示：

表 3-13　　　　　　　　　飞跃摩托车制造公司产品预测订单

预测单号	单据类型	预测版本号	起始日期	结束日期	物料编码	物料名称	预测数量	均化类型	均化取整
1	MPS	6	2014-09-01	2014-09-30	0301002	100 型摩托车-加强型	1500	不均化	不取整
2	MPS	5	2014-09-01	2014-09-30	0301001	100 型摩托车-普通型	2000	不均化	不取整

注：录入产品预测订单前，需先将对应的物料清单审核。

［操作步骤］

在企业应用平台中，执行"业务工作→生产制造→主生产计划→需求来源资料维护→产品预测订单输入"命令，进入产品预测订单输入主界面，单击"增加"按钮，逐一输入相关信息后，点击"确定"按钮保存，并立即审核产品预测订单。

（二）产品预测订单——展开式

产品预测订单——展开式用于按时段建立 MPS/MRP 物料的需求预测资料，以作为 MPS/MRP 计算的独立需求来源之一。

（三）产品预测订单整批处理

产品预测订单整批处理用于对产品预测订单执行审核/弃审/关闭/还原/删除/重展处理。关闭后的预测订单不可参与 MPS/MRP 运算。

（四）产品预测订单明细表

产品预测订单明细表用于打印产品预测订单及其均化处理、预测展开后的产品预测资料，供核对用。

（五）产品预测资料比较表

产品预测资料比较表用于打印不同预测版本产品预测资料的比较表。

四、MPS 计划前稽核作业

（一）累计提前天数推算

物料的固定提前期或主要物料清单更改时，执行本作业，以计算各物料的累计提前天数，并更新存货主档及 MPS/MRP 系统参数的最长累计提前天数。

（二）库存异常状况查询

查询各仓库中现存量为负值的不正常物料资料，供 MPS/MRP 展开前查核用。

（三）仓库净算定义查询

查询各仓库代号在仓库主档中是否被定义为 MRP 仓，MPS/MRP 展开前查核用，以免设置不当造成计算错误。

（四）订单异常状况查询

查询预计完工/交货日期逾期或超出物料替换日期的订单资料，包括锁定/审核状态的销售订单、预测订单、请购订单、采购订单、进口订单、委外订单和生产订单，供 MPS/MRP 展开前查核，以免这些异常资料造成 MPS/MRP 计算结果不合实际而无法执行。

五、MPS 计划作业

（一）MPS 计划生成

系统依据物料的需求来源（需求预测及客户订单），考虑现有物料存量和锁定、已审核订单（采购请购单、采购订单、生产订单、委外订单）余量，及物料提前期、数量供需政策等，自动产生 MPS 件的生产计划。

在需求时栅的需求来源为"预测+客户订单不消抵"，产品预测订单处于审核非关闭状态时，执行"业务工作→生产制造→主生产计划→MPS 计划作业→MPS 计划生成"命令，生成飞跃摩托车制造公司的 MPS 计划。

（二）MPS 计划维护

查询、修改、删除 MPS 自动生成的计划供应，或手动新增 MPS 计划资料，并可下达生产订单、委外订单和请购单/采购订单。

执行"业务工作→生产制造→主生产计划→MPS 计划作业→MPS 计划维护"命令，通过查阅，调出飞跃摩托车制造公司的 MPS 计划，点击"修改"，将完工日期更改如图 3-10 所示。点击 MPS 计划维护界面的"下达生产-当前页下达"下达摩托车的生成计划，计划下达如图 3-11 所示。

（三）MPS 计划维护——展开式

按时段显示 MPS 计划资料，供查询、修改、删除 MPS 自动生成的计划供应，或手动新增 MPS 计划资料，并可下达生产订单、委外订单和请购单/采购订单。

（四）MPS 计划整批删除

MPS 计划不再执行和保留时，可以通过本功能整批删除已建立的 MPS 计划。

（五）供需资料查询——订单

按销售订单，查询/打印 MPS/MRP 计划的供应/需求资料及供需资料的计算过程。

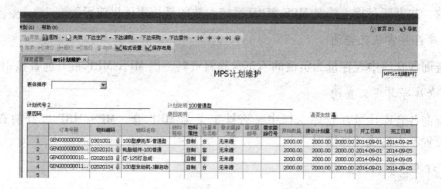

图 3-10　100 普通型摩托车 MPS 计划维护界面

图 3-11　100 普通型摩托车生产计划下达界面

此外，系统还提供了供需资料的物料和需求分类的查询、供需追溯资料的查询，以及自动规划错误信息表。也可查询各种报表，如建议计划量明细表、建议计划比较表、预测消抵明细表、供需追溯明细表、待处理订单明细表和供需资料表等。

第四节　需求规划

一、物料需求规划的意义

物料需求规划即物料需求计划（Material Requirement Planning，MRP），是一种既要保证生产又要控制库存的计划方法，它在产品结构的基础上运用网络计划法原理，根据产品结构各层次物品的从属和数量关系，以每个物品为计划对象，以完工时期为时间基准倒排计划，按提前期长短区别各个物品下达计划时间的先后顺序，是一种工业制造企业内物资计划管理模式。MRP 是根据市场需求预测和顾客订单制订产品的生产计划，然后基于产品生成进度计划，组成产品的材料结构表，再结合库存状况，通过计算机计算所需物料的需求量和需求时间，从而确定材料的加工进度和订货日程的一种实用技术。其基本原理如图 3-12 所示。

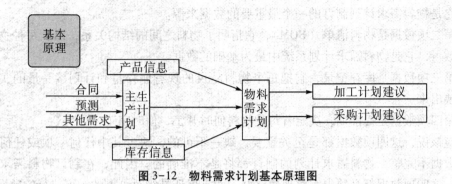

图 3-12　物料需求计划基本原理图

(一) 含义内容

其主要内容包括客户需求管理、产品生产计划、原材料计划以及库存记录。其中客户需求管理包括客户订单管理和销售预测，将实际的客户订单数与科学的客户需求预测相结合即能得出客户需要什么以及需求多少。

物料需求规划（MRP）是一种推式体系，根据预测和客户订单安排生产计划。因此，MRP 基于天生不精确的预测建立计划，"推动"物料经过生产流程。也就是说，传统 MRP 方法依靠物料运动经过功能导向的工作中心或生产线（而非精益单元），这种方法是为最大化效率和大批量生产来降低单位成本而设计。计划、调度并管理生产以满足实际和预测的需求组合。生产订单出自主生产计划（MPS），然后经由 MRP 计划出的订单被"推"向工厂车间及库存。

(二) 特点

1. 需求的相关性

在流通企业中，各种需求往往是独立的。而在生产系统中，需求具有相关性。例如，根据订单确定了所需产品的数量之后，由新产品结构文件 BOM 即可推算出各种零部件和原材料的数量，这种根据逻辑关系推算出来的物料数量称为相关需求。不但品种数量有相关性，需求时间与生产工艺过程的决定也是相关的。

2. 需求的确定性

MRP 的需求都是根据主产进度计划、产品结构文件和库存文件精确计算出来的，品种、数量和需求时间都有严格要求，不可改变。

3. 计划的复杂性

MRP 要根据主产品的生产计划、产品结构文件、库存文件、生产时间和采购时间，把主产品的所有零部件需要数量、时间、先后关系等准确计算出来。当产品结构复杂，零部件数量特别多时，其计算工作量非常庞大，人力根本不能胜任，必须依靠计算机实施这项工程。

(三) 基本数据

制订物料需求计划前就必须具备以下的基本数据：

第一项数据是主生产计划，它指明在某一计划时间段内应生产出的各种产品和备件，它是物料需求计划制订的一个最重要的数据来源。

第二项数据是物料清单（BOM），它指明了物料之间的结构关系，以及每种物料需求的数量，它是物料需求计划系统中最为基础的数据。

第三项数据是库存记录，它把每个物料品目的现有库存量和计划接受量的实际状态反映出来。

第四项数据是提前期，决定着每种物料何时开工、何时完工。

应该说，这四项数据都是至关重要、缺一不可的，缺少其中任何一项或任何一项中的数据不完整，物料需求计划的制订都将是不准确的。因此，在制订物料需求计划之前，这四项数据都必须先完整地建立好，而且保证是绝对可靠的、可执行的数据。

（四）计算步骤

一般来说，物料需求计划的制订是遵照先通过主生产计划导出有关物料的需求量与需求时间，然后，再根据物料的提前期确定投产或订货时间的计算思路。其基本计算步骤如下：

（1）计算物料的毛需求量。即根据主生产计划、物料清单得到第一层级物料品目的毛需求量，再通过第一层级物料品目计算出下一层级物料品目的毛需求量，依次一直往下展开计算，直到最低层级原材料毛坯或采购件为止。

（2）净需求量计算。即根据毛需求量、可用库存量、已分配量等计算出每种物料的净需求量。

（3）批量计算。即由相关计划人员对物料生产作出批量策略决定，不管采用何种批量规则或不采用批量规则，净需求量计算后都应该表明有没有批量要求。

（4）安全库存量、废品率和损耗率等的计算。即由相关计划人员来规划是否要对每个物料的净需求量进行这三项计算。

（5）下达计划订单。即指通过以上计算后，根据提前期生成计划订单。物料需求计划所生成的计划订单，要通过能力资源平衡确认后，才能开始正式下达计划订单。

（6）再一次计算。物料需求计划的再次生成大致有两种方式：第一种方式会对库存信息重新计算，同时覆盖原来计算的数据，生成的是全新的物料需求计划；第二种方式则只是在制订、生成物料需求计划的条件发生变化时，才相应地更新物料需求计划有关部分的记录。这两种生成方式都有实际应用的案例，至于选择哪一种要看企业实际的条件和状况。

（五）实现目标

（1）及时取得生产所需的原材料及零部件，保证按时供应用户所需产品。

（2）保证尽可能低的库存水平。

（3）计划企业的生产活动与采购活动，使各车间生产的零部件、采购的外购件与装配的要求在时间和数量上精确衔接。

MRP 主要用于生产"组装"型产品的制造业。在实施 MRP 时，与市场需求相适应的销售计划是 MRP 成功的最基本的要素。但 MRP 也存在局限，即资源仅仅局限于企业内部和决策结构化的倾向明显。

（六）分类

1. 再生式 MRP

它表示每次计算时，都会覆盖原来的 MRP 数据，生成全新的 MRP。再生式 MRP 是周期性运算 MRP，通常的运算周期是一周。

2. 净变式 MRP

它表示只会根据指定条件而变化，例如 MPS 变化、BOM 变化等，经过局部运算更新原来 MRP 的部分数据。净变式 MRP 是一种连续性的操作，当指定数据改变时就需要立即运行。

（七）运行步骤

（1）根据市场预测和客户订单，正确编制可靠的生产计划和生产作业计划，在计划中规定生产的品种、规格、数量和交货日期，同时，生产计划必须是同现有生产能力相适应的计划。

（2）正确编制产品结构图和各种物料、零件的用料明细表。

（3）正确掌握各种物料和零件的实际库存量。

（4）正确规定各种物料和零件的采购交货日期，以及订货周期和订购批量。

（5）通过 MRP 逻辑运算确定各种物料和零件的总需要量以及实际需要量。

（6）向采购部门发出采购通知单或向本企业生产车间发出生产指令。

二、需求规划系统概述

（一）需求规划系统简介

用友 U8V10.1 需求规划对 MRP 件，依客户订单或产品预测订单的需求和 MPS 计划，通过物料清单展开，并考虑现有库存和未关闭订单，而计算出各采购件、委外件及自制件的需求数量和日期，以供采购管理、委外管理、生产订单系统计划之用。本系统地 MRP 采用的是再生成法。

（二）与其他系统的主要关系

物料需求规划系统与其他系统的主要关系如图 3-13 所示。

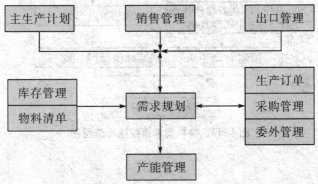

图 3-13 物料需求系统与其他系统的主要关系

本系统与其他系统的主要关系具体如下：

物料清单系统中的物料清单，是 MRP 系统所必须先行建立的基础资料。

销售管理系统和出口管理系统中，已锁定/已审核销售订单是 MRP/BRP 计算的需求来源。

库存管理系统中，各 MRP 物料的"现存量、预计入库量、预计出库量、冻结量、未指定仓库的到货量"等，是 MRP 计算必须考虑的有效供应量。

主生产计划系统中 MPS 展开产生的计划建议量是需求规划系统 MRP 展开必须考虑的需求来源。

生产订单系统中，各 MRP 物料的锁定、已审核生产订单余量是 MRP 必须考虑的有效供应量之一，同时各订单 MRP 子件的需求余量则是 MRP 展开时的需求量之一。需求规划系统中 MRP/BRP 展开自动产生的建议计划量，则是生产订单系统自动生成生产订单的依据。

采购管理系统中，各 MRP 物料的锁定、已审核请购单和采购订单余量，是 MRP 必须考虑的有效供应量之一。需求规划系统中 MRP/BRP 展开自动产生的建议计划量，则是采购管理系统自动生成请购单、采购订单的依据。

委外管理系统中，各 MRP 物料的锁定、已审核委外订单余量，是 MRP 必须考虑的有效供应量之一，同时各订单 MRP 子件的需求余量则是 MRP 展开时的需求量之一。需求规划系统中 MRP 展开自动产生的建议计划量，则是委外管理系统自动生成委外订单的依据。

需求规划系统中 MRP 展开产生的建议计划量是产能管理系统计算细能力计划的依据。

（三）需求规划操作流程

需求规划系统操作流程如图 3-14 所示。

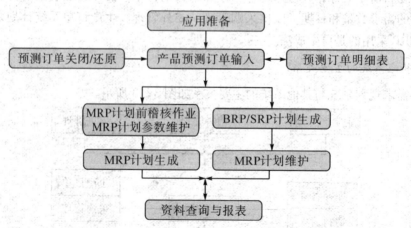

图 3-14　物料需求系统操作流程图

三、需求规划资料维护

(一) MRP 计划参数维护

MRP 计划参数维护用于建立 MRP 计划代号及其相关参数。MRP 计划参数是 MRP 展开计算时所依据的条件。

[实务案例]

飞跃摩托车制造公司的 MRP 计划参数如表 3-14 所示：

表 3-14　　　　　　　　　飞跃摩托车制造公司 MRP 计划参数

计划代号	计划说明	计划类别	预测版本	需求时栅	时栅优先考虑	初始库存	计划考虑	供需追溯
3	100 普通型	MRP	11	1	物料	现存量	生产订单/请购订单/委外订单/计划订单/进口订单/安全库存/采购订单	是
4	100 加强型	MRP	12	1	物料	现存量	生产订单/请购订单/委外订单/计划订单/进口订单/安全库存/采购订单	是

(二) 需求来源资料维护

在需求来源资料维护中，可通过"产品预测订单输入"输入需求预测资料；输入保存即为审核状态，便可纳入 MRP 独立需求来源。若有必要，可使用"产品预测订单关闭/还原"，对需求预测订单执行关闭或状态还原；还可通过"产品预测订单-展开式"按时段建立 MPS/MRP 物料的需求预测资料。输入预测资料后，可对产品预测订单进行整批处理，即对产品预测订单执行审核/弃审/关闭/还原/删除/重展处理，也可查询产品预测订单明细表、产品预测资料比较表和未关闭销售订单明细表。关闭后的预测订单即不可参与 MPS/MRP 运算。

(三) MRP 计划前稽核作业

预测资料建立后，可执行"累计提前天数推算""仓库净算定义查询""库存异常状况查询"和"订单异常状况查询"等 MRP 展开前的稽查作业，以检查相关资料的正确性。

(四) MRP 计划作业

在前述基础资料设定好后，可执行"MRP 计划生成"自动生成 MRP 计划。执行处理中可能出现计划日期超出工作日历范围或物料清单不完整等状况，可按照"自动规划错误信息表"核对并排除错误后，再执行 MRP 计算。若有必要，可在"MRP 计划维护"作业修改 MRP 自动生成的计划供应，或手动新增 MRP 计划资料。在 MRP 计划作业中，也可使用"SRP/BRP 计划生成"以客户订单进行 BOM 展开，自动产生物料的建议计划量。SRP 是销售需求计划（Sales Requirement Planning）的简称。SRP 是按照接收到的销售订单展开计算出物料需求计划，是一种补充计划。如当前的供应计划已经可以满足接收到的销售订单的物料需求，不会产生新的供应计划；如当前的供应计划不能满足接收到的销售订单的物料需求，会在现有计划基础之上产生新的供应计划。BRP 是 Bom 需求计划（Bom Requirement Planning）的简称。BRP 是将预测订单或客户订单通过其 BOM 的直接展开，得到各阶物料的毛需求，以毛需求来计划采购、委外、自制订单等。或者再将 BOM 展开的毛需求进行手动调整后，再供相关系统计划用，以方便在资料尚未完整建立之初导入系统的情况下使用。如果制造企业完全采取批对批的生产方式，也可以按此方式，以取代 MRP 的计划方式。

MRP 计算完成后，可使用“供需资料查询—订单/物料”作业，查询 MRP 的供需资料及计算过程；使用“预测消抵明细表”“供需追溯明细表”，分别了解需求预测与客户订单的消抵明细及追溯各订单的需求来源；最后可用“建议计划量明细表”供自动生成生产订单/委外订单/采购订单时核对用；还可用“待处理订单明细表”，以随时掌握待处理（逾期、提前、延后、取消、冲突、审核、减少）订单状况。

执行“业务工作→生产制造→需求计划→计划作业→MRP 计划生成”命令后，再执行“MRP 计划维护”命令，通过查阅，调出飞跃摩托车制造公司的 MRP 计划，点击“修改”，将物料属性全部改为“采购”，如图 3-15 所示。点击 MRP 计划维护界面的“生效”，再通过“下达采购-当前页下达”下达摩托车的采购计划，计划下达如图 3-16 所示：

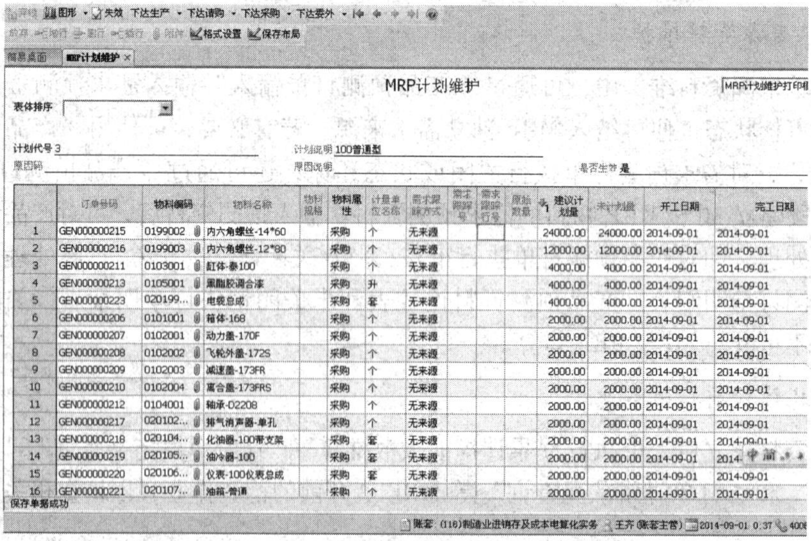

	订单号码	物料编码	物料名称	物料规格	物料属性	计量单位名称	需求跟踪方式	需求跟踪号	需求跟踪行号	原始数量	建议计划量	未计划量	开工日期	完工日期
1	GEN000000215	0199002	内六角螺丝-14*60		采购	个	无来源				24000.00	24000.00	2014-09-01	2014-09-01
2	GEN000000216	0199003	内六角螺丝-12*80		采购	个	无来源				12000.00	12000.00	2014-09-01	2014-09-01
3	GEN000000211	0103001	缸体-泰100		采购	个	无来源				4000.00	4000.00	2014-09-01	2014-09-01
4	GEN000000213	0105001	黑酯胶调合漆		采购	升	无来源				4000.00	4000.00	2014-09-01	2014-09-01
5	GEN000000223	020199...	电缆总成		采购	套	无来源				4000.00	4000.00	2014-09-01	2014-09-01
6	GEN000000206	0101001	箱体-168		采购	个	无来源				2000.00	2000.00	2014-09-01	2014-09-01
7	GEN000000207	0102001	动力盖-170F		采购	个	无来源				2000.00	2000.00	2014-09-01	2014-09-01
8	GEN000000208	0102002	飞轮外盖-172S		采购	个	无来源				2000.00	2000.00	2014-09-01	2014-09-01
9	GEN000000209	0102003	减速盖-173FR		采购	个	无来源				2000.00	2000.00	2014-09-01	2014-09-01
10	GEN000000210	0102004	离合盖-173FRS		采购	个	无来源				2000.00	2000.00	2014-09-01	2014-09-01
11	GEN000000212	0104001	轴承-D2208		采购	个	无来源				2000.00	2000.00	2014-09-01	2014-09-01
12	GEN000000217	020102...	排气消声器-单孔		采购	个	无来源				2000.00	2000.00	2014-09-01	2014-09-01
13	GEN000000218	020104...	化油器-100带支架		采购	套	无来源				2000.00	2000.00	2014-09-01	2014-09-01
14	GEN000000219	020105...	油冷器-100		采购	套	无来源				2000.00	2000.00	2014-09-01	2014-
15	GEN000000220	020106...	仪表-100仪表总成		采购	套	无来源				2000.00	2000.00	2014-09-01	2014-09-01
16	GEN000000221	020107...	油箱-普通		采购	个	无来源				2000.00	2000.00	2014-09-01	2014-09-01

图 3-15　100 普通型摩托车 MRP 计划维护界面

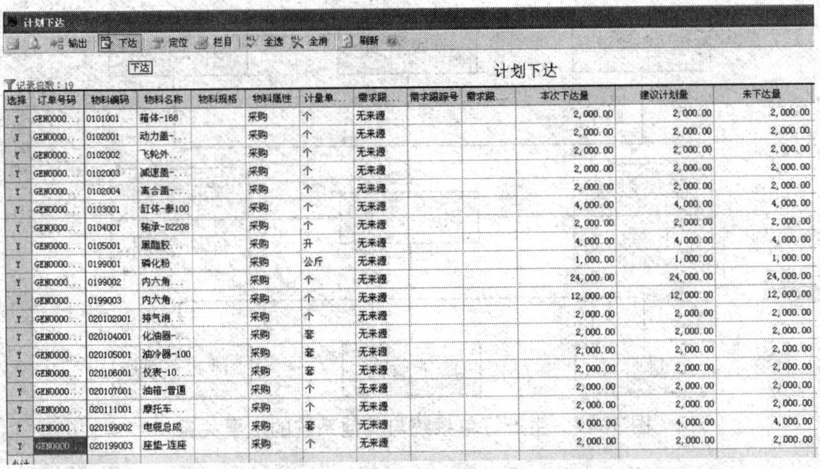
计划下达

输出　下达　定位　栏目　全选　全消　刷新

下达

计划下达

记录总数：19

选择	订单号码	物料编码	物料名称	物料规格	物料属性	计量单...	需求跟...	需求跟踪号	需求跟...	本次下达量	建议计划量	未下达量
Y	GEN0000...	0101001	箱体-168		采购	个	无来源			2,000.00	2,000.00	2,000.00
Y	GEN0000...	0102001	动力盖-...		采购	个	无来源			2,000.00	2,000.00	2,000.00
Y	GEN0000...	0102002	飞轮外...		采购	个	无来源			2,000.00	2,000.00	2,000.00
Y	GEN0000...	0102003	减速盖-...		采购	个	无来源			2,000.00	2,000.00	2,000.00
Y	GEN0000...	0102004	离合盖-...		采购	个	无来源			2,000.00	2,000.00	2,000.00
Y	GEN0000...	0103001	缸体-泰100		采购	个	无来源			4,000.00	4,000.00	4,000.00
Y	GEN0000...	0104001	轴承-D2208		采购	个	无来源			2,000.00	2,000.00	2,000.00
Y	GEN0000...	0105001	黑脂胶...		采购	升	无来源			4,000.00	4,000.00	4,000.00
Y	GEN0000...	0199001	磷化粉		采购	公斤	无来源			1,000.00	1,000.00	1,000.00
Y	GEN0000...	0199002	内六角...		采购	个	无来源			24,000.00	24,000.00	24,000.00
Y	GEN0000...	0199003	内六角...		采购	个	无来源			12,000.00	12,000.00	12,000.00
Y	GEN0000...	020102001	排气消...		采购	个	无来源			2,000.00	2,000.00	2,000.00
Y	GEN0000...	020104001	化油器-...		采购	套	无来源			2,000.00	2,000.00	2,000.00
Y	GEN0000...	020105001	油冷器-100		采购	套	无来源			2,000.00	2,000.00	2,000.00
Y	GEN0000...	020106001	仪表-10...		采购	套	无来源			2,000.00	2,000.00	2,000.00
Y	GEN0000...	020107001	油箱-普通		采购	个	无来源			2,000.00	2,000.00	2,000.00
Y	GEN0000...	020111001	摩托车...		采购	个	无来源			2,000.00	2,000.00	2,000.00
Y	GEN0000...	020199002	电缆总成		采购	套	无来源			4,000.00	4,000.00	4,000.00
Y	GEN0000...	020199003	座垫-连座		采购	个	无来源			2,000.00	2,000.00	2,000.00
小计												

图 3-16　100 普通型摩托车采购计划下达维护界面

第五节　生产订单

一、生产订单系统概述

（一）生产订单系统简介

生产订单（Manufacture Oder）又称制造命令或工作订单，它主要表示某一物料的生产数量，以及计划开工/完工日期等，并作为现场自制派工或领料的依据。工厂的生产管理或物料管理通常以生产订单为中心，以控制其产能利用、缺料、效率、进度等情形。

用友 U8V10.1 系统是针对制造有关的生产订单计划、锁定、审核、备料、关闭等作业的管理。协助企业有效掌握各项制造活动的讯息，并针对主生产计划及需求规划生成的建议生产量，提供分批计划功能，或手动建立生产订单资料，使生产计划作业更具弹性；提供生产订单锁定和审核功能，有效控制计划执行过程；提供各种角度的跟催讯息，有效掌握生产进度；提供生产订单缺料模拟分析，作为调整生产进度参考；提供按生产订单设定特殊用料功能，供替代料及特殊用料使用；提供生产订单用料分析，以有效掌握各生产订单的用料及成本差异讯息。

（二）与其他系统的主要关系

生产订单系统与其他系统的主要关系如图 3-17 所示。

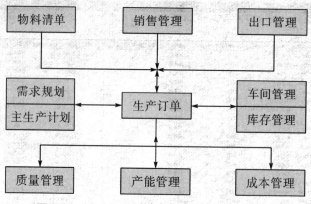

图 3-17　生产订单系统与其他系统的主要关系

（三）生产订单操作流程

生产订单系统操作流程如图 3-18 所示。

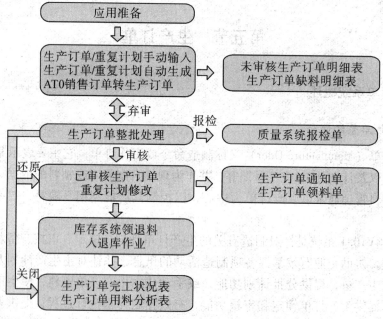

图 3-18　生产订单系统操作流程图

订单生单简要流程如图 3-19 所示。

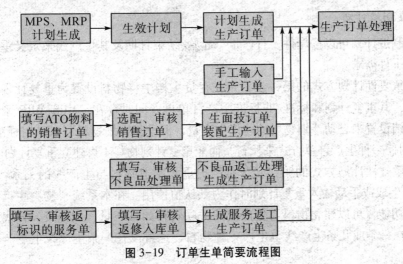

图 3-19　订单生单简要流程图

二、生产订单系统业务类型说明

U8 系统将生产订单分为四种类型：标准、非标准、重复制造生产订单和集合订单。

（一）标准生产订单

按订单装配生产订单为标准生产订单类型。当客户订购 ATO 的销售订单配置完成，即可在销售管理系统和出口管理系统中，将审核状态的销售订单转入本系统，自动产生该销售订单行的总装生产订单，同时自动消抵该 ATO 的 MPS/MRP 计划订单数量。该生产订单的完工日期为销售订单行的预计完工日，其开工日期则以完工日期考虑 ATO 物料的固定和变动提前期及公司工作日历反推算出。该生产订单的物料清单及工艺路线，即为销售订单配置完成后自动产生的物料清单和工艺路线。

ATO 标准产品销售订单转总装生产订单流程与 ATO 模型相同，只是 ATO 标准产品在输入销售订单时无需选配，销售订单转生产订单时，其物料清单和工艺路线默认标准清单和工艺路线。

依销售订单转入而自动产生的 ATO 的总装生产订单，其执行过程如审核、转车间管理、领料、入库等作业，均视同一般标准生产订单。

（二）非标准生产订单

非标准生产订单可以用来控制生产进度、子件用料和资源需求，以及收集制造成本，常用作返工、维修、改制、拆卸和设计原型等。

非标准生产订单与标准生产订单相似，但它们之间存在以下显著的区别：

MPS/MRP 系统不会为非标准生产订单建立计划订单（建议生产量），必须人工建立非标准生产订单。但是，如果非标准生产订单有指定母件的物料清单或工艺路线，系统会将非标准生产订单的子件需求作为有效需求，并将其母件作为有效供应来考虑，同时产能管理系统也会考虑非标准生产订单的资源需求。

（三）重复制造计划

重复制造计划可以按母件、日产量、起始/结束日期及其生产线来定义重复性生产计划及其子件需求。

执行重复性计划方式的第一步，是在存货主档中将物料设置为重复计划。对一个物料而言，其重复计划和标准/非标准生产订单可以同时存在。MPS/MRP系统将默认按存货主档设置来自动计划物料的建议生产量，但重复计划物料可以采用标准/非标准/重复计划任一种生产订单方式来执行，而非重复计划物料不可建立重复计划。

执行重复性计划方式的第二步，是维护重复制造物料与生产线的关系，供MPS/MRP自动生成或手动输入重复计划时作为默认值使用。在本系统"物料生产线关系资料维护"功能，可以建立物料与生产线的关联资料如日产量、优先级、替代工艺路线等。可以在一条或几条生产线上生产一种物料，也可以在一条生产线上生产一种或多种物料。

（四）直接生产

在一个集合订单内，BOM内各阶生产物料的计划订单或生产订单相互关联。集合订单内的每一个订单都有自己的订单号。生产过程中，如果子件是直接为上阶订单生产，且子件实体不必进入库存，则可使用集合订单，这些子件称为直接生产子件。在一个多阶层的集合订单中，通过指定各自的上阶和最高阶的计划订单或生产订单，所生产的子件直接与母件相互关联。一个集合订单内的生产订单可进行关联排程和成本结算。

直接生产前提条件是：如果要对某一自制的子件物料使用直接生产，则应在相关BOM中将其供应类型设置为"直接供应"。其功能特性是：集合订单可以将不同的BOM阶层作为一个生产过程来描述，该生产过程可看做一个集成的整体。一个集合订单的每一层表示一个独立的生产订单/计划订单，每一生产订单/计划订单有自己的订单号。在一个集合订单内，只有最高阶订单发生库存物料的移动，直接生产的子件则不需要。相对于独立的生产订单，集合订单更易维护。直接生产的优势，还在于简化流程：直接生产的子件可不必进入库存，而是直接被其上阶生产订单所消耗，即不必手动执行领料作业，而是在下阶直接生产订单入库时自动产生。

如果不使用直接生产，则一个BOM内各阶层物料的计划订单/生产订单之间无法相互关联。也就是说，BOM内各阶层物料的生产订单都个别地进行生产排程，成本也独立结算。子装配件完工入库后，对其上阶母件的生产订单而言，必须办理这些子装配件的领用手续。

相反，直接生产的目的则是对一个BOM内不同阶层的物料执行关联的生产排程和成本结算。

例如：生产一张桌子，桌子的BOM包含一个桌面和四条桌腿。我们需要对这两个子件分别建立两张生产订单，但是因为它们在生产现场直接被组装成一个成品，因此不需要它们进入库存。

首先在 BOM 中将这两个子件的供应类型设置为"直接供应",这样就可以使用一个集合订单来进行生产。当我们在建立桌子的生产订单时,一个集合订单便自动产生,它包含其下阶桌面和桌腿的生产订单。

一个集合订单中,许多业务交易可同时执行。比如,当最高阶计划订单转换为生产订单时,所有下阶直接生产子件的计划订单将自动转换为生产订单。审核集合订单内的一个生产订单时,系统可将其下阶订单同时审核;当修改一个订单如数量或日期时,其下阶相关订单自动被调整,以保持集合订单的一致性。

MPS/MRP/SRP/BRP 对于直接生产子件的相依需求给予特殊标识。规划这些子件时,系统对其相依需求建立直接生产的计划订单。

在集合订单中,直接生产的子装配件通常不需要进行库存移动,而是被直接送到其上阶生产订单的生产现场。为了正确地表示集合订单的生产成本,在直接生产子件完工入库的同时(子件实体并不进入库存),系统同时自动产生该子件在其上阶生产订单的领料单。

但在例外情况下,可能需要将部分直接生产的子装配件进入库存。例如:在一个直接生产订单中,计划生产数量 120 个,其中预计报废数量 20。然而生产过程中只报废 10 个,产出 110 个。但是其上阶生产订单只需要 100 个,那么多余 10 个必须进入仓库中。

为了保证成本计算的正确性,建议将多余数量的子件作为上阶生产订单的产出品办理入库手续。

三、基本资料维护

(一)生产订单类别资料维护

维护生产订单类别资料,建立生产订单时可指定所属类别如返工、拆卸等,供生产订单统计分析之用。

(二)物料生产线关系资料维护

对于重复制造物料,维护其与各生产线的关系资料,供 MPS/MRP 自动生成/手动输入重复计划时使用。

四、生产订单生成

用友 U8V10.1 软件。在企业应用平台中的"业务工作→生产制造→生产订单→生产订单生产"菜单下,可完成"生产订单手动输入""集合生产订单维护""重复计划手动输入""销售订单转生产订单""生产订单自动生成""重复计划自动生成""不良品返工处理"和"服务单返工处理"。

(一)生产订单手动输入

生产订单手动输入用于新增、修改、删除、查询标准与非标准生产订单资料。

可修改、删除和查询按 MPS/MRP/BRP 计划自动生成的锁定状态的生产订单及其子件需求资料。

通过执行"生产订单手动输入"命令调出 MPS 生成的订单，点击"修改"，输入生产批号、生产部门信息如图 3-20 所示。保存、审核后，选中物料"100 型摩托车-普通型"，点击工具栏的"子件"按钮调出该物料的子件资料如图 3-21 所示。同理可以查看其他物料的子件资料。

图 3-20　100 普通型摩托车生产订单界面

图 3-21　100 普通型摩托车生产订单中的子件资料界面

（二）销售订单转生产订单

查核并确认 ATO 销售订单和出口订单的订单数量，并自动生成生产订单。

（三）生产订单自动生成

核并确认 MPS/MRP/BRP 所产生的建议自制（或委外）量，并自动生成生产订单。

五、生产订单处理

（一）生产订单整批处理

生产订单整批处理用于整批审核、弃审、关闭、还原、删除、重载生产订单，包括手动输入和自动生成的标准/重复计划/非标准的生产订单资料，并可执行产品入库报检作业。

生产订单状态中"未审核"表示该订单业务不交易＼MRP 不计算；"锁定"表示该订单业务不交易／MRP 计算；"审核"表示该订单业务交易／MRP 计算＼转车间；"关闭"表示该订单业务不交易＼MRP 不计算＼不能报完工。

（二）生产订单改制

生产订单改制可将在制的生产订单分拆，或改制为其他物料的生产订单。

用友 U8V10.1 软件在企业应用平台中的"业务工作→生产制造→生产订单→生产订单生产"菜单下，可完成"已审核重复计划修改""生产订单变更记录清除""生产订单综合查询""生产订单改制""生产订单挪料""补料申请单""补料申请单整批处理"和"生产订单改制挪料列表"。

六、报表

用友 U8V10.1 软件，在企业应用平台中的"业务工作→生产制造→生产订单→报表"菜单下，可完成"未审核生产订单明细表""生产订单通知单""生产订单缺料明细表""生产订单领料单""生产订单完工状况表""生产订单用料分析表""生产订单在制物料分析表""补料申请单明细表""生产订单与物料清单差异分析""生产订单工序领料单""生产订单变更记录明细表""生产订单预警与报警资料表""计划下达生产订单日报""计划下达生产订单月报"和"生产订单开工查询日报"等多种报表资料。

第四章 采购管理

第一节 采购管理系统概述

一、采购管理系统简介

采购管理系统是用友 U8 供应链的重要系统，能对采购业务的全部流程进行管理，提供请购、订货、到货、入库、开票、采购结算的完整采购流程。本系统适用于各类工业企业和商业批发、零售企业、医药、物资供销、对外贸易、图书发行等商品流通企业的采购部门和采购核算财务部门。

二、采购管理系统主要功能

采购管理系统的主要内容包括设置、供应商管理、采购业务、采购报表。

·设置：录入期初单据并进行期初记账，设置采购管理的系统选项参数。

·供应商管理：对供应商供应存货、供货价格、供货质量、到货情况进行管理和分析。

·采购业务：指采购业务的日常操作的管理，系统提供了请购、采购订货、采购到货、采购入库、采购开票、采购结算等业务，可以根据业务需要选用不同的业务单据和业务流程。

·采购报表：指提供对采购情况的各种统计报表、账簿的查询分析，并且允许用户自定义报表。

三、与其他系统的主要关系

采购管理系统既可以单独使用，又可以与合同管理系统、主生产计划系统、需求规划系统、库存管理系统、销售管理系统、存货核算系统、应付款管理系统、质量管理系统、GSP 质量管理系统、售前分析系统、商业智能系统、出口管理系统、资金管理系统、预算管理系统等模块集成使用，提供完整全面的业务和财务流程处理。

（一）与其他系统的主要关系

采购管理系统与其他系统的主要关系如图 4-1 所示。

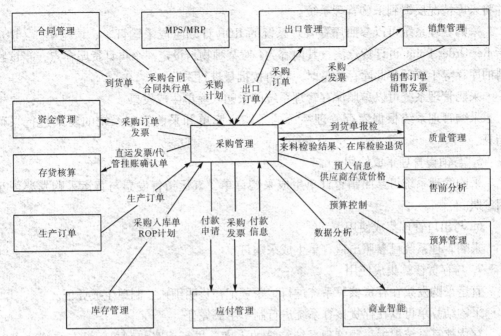

图 4-1 采购管理系统与其他系统的主要关系图

(二) 与其他系统的主要关系说明

1. 与合同管理集成使用

合同管理系统可以参照已审核的请购单生成采购类合同。

采购管理系统可以参照合同状态为生效态、性质为采购类、标的来源为存货的合同生成采购订单，提供同时参照多个合同生成采购订单功能，提供拆分合同记录生成采购订单功能，在采购订单及其后续关联的业务单据中记载并显示相应的合同号及合同标的编码等信息生成采购订单。

采购订单在参照合同生成时，订单的数量、单价、金额根据合同中的控制类型进行控制。采购订单不根据合同生成时（比如根据 MRP 计划生成），可以通过在采购订单表头录入相应合同号的方式带入相应合同中的价格，同时执行相应的合同。

合同管理系统可以参照合同关联的到货单生成合同执行单；也可以在到货单上推式生成合同执行单。

采购管理系统可以参照采购类合同对应的生效的合同执行单生成采购发票。

2. 与主生产计划、需求规划集成使用

采购管理系统可以参照 MPS/MRP 计划生成请购单、采购订单。采购请购单、采购订单、采购到货单为 MPS/MRP 运算提供数据来源。

3. 与生产订单集成使用

采购管理系统可以参照生产订单生成请购单。

4. 与库存管理集成使用

库存管理系统可以参照采购管理系统的采购订单、采购到货单生成采购入库单，并将入库情况反馈到采购管理系统。

采购管理系统可以参照库存管理系统的 ROP 计划生成采购订单、请购单。（ROP 指 Re-Order Point 再订货点法，其内容为：对某种物料设定一个再订货库存点，当该物料的库存等于或低于此库存数量时，将再按批量进行采购）

采购管理系统可以参照库存管理系统的采购入库单生成发票。

采购管理系统根据库存管理系统的采购入库单和采购管理系统的发票进行采购结算。

5. 与销售管理集成使用

采购管理系统可参照销售订单生成采购订单，直运销售发票与直运采购发票可互相参照。

6. 与出口管理集成使用

采购管理系统可参照出口订单生成采购订单。

7. 与存货核算集成使用

直运采购发票在存货核算系统进行记账登记存货明细账、制单生成凭证。

采购结算单可以在存货核算系统进行制单生成凭证。

存货核算系统根据采购管理系统结算的入库单进行记账和制单；没有结算的入库单进行暂估处理。

8. 与应付款管理集成使用

采购发票录入后，在应付款管理系统对采购发票进行审核登记应付明细账，进行制单生成凭证。已审核的发票与付款单进行付款核销，并回写采购发票有关付款核销信息。可参照采购订单和采购发票生成付款申请单。

9. 与质量管理集成使用

采购到货单报检生成来料报检单。

来料不良品处理单的退货数量回写到货单的"拒收数量"，根据到货单生成到货拒收单。

来料检验单、来料不良品处理单回写到货单的合格数量、不合格数量、拒收数量。

根据在库不良品处理单的处理流程为退货的记录生成采购退货单。

10. 与预算管理集成使用

采购管理系统将采购请购单、采购订单、采购发票的数据提供给预算管理系统进行预算控制。

第二节　采购管理系统初始设置

一、采购选项设置

系统选项也称系统参数、业务处理控制参数，是指在企业业务处理过程中所使用的各种控制参数，系统参数的设置将决定用户使用系统的业务流程、业务模式、数据流向。

在进行选项设置之前，一定要详细了解选项开关对业务处理流程的影响，并结合企业的实际业务需要进行设置。由于有些选项在日常业务开始后不能随意更改，最好在业务开始前进行全盘考虑，尤其是一些对其他系统有影响的选项设置更要考虑清楚。

（一）业务及权限控制

用友 U8V10.1 采购系统中，业务及权限控制参数选项如图 4-2 所示。

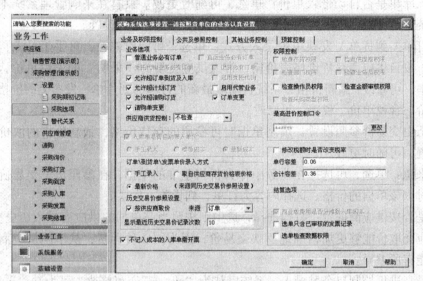

图 4-2　采购业务及权限控制参数选项设置界面

1. 业务选项

·普通业务是否必有订单：打钩表示普通业务必有订单，不打钩为不是必有订单，可随时修改。

·直运业务必有订单：显示在销售管理系统的选项，不可修改。其设置在销售管理系统的销售选项设置中勾选"是否有直运销售业务"和"直运销售必有订单"。

·受托代销业务必有订单：打钩表示必有订单，可随时修改。只有在建立账套时选择企业类型为"商业"或"医药流通"的账套，才能选择此项。

·退货必有订单：只有在启用"普通业务必有订单"时才可用。在必有订单时，如果启用"退货必有订单"，则在作采购退货单时，只能参照来源单据生成；否则，可手工新增。

·允许超订单到货及入库：打钩表示允许超订单到货及入库，可随时修改。如不钩选表示不允许，则参照订单生成到货单、入库单时，不可超订单数量。

·允许超计划订货：打钩选择，可随时修改。如不钩选表示不允许，则参照采购计划（MPS/MRP、ROP）生成采购订单时，累计订货量不可超过采购计划的核定订货量。

·允许超请购订货：打钩选择，可随时修改。如不钩选表示不允许，则参照请购单生成采购订单时，累计订货量不可超过请购单量。

·是否启用代管业务：不打钩表示不启用，则不能进行代管业务的处理，代管业务菜单将不能被看见。打钩表示启用，可以进行代管业务处理。

·订单变更：打钩选择，则系统记录变更历史可查询。否则，不记录。

·供应商供货控制：不检查，不控制供应商存货的对应关系；检查提示，只给出提示，是否控制可选择；严格控制，严格按照供应商存货价格表进行控制。

2. 价格管理

·入库单是否自动带入单价：单选，可随时更改。只有在采购管理系统不与库存管理系统集成使用，即采购入库单在采购管理系统填制时可设置。

·订单\到货单\发票单价录入方式：单选，可随时修改，可手工录入，也可直接录入；取自供应商存货价格表价格，带入供应类型为"采购"的无税单价、含税单价、税率，可修改；最新价格，系统自动取最新的订单、到货单、发票上的价格，包括无税单价、含税单价、税率，可修改。

·历史交易价参照设置：填制单据时可参照的存货价格，最新价格的取价规则也在此设置，可随时更改。

·来源：单选，可选择在业务中作为价格基准的单据，在参照历史交易价和取最新价格时取该单据的价格。选择内容为订单、到货单、发票。

·是否按供应商取价：打钩选择，选中则按照当前单据的供应商带入历史交易价。按照供应商取价能够更加精确地反映交易价，因为同一种存货，从不同供应商取得的进价可能有所差异。

·最高进价控制口令：录入，系统默认为"system"，可修改，可为空。设置口令，则在填制采购单据时，如超过最高进价，系统提示，并要求输入控制口令，口令不正确不能保存采购单据。

·修改税额时是否改变税率：打钩选择，默认为不选中。税额一般不用修改，在特定情况下，如系统和手工计算的税额相差几分钱，可以调整税额尾差。若选择是，则税额变动反算税率，不进行容差控制。若选择否，则税额变动不反算税率，在调整税额尾差（单行）、保存单据（合计）时，系统检查是否超过容差。单行容差，录入，默认为0.06。修改税额超过容差时，系统提示，取消修改，恢复原税额。合计容差，录入，默认为0.36。保存单据超过合计容差时，系统提示，返回单据。

3. 结算选项

·商业版费用是否分摊到入库成本：打钩选择，商业企业由企业自己来决定采购费用是否要分摊到存货成本中。如选中，则不记入成本仓库对应入库单可以生成采购发票，但不参与采购结算。适用于如办公用品采购，采购发票直接转费用，不进行存货核算。如未选中，则不记入成本仓库对应入库单不能生成采购发票，对应入库单也不参与采购结算。适用于如赠品业务的处理，不需要生成采购发票，也不需要进行存货核算。

·选单只含已审核的发票记录：打钩选择，可随时修改。如果选中，则自动结算和手工结算时只包含已审核的发票记录。

·选单检查数据权限：打钩选择，可随时修改。如果选中，手工结算及费用折扣结算过滤入库单及发票时，根据采购选项/权限控制选中的需要检查的权限进行数据权限控制，控制存货、部门、供应商、业务员、采购类型的查询权限（不要求必须有录入权限）。

4. 权限控制

·检查存货权限：打钩选择。如检查，查询时只能显示有查询权限的存货及其记录；填制单据时只能参照录入有录入权限的存货。

·检查部门权限：打钩选择。如检查，查询时只能显示有查询权限的部门及其记录；填制单据时只能参照录入有录入权限的部门。

·检查操作员权限：打钩选择。如控制，则查询、修改、删除、审核、弃审、关闭、打开单据时，只能对单据制单人有权限的单据进行操作；对单据审核人有权限的单据进行操作；对单据关闭人有权限的单据进行操作；变更不控制操作员数据权限，仅判断当前操作员是否有变更功能权限和其他几项数据的录入权限。

·检查供应商权限：打钩选择。如检查，查询时只能显示有查询权限的供应商及其记录；制单时只能参照录入有录入权限的供应商。

·检查业务员权限：打钩选择。如检查，查询时只能显示有查询权限的业务员及其记录；填制单据时只能参照录入有录入权限的业务员。

·检查采购类型权限：打钩选择。如检查，查询时只能显示有查询权限的采购类型及其记录；填制单据时只能参照录入有录入权限的采购类型。

以上数据权限如果没有在"企业应用平台—系统服务—权限—数据权限控制设置"中进行设置，则相应的选项置灰，不可选择。

检查金额审核权限：打钩选择。如检查，则订单审核时检查当前订单总金额与当前操作员采购限额，在"企业应用平台—系统服务—权限—金额分配权限—采购订单级别"设置当前操作员的采购限额。"订单金额≤采购限额"保存成功，将当前操作员信息写入订单，订单状态变为已审核；"订单金额>采购限额"，提示"对不起，您的订单审核上限为××××元，您不能审核×××号单据"。

（二）其他业务控制

用友 U8V10.1 采购系统中，其他业务控制参数选项如图 4-3 所示。

1. 采购预警设置

·提前预警天数：录入天数，默认值为空。为空时，表示不对临近记录进行预警。

·逾期报警天数：录入天数，默认值为空。为空时，表示不对过期记录进行报警。

设置完成后，系统可以根据设置的预警和报警天数进行预警和报警，预警/报警的方式也是由用户在预警平台中设置的，可以有三种方式：邮件、短信、门户通知。当选择门户通知时，对于有采购订单预警/报警表查询权限的操作员在录入企业门户时，可以在任务中心看到预警/报警的信息。

2. ROHS 控制

选择哪些单据需要对 ROHS 存货进行控制，可多选，可随时修改。

·请购单：如选中，请购单在保存时对 ROHS 存货进行校验，否则不校验。

·采购订单：如选中，采购订单在保存时对 ROHS 存货进行校验，否则不校验。

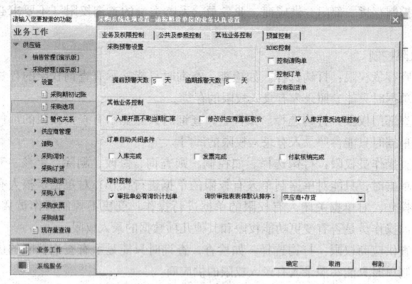

图4-3 采购系统中其他业务控制参数选项设置界面

·到货单：如选中，到货单在保存时对 ROHS 存货进行校验，否则不校验。

3. 其他业务控制

·入库开票不取当期汇率：如选中，发票拷贝入库单生成时，汇率取入库单汇率；如未选中，发票拷贝入库单生成时，汇率取当月汇率。入库单批量生发票不受此选项控制，取入库单汇率。

·修改供应商重新取价：如选中，当取价方式为供应存货价格表或最新价格（勾选按供应商取价），修改供应商时会自动取价；如未选中，修改供应商表体价格保持不变。

·入库开票受流程控制：如选中，发票拷贝入库单，只有相同流程分支的入库单允许生成同一张发票；如未选中，发票拷贝入库单不考虑入库单的流程模式，允许不同流程的入库单生成同一张发票。入库单批量生成发票不受此选项控制。

4. 订单自动关闭条件

打钩选择，可多选，可随时修改。如果多选，订单必须同时满足条件才可自动关闭，自动关闭调用定时任务，关闭人为定时任务中指定的执行人，执行人需要具有订单关闭的功能权限和相应的数据权限。

5. 询价控制

·审批单必有询价计划单：如选中，采购询价审批单只能通过参照采购询价计划单生单；如未选中，可以通过参照采购询价计划单生单，也可以手工录入单据。

·询价审批表表体默认排序：下拉选择供应商+存货、存货+供应商；设置控制采购询价审批单表体的排序规则。

二、采购期初记账

账簿都应有期初数据，以保证其数据的连贯性。初次使用时，应先输入采购管理系统的期初数据。如果系统中已有上年的数据，不允许取消期初记账。

期初记账是将采购期初数据记入有关采购账；期初记账后，期初数据不能增加、修改，除非取消期初记账。

期初记账后输入的入库单、发票都是启用月份及以后月份的单据，在"月末结账"功能中记入有关采购账。

期初数据包括：

·期初暂估入库：在启用采购管理系统时，没有取得供货单位的采购发票，只能将不能进行采购结算的入库单输入系统，以便取得发票后进行采购结算。

·期初在途存货：在启用采购管理系统时，已取得供货单位的采购发票，但货物没有入库，将不能进行采购结算的发票输入系统，以便货物入库填制入库单后进行采购结算。

·期初受托代销商品：在启用采购管理系统时，将没有与供货单位结算完的受托代销入库记录输入系统，以便在受托代销商品销售后，能够进行受托代销结算。

·期初代管挂账确认单：在启用采购管理系统时，已与代管的供应商进行了耗用挂账，但还没有取得供应商的采购发票，将不能进行采购结算的代管挂账确认单输入系统，取得发票后再与之进行结算。

如采购管理系统与存货核算集成使用，上述期初余额应在存货核算系统中录入。采购管理系统，只执行"采购期初记账"命令。

没有期初数据时，也要进行期初记账，以便输入日常采购单据。

三、供应商管理

对供应商进行管理，包括：供应商资格审批、供应商供货审批、供应商存货对照表、供应商存货价格表以及相关的按照供应商业务的查询和分析。供应商管理既包括对采购系统的供应商管理，还包括对委外系统的供应商管理。用友 U8 系统中的供应商管理流程如图 4-4 所示。

供应商管理

图 4-4 供应商管理流程图

第三节 采购管理系统日常业务处理

一、普通采购业务概述

用友 U8V10.1 中的普通采购业务适合大多数企业的日常采购业务，提供了采购请购、采购订货、采购入库、采购发票、采购成本核算以及采购付款全过程的管理。

（一）采购请购

采购请购是指企业内部向采购部门提出采购申请，或采购部门汇总企业内部采购需求提出采购清单。请购是采购业务处理的起点，可以根据已审核未关闭的请购单参照生成采购订单。在采购业务处理流程中，请购环节可以省略。

（二）订货

采购订货是企业与供应商之间签订的采购合同或采购协议等，主要确定采购货物的具体需求，在系统中通过采购订单来实现采购订货的管理。供应商根据采购订单组织货源，企业依据采购订单进行验收。采购订单可以帮助企业实现采购业务的事前预测、事中控制、事后统计。

（三）到货处理

采购到货是采购订货和采购入库的中间环节，一般由采购业务员根据供方通知或送货单填写，确认对方所送货物、数量、价格等信息，以入库通知单的形式传递到仓库作为保管员收货的依据。采购到货单是可选单据，可以根据业务需要选用。

（四）入库处理

采购入库是通过采购到货、质量检验环节，对合格到货的存货进行入库验收。库存管理系统未启用前，可在采购管理系统录入入库单据；库存管理系统启用后，必须在库存管理系统录入入库单据，在采购管理系统可查询入库单据，可根据入库单生成发票。

（五）采购发票

采购发票是供应商开出的销售货物的凭证，系统将根据采购发票确认采购成本，并据以登记应付账款等。

采购发票按发票类型分为增值税专用发票、普通发票和运费发票三种。增值税专用发票扣税类别默认为应税外加，不可修改。普通发票包括普通发票、废旧物资收购凭证、农副产品收购凭证、其他收据，其扣税内别默认为应税内含，不可修改。普通发票的默认税率为0，可修改。运费主要是指向供货单位或提供劳务单位支付的代垫款项、运输装卸费、手续费、违约金（延期付款利息）、包装费、包装物租金、储备费、进口关税等。运费发票的单价、金额都是含税的，运费发票的默认税率为7%，可修改。

采购发票可以直接填制，也可以参照采购订单、采购入库单或其他采购发票复制生成。

（六）采购结算

采购结算也称采购报账，是指采购核算人员根据采购发票、采购入库单核算采购入库成本；采购结算的结果是采购结算单，它是记载采购入库单记录与采购发票记录对应关系的结算对照表。

采购结算从操作处理上分为自动结算、手工结算两种方式；另外运费发票可以单独进行费用折扣结算。

自动结算和手工结算时，可以同时选择发票和运费同时与入库单进行结算，将运费发票的费用按数量或按金额分摊到入库单中。此时将发票和运费分摊的费用写入采购入库单的成本中。

如果运费发票开具时，对应的入库单已经与发票结算，此时，运费发票可以通过费用折扣结算将运费分摊到入库单中，此时运费发票分摊的费用不再记入入库单中，需要到存货核算系统中进行结算成本的暂估处理，系统会将运费金额分摊到成本中。

二、采购入库业务

按货物和发票到达的先后，将采购入库业务划分为单货同行、货到票未到（暂估入库）、票到货未到（在途存货）三种类型，不同的业务类型相应的处理方式有所不同。

（一）单货同行

当采购管理、库存管理、存货核算、应付款管理、总账集成使用时，单货同行的采购业务处理流程（省略请购、订货、到货等可选环节）如图4-5所示。

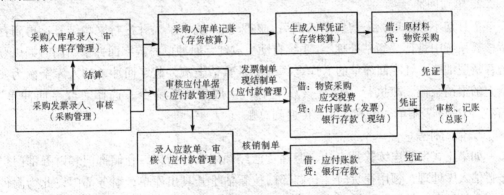

图4-5　单货同行的业务处理流程（一）

当采购管理、库存管理、存货核算、总账集成使用时，单货同行的采购业务处理流程（省略请购、订货、到货等可选环节）如图4-6所示。

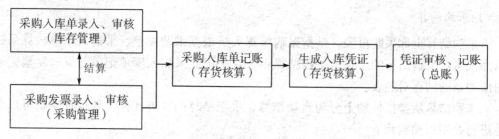

图4-6 单货同行的业务处理流程（二）

（二）货到单未到（暂估入库）业务

暂估是指本月存货已入库，但采购发票尚未收到，不能确定存货的入库成本，月底时为了正确核算企业的存货成本，需要将这部分存货暂估入账，形成暂估凭证。对暂估业务，用友U8提供了三种不同的处理方法。

1. 月初回冲

进入下月后，存货核算系统自动生成与暂估入库单完全相同的"红字回冲单"，同时登录相应的存货明细账，冲回存货明细账中上月的暂估入库，即对"红字回冲单"制单，冲回上月的暂估凭证。

收到采购发票后，在采购系统中录入采购发票，对采购入库单和采购发票作采购结算；结算完毕后，进入存货核算系统，执行"暂估处理"功能；进行暂估处理后，系统根据发票自动生成一张"蓝字回冲单"，其上的金额为发票上的报销金额；同时登记存货明细账，使库存增加。即对"蓝字回冲单"制单，生成采购入库凭证。

2. 单到回冲

下月初不做处理，采购发票收到后，在采购系统中录入并进行采购结算；再到存货核算系统中进行"暂估处理"，系统自动生成红字回冲单、蓝字回冲单，同时据以登记存货明细账。红字回冲单的入库金额为上月暂估金额，蓝字回冲单的入库金额为发票上的报销金额。即执行"存货核算"的"生成凭证"命令，选择"红字回冲单""蓝字回冲单"制单，生成凭证，传递到总账。

3. 单到补差

如果正式发票连续数月未达，但存货已经领用或者销售，仓储部门和财务部门仍作暂估入库处理，领用存货时，仓储部门按暂估价开具出库单，财务部门以此为附件进行会计处理：借记"生产成本"，贷记"原材料"。这种情况会出现暂估价与实际价不一致，其差异按照《企业会计准则第1号——存货》的具体规定处理。对于采用个别计价法和先进先出法的企业，暂估价和实际价之间的差异，可以按照重要性原则，差异金额较大时再进行调整；发出存货的成本采用加权平均法计算的，存货明细账的单价是实时动态变化的，对于暂估价与实际价之间的差异，只是时间性的差异，按照会计的一贯性原则，不需要进行调整。

期末货已到，部分发票到达，实务中可能会出现一笔存货分批开票的情形，对于已开票的部分存货，可以凭票入账，期末只暂估尚未开票的部分。

需要注意的是，对于暂估业务，在月末暂估入库单记账前，要对所有的没有结算的入库单填入暂估单价，然后才能记账。

(三) 票到货未到 (在途存货) 业务

如果先收到供货单位的发票，而没有收到供货单位的货物，可以对发票进行压单处理，待货物到达后，再一并输入计算机做报账结算处理。但如果需要实时统计在途物资的情况，就必须将发票输入计算机，待货物到达后，再填制入库单并做采购结算。

三、直运采购业务

直运采购业务是指产品无须入库即可完成的购销业务，由供应商直接将商品发给企业的客户，没有实务的入库处理，财务结算由供销双方通过直运发票和直运采购发票分别与企业结算。直运业务适用于大型电器、汽车和设备等产品的购销。

直运采购业务类型有两种：普通直运业务和必有订单直运业务。

四、采购退货业务

由于材料质量不合格、企业转产等原因，企业可能发生退货业务，针对退货业务发生的时机不同，用友 U8ERP 系统中采用了不同的解决方法。

(一) 货收到未做入库手续

如果尚未录入采购入库单，此时只要把货退还给供应商即可，在系统中不做任何处理。

(二) 已记账入库单的处理

此时无论是否录入"采购发票""采购发票"是否结算、结算后的"采购发票"是否付款，都需要录入退货单。

(三) 未记账入库单的处理

1. 未录入"采购发票"

如果是全部退货，可删除"采购入库单"；如果是部分退货，可直接修改"采购入库单"。

2. 已录入"采购发票"但未结算

如果是全部退货，可删除"采购入库单"和"采购发票"；如果是部分退货，可直接修改"采购入库单"和"采购发票"。

3. 已录入"采购发票"并执行了采购结算

若结算后的发票没有付款，此时可取消采购结算，再删除或修改"采购入库单"和"采购发票"；若结算后的发票已付款，则必须录入退货单。

采购发票已付款，无论入库单是否记账，都必须录入退货单

用友 U8 采购退库业务完整流程如图 4-7 所示。

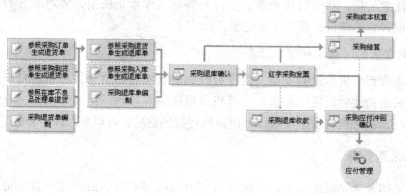

图 4-7 采购退库业务完整流程图

第四节 采购管理系统期末处理及账表查询与统计分析

一、采购管理月末结账

月末结账是指逐月将每月的单据数据封存,并将当月的采购数据记入有关账表中。

【操作流程】

(1) 进入"月末结账",屏幕显示月末结账对话框。

(2) 选择结账的月份,必须连续选择,否则不允许结账。

(3) 用鼠标单击"结账"按钮,弹出对话框提示确认"是否关闭订单",选择"是",弹出采购订单列表的过滤条件,可输入条件,关闭符合条件的订单;选择"否",计算机自动进行月末结账,将所选各月采购单据按会计期间分月记入有关报表中;选择"取消",返回结账界面。

月末结账后,可逐月取消结账,选中已结账最后月份,单击"取消结账",则取消该月的月末结账。

需要注意的是:

结账前应检查本会计月工作是否已全部完成,只有在当前会计月所有工作全部完成的前提下,才能进行月末结账,否则会遗漏某些业务。

月末结账之前一定要进行数据备份,否则数据一旦发生错误,将造成无法挽回的后果。

没有期初记账,将不允许月末结账。

不允许跳月结账,只能从未结账的第一个月逐月结账;不允许跳月取消月末结账,只能从最后一个月逐月取消。

上月未结账,本月单据可以正常操作,不影响日常业务的处理,但本月不能结账。

月末结账后,已结账月份的采购管理系统入库单、采购发票不可修改、删除。

集成使用月末结账顺序:

采购管理系统、委外管理系统、销售管理系统月末结账后，才能进行库存管理系统、存货核算系统、应付款管理系统、应收款管理系统的月末结账。

如果采购管理系统、委外管理系统、销售管理系统要取消月末结账，必须先通知库存管理系统、存货核算系统、应付款管理系统、应收款管理系统的操作人员，要求他们的系统取消月末结账。

如果库存管理系统、存货核算系统、应付款管理系统、应收款管理系统的任何一个系统不能取消月末结账，那么也不能取消采购管理系统、委外管理系统、销售管理系统的月末结账。

二、采购业务统计与分析

用友 U8 的采购管理系统提供了采购明细表、入库明细表、结算明细表、未完成业务明细表、采购综合统计表、采购订收货统计表等多种统计表的查询与分析。对此进行灵活运用可以有效提高信息利用和管理水平。

采购管理系统中的采购业务统计与分析流程如图 4-8 所示。

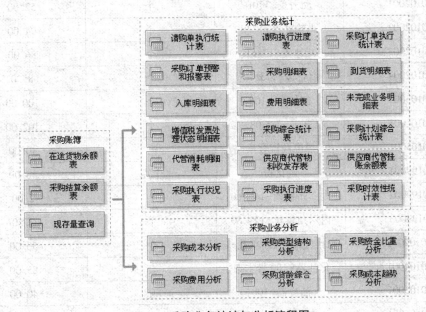

图 4-8 采购业务统计与分析流程图

[实务案例]

飞跃摩托车制造公司 2014 年 9 月的采购业务如下：

（1）2014 年 9 月 1 日，配套件采购部黄强申请购买排气消声器-单孔 1 000 个，需求日期：2014 年 9 月 12 日。

（以下采购业务均在企业应用平台中的"业务工作→供应链→采购管理"菜单下的相应子菜单中完成）

[操作步骤]

在企业应用平台中，执行"业务工作→供应链→采购管理→请购→请购单"命令，进入请购单主界面，单击"增加"按钮，逐一输入相关信息后，点击"确定"按钮保存。

（2）2014年9月1日，同意黄强的请购，生成采购订单，供应商为振中制动，不含税单价40.5元/个，并审核采购订单。

依据请购单生成采购订单的步骤是：在采购订单主界面，点击"增加"后，点击工具栏中"生单—请购单"调出采购订单拷贝并执行主界面，选择需要生成采购订单的请购单，点击"确定"返回采购订单主界面录入供应商和单价等信息，再保存。并审核采购订单。

（3）2014年9月1日，查阅并审核物料需求规划系统生成的采购订单。审核前按照表4-1将相应存货的单价补填上。

表4-1　　　　　　　　　　　　　　存货表

存货编码	存货名称	计量单位	原币单价（元）
0101001	箱体-168	个	91.00
0102001	动力盖-170F	个	52.00
0102002	飞轮外盖-172S	个	94.00
0102003	减速盖-173FR	个	86.00
0102004	离合盖-173FRS	个	85.0
0103001	缸体-泰100	个	100.00
0104001	轴承-D2208	个	102.00
0105001	黑酯胶调合漆	升	40.00
0199001	磷化粉	千克	40.00
0199002	内六角螺丝-14*60	个	2.00
0199003	内六角螺丝-12*80	个	2.50
20102001	排气消声器-单孔	个	50.00
20104001	化油器-100带支架	套	85.00
20105001	油冷器-100	套	40.00
20106001	仪表-100仪表总成	套	125.00
20107001	油箱-普通	个	63.00
20107002	油箱-加大	个	85.00
20110001	灯-大灯	个	35.00
20110002	灯-转向灯	个	15.00
20110003	灯-尾灯	个	6.00
20111001	摩托车支架-100	个	125.00
20199001	坐垫-减振	个	40.00

表4-1(续)

存货编码	存货名称	计量单位	原币单价（元）
20199002	电缆总成	套	38.00
20199003	坐垫-连座	个	35.00
2010801	前轮胎-普通	个	80.00
2010802	前轮胎-加宽	个	85.00
2010901	后轮胎-普通	个	80.00
2010902	后轮胎-加宽	个	85.00
2010301	前轮轴承-100	件	43.00
2010302	后轮轴承-100	件	43.00

(4) 2014年9月2日，五工机电送到全部订货。同时收到五工机电开来该货物专用发票一张，价格同订单，款未付。库管员通过采购订单生成到货单和采购专用发票。

生成到货单步骤是：在采购管理系统中的到货单主界面，点击"增加"，点击工具栏的"生单—采购订单"调出到货单拷贝并执行主界面，选择需要生成到货单的供应商和存货，点击"确定"返回到货单主界面，再保存即可。

生成专用发票步骤是：是在专用发票主界面，后续操作步骤同上。

在"到货单"和"专用发票"主界面，点击"合并显示☑"调出汇总设置主界面，设置合并依据为存货编码；"数量""原币金额""原币税额"和"原币价税合计"的取值为汇总；其他的取值为第一条。保存设置并点击"确定"。

(5) 2014年9月2日，春华发动机送到全部订货。同时收到春华发动机开来该货物专用发票一张，价格同订单，款未付。

(6) 2014年9月2日，卓越摩配送到前全部订货。同时收到卓越摩配开来该货物专用发票一张，价格同订单，以及应由本公司承担的运费5 000元发票一张，立即用工行的转账支票现付。

第一，生成到货单，步骤同上。

第二，生成专用发票，步骤同上。

第三，用工行的转账支票现付步骤如下：

步骤一：在专用发票主界面，点击工具栏的"现付"调出"采购现付"界面，输入付现的原币金额和订单号等信息后，点击"确定"即可。

步骤二：在运费发票主界面，点击"增加"按钮后输入相关信息，保存。再点击工具栏的"现付"调出"采购现付"界面，输入付现的结算方式、原币金额等信息后，点击"确定"即可。

（增加前在存货档案中，增加其他类存货"采购运费等"，编码为9901，存货属性为应税劳务，主计量单位为元，进项税率为7%）

(7) 2014年9月2日，振中制动送到前订购货物，依据订单生成到货单并审核。

(8) 2014年9月2日，重庆化工送到货物黑酯胶调合漆等一批。同时收到重庆化工开来该货物专用发票一张，价格同订单，收到发票时随即用招商银行转账支票支付5 000元，余额后期支付。

（9）2014 年 9 月 2 日，前述所有到货单的货物均验收合格入库，依据其到货单生成采购入库单。

到货单生成采购入库单步骤是：在库存管理系统中的采购入库单主界面，点击工具栏的“生单—采购到货单（蓝字）”调出到货单生单列表主界面，选择需要生成入库单的供应商和存货，点击“确定”返回入库单主界面，点击“保存”并审核。

（10）手工结算卓越摩配的货物。在手工结算主界面，点击“选单”进入结算选单界面，点击“查询—入库单”调入卓越摩配的入库单，点击“查询—发票”调入卓越摩配的采购发票和运费，再选定要结算的存货后点击“确定”将其调入手工结算主界面；选择费用分摊方式为按金额；然后点击“分摊”和“结算”即可。再到“结算单列表”中查询手工结算单。

（11）再将其他所有采购入库单和采购发票采取自动结算的方式结算。自动结算步骤是：在采购管理系统中，执行其“采购结算→自动结算”命令并选择“入库单和发票结算模式”可完成其自动结算。

（12）2014 年 9 月 30 日，采购管理月末结账。

（13）查询各种报表的统计结果资料。用友 U8 具有强大的查询统计分析功能，其采购系统能统计到货明细表、采购明细表、入库明细表、结算明细表等。

第一，采购明细表可以查询采购发票的明细情况，包括数量、价税、费用、损耗等信息。

第二，结算明细表可以查询采购结算的明细情况。飞跃摩托车制造公司本月与卓越摩配的结算明细表如图 4-9 所示。

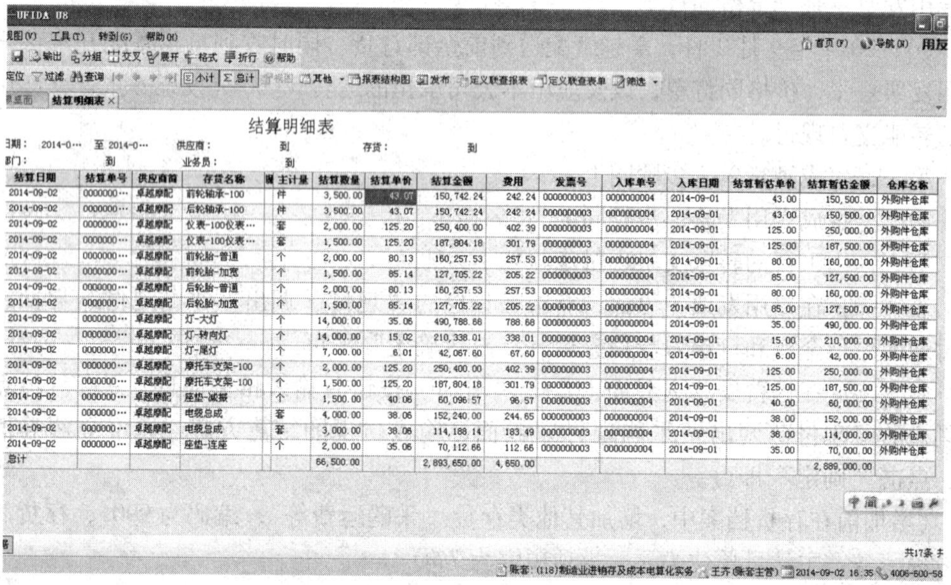

结算明细表

结算日期	结算单号	供应商简	存货名称	规	主计量	结算数量	结算单价	结算金额	费用	发票号	入库单号	入库日期	结算暂估单价	结算暂估金额	仓库名称
2014-09-02	0000000…	卓越摩配	前轮轴承-100		件	3,500.00	43.07	150,742.24	242.24	0000000003	0000000004	2014-09-01	43.00	150,500.00	外购件仓库
2014-09-02	0000000…	卓越摩配	后轮轴承-100		件	3,500.00	43.07	150,742.24	242.24	0000000003	0000000004	2014-09-01	43.00	150,500.00	外购件仓库
2014-09-02	0000000…	卓越摩配	仪表-100仪表…		套	2,000.00	125.20	250,400.00	402.39	0000000003	0000000004	2014-09-01	125.00	250,000.00	外购件仓库
2014-09-02	0000000…	卓越摩配	仪表-100仪表…		套	1,500.00	125.20	187,804.18	301.79	0000000003	0000000004	2014-09-01	125.00	187,500.00	外购件仓库
2014-09-02	0000000…	卓越摩配	前轮胎-普通		个	2,000.00	80.13	160,257.53	257.53	0000000003	0000000004	2014-09-01	80.00	160,000.00	外购件仓库
2014-09-02	0000000…	卓越摩配	前轮胎-加宽		个	1,500.00	85.14	127,705.22	205.22	0000000003	0000000004	2014-09-01	85.00	127,500.00	外购件仓库
2014-09-02	0000000…	卓越摩配	后轮胎-普通		个	2,000.00	80.13	160,257.53	257.53	0000000003	0000000004	2014-09-01	80.00	160,000.00	外购件仓库
2014-09-02	0000000…	卓越摩配	后轮胎-加宽		个	1,500.00	85.14	127,705.22	205.22	0000000003	0000000004	2014-09-01	85.00	127,500.00	外购件仓库
2014-09-02	0000000…	卓越摩配	灯-大灯		个	14,000.00	35.06	490,788.66	788.66	0000000003	0000000004	2014-09-01	35.00	490,000.00	外购件仓库
2014-09-02	0000000…	卓越摩配	灯-转向灯		个	14,000.00	15.02	210,338.01	338.01	0000000003	0000000004	2014-09-01	15.00	210,000.00	外购件仓库
2014-09-02	0000000…	卓越摩配	灯-尾灯		个	7,000.00	6.01	42,067.60	67.60	0000000003	0000000004	2014-09-01	6.00	42,000.00	外购件仓库
2014-09-02	0000000…	卓越摩配	摩托车支架-100		个	2,000.00	125.20	250,400.00	402.39	0000000003	0000000004	2014-09-01	125.00	250,000.00	外购件仓库
2014-09-02	0000000…	卓越摩配	摩托车支架-100		个	1,500.00	125.20	187,804.18	301.79	0000000003	0000000004	2014-09-01	125.00	187,500.00	外购件仓库
2014-09-02	0000000…	卓越摩配	座垫-减振		个	1,500.00	40.06	60,096.57	96.57	0000000003	0000000004	2014-09-01	40.00	60,000.00	外购件仓库
2014-09-02	0000000…	卓越摩配	电缆总成		套	4,000.00	38.06	152,240.00	244.65	0000000003	0000000004	2014-09-01	38.00	152,000.00	外购件仓库
2014-09-02	0000000…	卓越摩配	电缆总成		套	3,000.00	38.06	114,188.14	183.49	0000000003	0000000004	2014-09-01	38.00	114,000.00	外购件仓库
2014-09-02	0000000…	卓越摩配	座垫-连座		个	2,000.00	35.06	70,112.66	112.66	0000000003	0000000004	2014-09-01	35.00	70,000.00	外购件仓库
总计						66,500.00		2,893,650.00	4,650.00					2,889,000.00	

图 4-9　结算明细表界面

第三，采购时效性统计表。根据采购订单行，展现订单、到货、报检、检验、入库各环节的制单时间和审核时间，供审计人员查询时效性。

第四，采购结算余额表。采购结算余额表是普通采购业务的采购入库单结算情况的滚动汇总表，反映供货商的采购发生、采购结算以及未结算的暂估货物情况。

第五，采购成本分析。根据发票，对某段日期范围内的存货结算成本与参考成本、计划价进行对比分析。

第六，采购资金比重分析。根据采购发票，对各种货物占用采购资金的比重进行分析。

第五章 销售管理

第一节 销售管理系统概述

一、销售管理系统简介

销售是企业生产经营成果的实现过程，是企业经营活动的中心。销售管理系统是用友 U8 供应链的重要组成部分，提供了报价、订货、发货、开票的完整销售流程，支持普通销售、委托代销、分期收款、直运、零售、销售调拨等多种类型的销售业务，并可对销售价格和信用进行实时监控。

二、销售管理系统主要功能

销售管理系统可以设置销售选项，设置价格管理、进行允销限设置、设置信用审批人，可以录入期初单据。

可进行销售业务的日常操作，包括报价、订货、发货、开票等业务；支持普通销售、委托代销、分期收款、直运、零售、销售调拨等多种类型的销售业务；可以进行现结业务、代垫费用、销售支出的业务处理；可以制订销售计划，对价格和信用进行实时监控。

可以在报表中查询销售业务常用的一些统计报表，如销售统计表、明细表、销售分析、综合分析等，也可以根据自己的需要自定义一些报表。

三、与其他系统的主要关系

销售管理系统可以与其他子系统集成使用，也可以单独使用。

销售管理子系统作为供应链系统的组成部分，与库存管理系统、采购管理系统、质量管理系统、存货核算系统等集成使用，可以实现物流的管理。

销售管理系统与应收款管理系统集成使用，可以实现物流与资金流的管理。

销售管理系统与生产制造的主生产计划系统、需求规则系统、生产订单系统集成使用，可以实现从订单到计划、从计划到生产的管理。

销售管理系统与售前分析系统集成使用，为 ATP 模拟运算提供预计发货量，为模拟报价提供已选配的 ATO 模型、PTO 模型的客户 BOM，并能够根据模拟报价生成实际的报价单。

销售管理系统与合同管理系统集成使用，可以实现从签订销售合同到执行销售合同的管理。

销售管理系统与商业智能系统集成使用，可以实现对销售数据的综合统计功能。

第二节　销售管理系统初始设置

一、销售选项设置

系统选项也称系统参数、业务处理控制参数，是指在企业业务处理过程中所使用的各种控制参数，系统参数的设置将决定使用系统的业务流程、业务模式、数据流向。

在进行选项设置之前，一定要详细了解选项开关对业务处理流程的影响，并结合企业的实际业务需要进行设置。由于有些选项在日常业务开始后不能随意更改，因此最好在业务开始前进行全盘考虑，尤其那些对其他系统有影响的选项设置更要考虑清楚。

（一）业务控制

用友 U8V10.1 销售管理系统中，业务控制参数选项如图 5-1 所示。

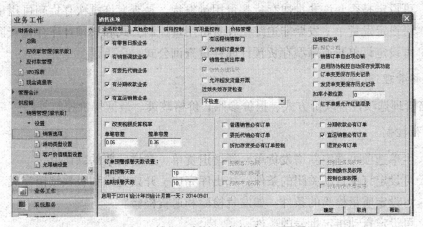

图 5-1　销售业务控制参数选项设置界面

（1）业务选项可选定是否有零售日报业务、销售调拨业务、委托代销业务、分期收款业务、直运销售业务。

（2）业务控制选项可选定是否允许超订量发货、超发货量开票、销售生成出库单等。

（3）业务流程选项可选定普通销售、委托代销、分期收款销售和直运销售等是否必有订单。

（4）数据权限控制选项可选定是否控制客户权限、部门权限、存货权限、业务员权限、操作员权限和仓库权限。

对于销售管理系统是否进行以上档案的数据权限控制设置，以上权限如果没有在"企业应用平台—系统服务—权限—数据权限控制设置"中进行设置，则相应的选项置灰，不可选择。

（5）销售订单预警天数设置设定提前预警天数和逾期报警天数后，可以在"任务中心"查看"销售订单预警和报警"报表；可以通过预警平台将符合条件的报警信息通过短信或邮件发送给有关人员；也可直接查询"销售订单预警和报警"，包括符合条件的未关闭的销售订单记录。

（二）信用控制

信用控制包括对客户、部门、业务员的信用控制范围的设置。进行信用控制时，根据信用检查点，在保存、审核销售单据时（控制信用的单据），若当前客户（或按照部门、业务员控制）的应收账款余额（应收账款期间）超过了该客户（或部门、业务员）档案中设定的信用额度（信用期限），系统提示当前客户（或部门、业务员）已超信用，并根据需要信用审批进行控制。

（1）可设定信用控制对象，如客户信用、部门信用和业务员信用。

（2）可设定信用检查点，如单据保存时或单据审核时。

（3）可设定控制信用的单据、额度检查公式、期间检查公式和立账单据检查公式。

（三）可用量控制

（1）可设定是否允许非批次存货超可用量发货，是否允许批次存货超可用量发货。

（2）可设定发货单\发票非追踪型存货可用量控制公式和其预计库存量查询公式。

（3）可设定订单非追踪型存货预计库存量查询公式。

（四）价格管理

价格管理选项设置取价方式、报价参照、价格政策、最低售价控制等。

（五）其他控制

（1）生单选项可选定新增发货单、新增退货单、新增发票的默认值。

（2）可设定订单自动关闭的条件，如出库完成、开票完成和收款核销完成。

（3）可设定质量检验的条件。如发货检验和退货检验。

（4）可设定自动指定批号的条件。

（5）可设定自动匹配入库单的条件。

二、期初录入

账簿都应有期初数据，以保证其数据的连贯性。初次使用时，应先输入销售管理系统的期初数据。如果系统中已有上年的数据，在使用"结转上年"后，上年度销售数据自动结转为本年期初数据。期初单据审核后有效，在月末结账时记入有关销售账中。

（一）期初发货单

期初发货单可处理建账日之前已经发货、出库，尚未开发票的业务，包括普通销售、分期收款发货单。

（二）期初委托代销发货单

期初委托代销发货单可以录入启用日之前已经发生但未完全结算的委托代销发货单。

第三节 销售管理日常业务处理

一、普通销售业务处理

（一）业务概述

普通销售业务模式适用于大多数企业的日常销售业务，它与其他系统一起，提供对销售报价、销售订货、销售发货、销售开票、销售出库、结转销售成本和销售收款结算全过程的处理。企业可根据自己的实际业务应用，结合本系统对销售流程进行可选配置。

1. 销售报价

销售报价是指企业向客户提供货品、规格、价格、结算方式等信息。双方达成协议后，销售报价单转为有效力的销售订单。企业可以针对不同客户、不同存货、不同批量提出不同的报价、折扣率。

2. 销售订货

销售订货是指由购销双方确认的客户的要货过程，销货方根据销售订单组织货源，并对订单的执行进行管理、控制和追踪。

销售订单是反映由购销双方确认的客户要货需求的单据，它可以是企业销售合同中关于货物的明细内容。销售订单可以手工填制，也可以根据销售报价参照生成。

3. 销售发货

销售发货是指企业执行与客户签订的销售合同或销售订单，将货物发往客户的行为，是销售业务的执行阶段。

发货单是销售方给客户发货的凭据，是销售发货业务的执行载体。无论工业企业还是商业企业，发货单都是销售管理系统的核心单据。

先发货后开票业务模式，是指根据销售订单或其他销售合同，向客户发出货物，发货之后根据发货单开票并结算。其发货单由销售部门手工填制或参照已审核未关闭的销售订单生成。客户通过发货单提取货物。

开票直接发货业务，是指根据销售订单或其他销售合同，向客户开具销售发票，客户根据发票到指定仓库提货。销售发票由销售部门手工填制或参照已审核未关闭的销售订单生成。发货单根据销售发票自动生成，作为货物发出的依据。在此情况下，发货单只作浏览，不能进行增删改和弃审等操作，但可以关闭和打开。

4. 销售开票

销售开票是指在销售过程中企业给客户开具销售发票及其所附清单的过程，它是销售收入确认、销售成本计算、应交销售税金确认和应收账款确认的依据，是销售业务的重要环节。

销售发票是在销售开票过程中用户所开具的原始销售单据，包括增值税专用发票、普通发票及其所附清单。对于未录入税号的客户，可以开具普通发票，不可开具专用发票。销售发票既可以手工填制，也可以参照订单或发货单生成。参照发货单开票时，多张发货单可汇总开票，一张发货单也可以拆单生成多张销售发票。

销售发票复核后通知财务部门的应收款管理系统核算应收账款，在应收款管理系统审核登记应收明细账，制单生成凭证。

5. 销售出库

销售出库是销售业务处理的必要环节，在库存管理系统也可用于存货出库数量核算，在存货核算系统用于存货出库成本核算（如果存货核算系统销售成本的核算选择依据是销售出库单）。

销售出库单是销售出库业务的主要凭据，主要在库存管理系统通过参照发货单生成。

6. 出库成本确认

销售出库（开票）后，要进行出库成本的确认。对于采用先进先出法、后进先出法、移动平均法或个别计价法的存货，在存货核算系统进行单据记账时进行出库成本核算；而对于全月平均、计划价/售价计价的存货，在期末处理时才能进行出库成本核算。

7. 发货签回

发货签回单是客户在收到货物以后，在发货单上签署的结果或是签收的单据。在业务处理过程中，企业发货后，由于一些原因导致货物到客户处签收时，数量小于发货数量，有些属于正常损耗，但对超过正常损耗的部分，企业应进行相关处理，即签回损失处理，且和客户结算时，要按客户签收的数量进行结算。

8. 应收账款确认及收款处理

及时进行应收账款确认及收款处理是财务工作的基本要求，这些由应收款管理系统完成。应收款管理系统主要完成对经营业务转入的应收款项的处理。通过发票、其他应收单、收款单等单据的录入，对企业的往来账款进行综合管理，及时、准确地提供客户的往来账款余额资料。提供各种分析报表，如账龄分析表，周转分析、欠款分析、坏账分析、回款分析等。通过各种分析报表，可合理地进行资金的调配，提高资金的利用效率。

（二）业务处理流程

普通销售业务根据"发货—开票"的实际业务流程不同，可以分为先发货后开票和开票直接发货两种业务模式。系统处理两种业务模式的流程不同，但允许两种流程并存。系统判断两种流程的最本质区别是先录入发货单还是先录入发票。

1. 开票直接发货业务流程

开票直接发货业务流程如图5-2所示。

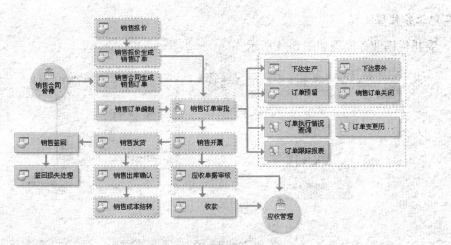

图 5-2　开票直接发货业务流程图

2. 先发货后开票业务流程

先发货后开票业务流程如图 5-3 所示。

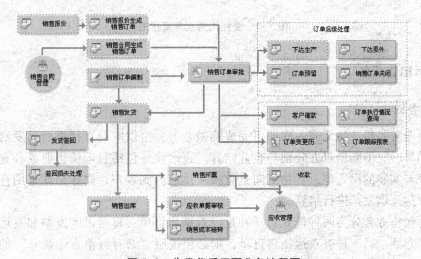

图 5-3　先发货后开票业务流程图

二、委托代销业务

（一）业务概述

委托代销业务，指企业将商品委托他人进行销售但商品所有权仍归本企业的销售方式。委托代销商品销售后，受托方与企业进行结算，并开具正式的销售发票，形成销售收入，商品所有权转移。

只有库存管理系统与销售管理系统集成使用时，才能在库存管理系统中使用委托代销业务。委托代销业务只能先发货后开票，不能开票直接发货。

（二）业务处理流程

委托代销业务流程如图5-4所示。

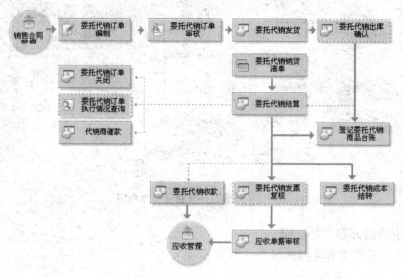

图5-4　委托代销业务流程图

三、直运销售业务

（一）业务概述

直运业务是指产品无需入库即可完成购销业务，由供应商直接将商品发给企业的客户；结算时，由购销双方分别与企业结算。直运业务包括直运销售业务和直运采购业务，没有实物的出入库，货物流向是直接从供应商到客户，财务结算采用直运销售发票、直运采购发票进行结算。

直运销售业务分为两种模式：一种是没有销售订单，直运采购发票和直运销售发票可互相参照。另一种有直运销售订单，则必须按照"必有订单直运业务"的单据流程进行操作。无论哪一种应用模式，直运业务选项均在销售管理系统中设置。采购未完成的直运销售发票（已采购数量<销售数量）；销售未完成的直运采购发票（已销售数量<采购数量）结转下年。

（二）直运销售流程

直运销售业务流程如图5-5所示。

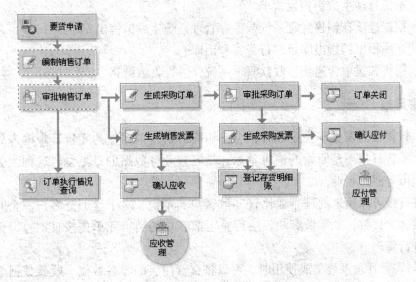

图 5-5 直运销售业务流程图

四、分期收款销售业务

分期收款发出商品业务类似于委托代销业务，货物提前发给客户，分期收回货款。分期收款销售的特点是：一次发货，当时不确认收入，分次确认收入，在确认收入的同时配比性地结转成本。

分期收款业务只能先发货后开票，不能开票直接发货。分期收款业务需在销售管理系统中进行分期收款业务选项勾选设置，在存货核算系统中进行分期收款销售业务的科目设置，并依据审核后的分期收款销量发货单和分期收款销售发票记账。

五、必有订单业务模式

必有订单业务模式是指以订单为中心的销售业务，是一种标准的、规范的销售模式，订单是整个销售业务的核心。整个业务流程的执行都是在回写销售订单，即必须依据订单参照生成发货单、发票，通过销售订单可以跟踪销售的整个业务流程。

以订单为中心的销售业务需在销售管理系统中设置普通销售必有订单、委托代销必有订单、分期收款销售必有订单和直运销售必有订单。

六、销售调拨

销售调拨一般是处理集团企业内部有销售结算关系的销售部门或分公司之间的销售业务，与销售开票相比，销售调拨业务不涉及销售税金。销售调拨业务必须在当地税务机关许可的前提下方可使用，否则处理内部销售调拨业务必须开具发票。

业务流程：

（1）企业开具销售调拨票据。

（2）对销售调拨单进行复核。

（3）系统自动生成销售发货单。

（4）根据选项在销售管理系统或库存管理系统生成销售出库单。

（5）仓库根据销售出库单进行备货和出库。

（6）销售调拨单传递到应收款管理系统，进行收款结算。

七、零售日报

零售日报指当发生零售业务时，应将相应的销售票据作为零售日报输入到销售管理系统。零售日报不是原始的销售单据，是零售业务数据的日汇总，这种业务常见于商场、超市等零售企业。

零售日报可以用来处理企业比较零散客户的销售，对于这部分客户，企业可以用一个公共客户代替，如零散客户，然后将零散客户的销售凭证先按日汇总，再录入零售日报进行管理。

U8 与零售管理系统集成使用时，可以将直营门店的零售数据、收款数据上传到销售管理系统，生成零售日报，并自动现结、自动生成销售出库单。

八、代垫费用单

在销售业务中，代垫费用指随货物销售所发生的，不通过发票处理而形成的，暂时代垫将来需向客户收取的费用项目，如运杂费、保险费等。代垫费用实际上形成了企业对客户的应收款，代垫费用的收款核销由应收款管理系统处理。

（1）代垫费用单可以在"代垫费用单"直接录入，可分摊到具体的货物；也可以在销售发票、销售调拨单、零售日报中按"代垫"录入，与发票建立关联，可分摊到具体的货物。

（2）代垫费用单可以修改、删除、审核、弃审。

（3）代垫费用单审核后，在应收款管理系统生成其他应收单；弃审时删除生成的其他应收单。与应收款管理系统集成使用时，在应收款管理系统已核销处理的代垫费用单，不可弃审。

九、销售费用支出单

销售费用支出指在销售业务中，随货物销售所发生的为客户支付的业务执行费。销售费用支出处理的目的在于让企业掌握用于某客户费用支出的情况，以及承担这些费用的销售部门或业务员的情况，作为对销售部门或业务员的销售费用和经营业绩的考核依据。

销售费用支出单在销售管理系统中仅作为销售费用的统计单据，与其他产品没有传递或关联关系。

销售费用支出单可以在"销售费用支出单"直接录入，可分摊到具体的货物，不与发票发生关联；也可以在销售发票、销售调拨单、零售日报中按"支出"录入，与发票建立关联，可分摊到具体的货物。

十、包装物租借业务

在销售业务中，有的企业随货物销售有包装物（或其他物品如搬运工具等，本系统中统称为包装物）租借业务。包装物出租、出借给客户使用，企业对客户收取包装物押金。

包装物租借业务流程是：客户根据发货单、发票租用或借用包装物，缴纳押金，销售部门收取押金并通知仓库进行包装物出库。客户使用包装物后，退还包装物。企业办理包装物入库，核销客户的包装物租借数量余额；进行押金退款，冲减客户的押金余额。可以查询包装物租借统计表。

十一、销售退货业务

销售退货业务是指客户因货物质量、品种、数量不符合要求或者其他原因，而将已购货物退回给本单位的业务。

1. 普通销售退库业务流程

普通销售退库业务流程如图 5-6 所示。

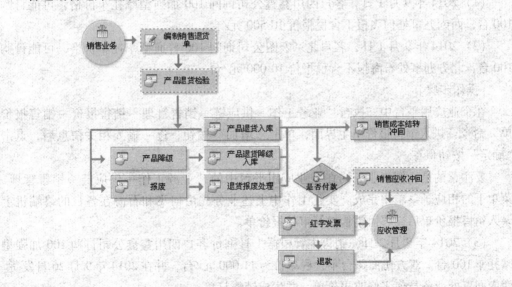

图 5-6 普通销售退库业务流程图

2. 委托代销退库业务流程

委托代销退库业务流程如图 5-7 所示。

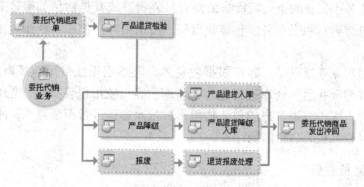

图 5-7　委托代销退库业务流程图

[实务案例]

飞跃摩托车制造公司 2014 年 9 月的销售业务如下：

（1）2014 年 9 月 1 日，客户四川鑫鑫公司询问 100 加强型摩托车价格，可能订购 100 台，西南办事处何飞报不含税报价 10 500 元/台。

（2）2014 年 9 月 1 日，客户北京宏图公司询问 100 普通型摩托车价格，可能订购 100 台，北方办事处石海报不含税报价 10 000 元/台。

[操作步骤]

在企业应用平台中，执行"业务工作→供应链→销售管理→销售报价→销售报价单"命令，进入销售报价单主界面，单击"增加"按钮，逐一输入相关信息后，点击"确定"按钮保存。

要注意的是：销售业务均在企业应用平台中的"业务工作→供应链→销售管理"菜单下的相应子菜单中完成。实际工作中上述业务先由何飞和石海在各自的终端机上录入销售报价单后，再由销售主管审核报价单。

（3）2014 年 9 月 2 日，销售主管根据 1 日询价客户四川鑫鑫公司订购 100 加强型摩托车 100 台，双方协商每台不含税单价为 11 000 元/台，并在 2014 年 9 月 26 日发货。西南办事处业务员何飞修改报价单，并生成销售订单。

根据报价单生成销售订单的步骤是：在销售订单增加主界面，选择执行工具栏"生单—报价"命令，在参照生单主界面选择要生成的订单及参照报价单，点击"确定"按钮即可生成销售订单。

（4）2014 年 9 月 2 日，客户北京宏图公司订购 100 普通型摩托车 100 台，双方协定每台不含税单价为 10 000 元/台，在 2014 年 9 月 26 日发货，生成销售订单。

（5）2014 年 9 月 2 日，客户重庆金泰订购 100 普通型摩托车 95 台，双方协商每台不含税单价为 10 600 元/台，并在 2014 年 9 月 30 日发货。（直接录入销售订单）

（6）2014 年 9 月 2 日，通过运行 MPS 计划生成后，在 MPS 计划维护中下达上述所有销售订单的生产订单（普通型的生产数为 100+95-5＝190；加强型的生产数为 100

-4=96)。再执行"生产计划→生产订单生成→生产订单手动输入"后补录入完工日期、生产批号以及生产部门信息。如图5-8所示。

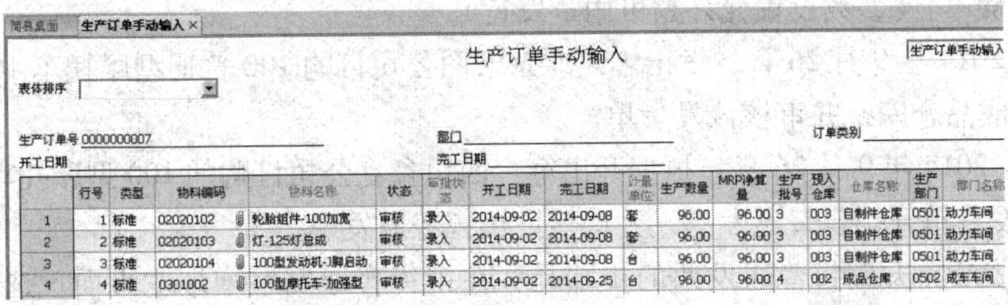

图 5-8 生产订单手动输入界面

通过运行 MRP 计划生成后，在 MRP 计划维护中下达上述所有销售订单所需材料备件的采购订单，价格与上一批次相同，采购信息如表5-1所示。

表 5-1 采购信息

物料编码	物料名称	物料属性	计量单位名称	期初数量	本期已采购数量	需采购数量	未计划量	建议计划量
0101001	箱体-168	采购	个	222	3 500	3 786	64.00	64.00
0102001	动力盖-170F	采购	个	286	7 000	7 572	286.00	286.00
0102002	飞轮外盖-172S	采购	个	266	3 500	3 786	20.00	20.00
0102003	减速盖-173FR	采购	个	214	3 500	3 786	72.00	72.00
0102004	离合盖-173FRS	采购	个	0	3 500	3 786	286.00	286.00
0103001	缸体-泰100	采购	个	312	7 000	7 572	260.00	260.00
0104001	轴承-D2208	采购	个	228	3 500	3 786	58.00	58.00
0105001	黑酯胶调合漆	采购	升	225	7 000	7 572	347.00	347.00
0199002	内六角螺丝-14*60	采购	个	600	42 000	45 432	2 832.00	2 832.00
0199003	内六角螺丝-12*80	采购	个	590	21 000	22 716	1 126.00	1 126.00
02010301	前轮轴承-100	采购	件	200	3 500	3 786	86.00	86.00
02010302	后轮轴承-100	采购	件	200	3 500	3 786	86.00	86.00
020110001	灯-大灯	采购	个	255	14 000	15 144	889.00	889.00
020110002	灯-转向灯	采购	个	252	14 000	15 144	892.00	892.00
020110003	灯-尾灯	采购	个	255	7 000	7 572	317.00	317.00
020199002	电缆总成	采购	套	300	7 000	7 572	272.00	272.00

（7）2014 年 9 月 2 日，上述补购材料设备已全部到货验收入库，并收到供货单位的专用发票，价格同订单。立即用工商银行的转账支票支付，当即进行了材料结算。

（8）2014 年 9 月 26 日，发出客户四川鑫鑫公司订购的 100 型摩托车-加强型 100 台，出库仓库为成品仓库，并审核该发货单。

根据销售订单生成发货单的步骤是：在发货单增加主界面，选择执行工具栏"订单"命令，在参照生单主界面选择要生成的发货单及参照订单，点击"确定"按钮即可生成发货单。（参数设置允许超可用量发货）

（9）2014年9月26日，发出客户北京宏图公司订购100普通型摩托车100台，出库仓库为成品仓库，并审核该发货单。

（10）2014年9月26日，根据开出客户四川鑫鑫公司订购的100型摩托车-加强型100台的发货单开销售普通发票，并审核该销售普通发票。

根据发货单开销售普通发票的步骤是：在销售普通发票增加主界面，选择执行工具栏"生单—参照发货单"命令，在参照生单主界面选择要生成的销售普通发票及参照发货单，点击"确定"按钮即可生成销售普通发票。

（11）2014年9月26日，根据开出客户北京宏图公司订购100普通型摩托车100台的发货单开销售专用发票，并审核该销售专用发票。

在客户档案中将每一客户的开户银行增加上；在"基础档案→收付结算→本单位开户银行"中将本单位的开户银行增加上。依据发货单开销售专用发票步骤同上相似。

（12）2014年9月30日，发出客户重庆金泰订购100普通型摩托车95台，出库仓库为成品仓库，并审核该发货单。

（13）2014年9月30日，根据开出客户重庆金泰订购100普通型摩托车95台的发货单开销售普通发票，开票数量60台，单价参照销售订单，并收回60台的货款，审核该销售普通发票。依据客户重庆金泰订购100普通型摩托车95台的发货单生成退货单35台。

（14）2014年9月30日，销售管理月末结账。

第四节　销售管理系统期末处理及账表查询与统计分析

一、销售月末结账

销售月末结账参照前采购管理系统月末结账。

二、销售业务统计与分析

用友U8V10.1软件，在企业应用平台中的"业务工作—供应链—销售管理—报表"菜单下，可完成"销售统计表""发货统计表""发货单开票收款勾对表""发票日报"以及"发票使用明细表"等多种报表资料的统计查询工作。

销售业务统计与分析流程如图5-8所示。

图 5-8　销售业务统计与分析流程图

[实务案例]

统计与分析飞跃摩托车制造公司 2014 年 9 月的各种销售信息。

第六章 库存管理

第一节 库存管理系统概述

一、库存管理系统简介

库存管理系统是用友 U8 供应链的重要子系统，能够满足采购入库、销售出库、产成品入库、材料出库、其他出入库、盘点管理等业务需要，提供仓库货位管理、批次管理、保质期管理、出库跟踪入库管理、可用量管理、序列号管理等全面的业务应用。

二、库存管理系统主要功能

· 初始设置：进行系统选项、期初结存、期初不合格品及代管消耗规则的维护工作。

· 日常业务：进行出入库和库存管理的日常业务操作。

· 条形码管理：进行条形码规则设置、规则分配、条形码生成、条形码批量生单等操作。

· 其他业务处理：进行库存预留及释放、批次冻结、失效日期维护、在库品报检、远程应用、整理现存量等操作。

· 对账：可以进行库存与存货数据核对，以及仓库与货位数据核对。

· 月末结账：每月底进行月末结账操作。

· 报表：可以查询各类报表，包括库存账、批次账、货位账、统计表、储备分析报表。

三、与其他系统的主要关系

库存管理系统可以单独使用，也可以与采购管理系统、销售管理系统、质量管理系统、进口管理系统、委外管理系统、出口管理系统、GSP 质量管理系统、存货核算系统、售前分析系统、成本管理系统、预算管理系统、项目成本系统、商业智能系统、主生产计划系统、需求规划系统、车间管理系统、生产订单系统、物料清单系统、设备管理系统、售后服务系统、零售管理系统等集成使用，发挥更加强大的应用功能。

（一）与其他系统的主要关系图

库存管理系统与其他系统的主要关系如图 6-1 所示。

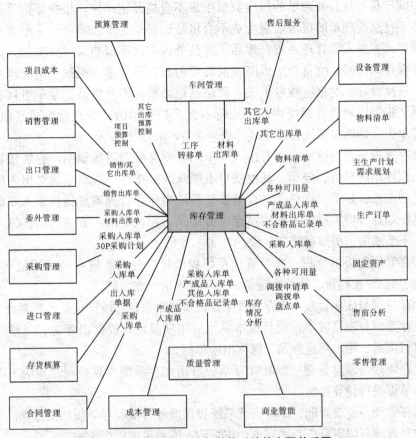

图6-1　库存管理系统与其他系统的主要关系图

（二）与其他系统的主要关系说明

·库存管理与采购管理：库存管理系统可以参照采购管理系统的采购订单、采购到货单生成采购入库单，并将入库情况反馈到采购管理系统。采购管理系统可以参照库存管理系统的采购入库单生成发票。采购管理系统根据库存管理系统的采购入库单和采购管理系统的发票进行采购结算。库存管理和进口管理、委外管理集成使用与采购管理集成使用单据流程相似。

·库存管理与销售管理：根据选项设置，可以在库存管理系统参照销售管理系统的发货单、销售发票、销售调拨单、零售日报生成销售出库单；销售出库单也可以在销售管理系统生成后传递到库存管理系统，库存管理系统再进行审核。销售管理系统发货签回处理确定责任由企业自担时，非合理损耗部分自动生成红字销售出库单和其他出库单。库存管理系统为销售管理系统提供可用于销售的存货的可用量。

·库存管理与质量管理：根据质量管理系统来料检验单的合格接收数量和让步接收数量、来料不良品处理单的降级数量生成采购入库单。根据质量管理系统来料不良品处理单的报废数量生成不合格品记录单。根据质量管理系统产品检验单的合格接收数量和让步接收数量、产品不良品处理单的降级数量生成产成品入库单。根据质量管理系统中的产品不良品处理单的报废数量生成不合格品记录单。根据质量管理系统中的在库品不良品处理单的报废数量生成不合格品记录单，不合格品记录单审核后生成其他出库单。根据质量管理系统在库品不良品处理单的降级数量生成其他入库单，其他入库单保存的同时系统自动生成降级前存货的其他出库单。根据质量管理系统中的发退货不良品处理单的报废数量生成不合格品记录单，不合格品记录单审核后生成其他出库单。根据质量管理系统中的发退货不良品处理单的降级数量生成其他入库单，其他入库单保存的同时系统自动生成降级前存货的其他出库单。

·库存管理与存货核算：所有出入库单均在库存管理系统填制，存货核算系统只能填写出入库单的单价、金额，其他项目不能修改。在存货核算系统对出入库单记账登记存货明细账、制单生成凭证。存货核算系统为库存管理系统提供出入库成本。库存管理系统与存货核算系统的期初结存可分别录入；也可由一方录入后，另一方取数并对账，不要求两边的数据完全一致。

·库存管理与售前分析：库存管理系统提供售前分析系统各种可用量（现存量、待发货量、到货/在检量、调拨在途量、调拨待发量、冻结量）。

·库存管理与成本管理：库存管理系统提供成本管理系统产成品入库累计入库量。

·库存管理与项目成本：项目成本系统启用项目预算控制出库时，对超项目预算的单据进行提示，用户可选择是否保存出库单据。

·库存管理与预算管理：预算管理系统启用库存系统预算控制，其他出库时，对超预算的单据进行预算控制。

·库存管理与商业智能：库存管理系统提供商业智能库存分析相关数据。

·库存管理与固定资产：固定资产按采购入库单生成资产卡片。

·库存管理与合同管理：合同管理系统按采购入库单生成合同执行单。

·库存管理与生产订单：库存管理系统可以参照生产订单生成产成品入库单、配比出库单、材料出库单。以上单据的执行情况反馈到生产订单系统，用户可以跟踪查询生产订单的执行情况。生产订单的子项物料可参照生成调拨单。调拨单审核后生成其他出库单、其他入库单，用户可用于从工厂的大库调入车间小库或虚拟库，实际出库时再参照生产订单或自动倒冲生成材料出库单。材料领用到车间之后，如果发生工废或料废，生产订单系统可以根据生产订单填制补料申请：对于工废的，库存管理系统按补料申请单填制不合格记录单；对于料废的，库存管理系统按补料申请单填制红字材料出库单。如果还需要补领材料，则库存管理系统按补料申请单填制蓝字材料出库单。

·库存管理与物料清单：库存管理系统中的限额领料单、配比出库单、调拨单、组装单、拆卸单、缺料表、库存齐套分析可以参照物料清单系统中的物料清单（BOM）展开。

·库存管理与主生产计划：库存管理系统提供主生产计划系统各种可用量信息。

·库存管理与需求规划：库存管理系统提供需求规划系统各种可用量信息。

·库存管理与车间管理：车间管理系统的生产订单工序转移单保存后则自动生成库存管理系统中的材料出库单。

·库存管理与出口管理：参照出口管理系统中销货单的累计备货量及退货单生成

销售出库单；库存管理系统为出口管理系统提供可用于销售的存货的可用量。

　　·库存管理与设备管理：库存管理系统参照设备管理的作业单中的备件进行出库及退库。库存实际出库情况反映到设备管理系统作业单的备件实际领用情况。

　　·库存管理与售后服务：库存管理系统参照售后服务的服务单中需返厂维修件入库，库存管理系统参照售后服务的服务单的配件进行出库。

　　·库存管理与零售管理：在直营店及直营专柜接口，零售系统中的要货申请单上传到库存管理转换成调拨申请单，调拨单自动审核生成其他出入库单。库存管理中的其他入库单下发到零售系统作为入库签收的依据，零售签收完毕之后上传入库数量更新库存管理的其他入库单并自动审核其他入库单。零售系统中的盘盈盘亏表上传到库存管理转换成盘点单，盘点单自动审核生成其他出入库单。零售系统中的零售单/退货单上传到销售管理转换成零售日报，零售日报自动审核生成发货单，发货单自动审核生成库存管理的销售出库单。库存管理中的现存量下发到零售系统作为商品实际店存。

第二节　库存管理系统初始设置

一、库存选项设置

（一）通用设置

　　用友 U8V10.1ERP 库存管理系统中，通用设置参数选项如图 6-2 所示。

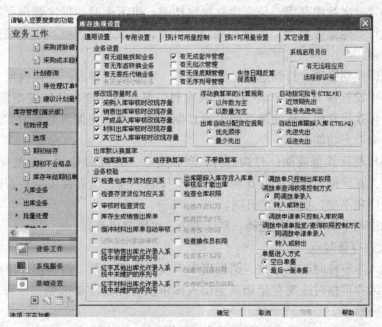

图6-2　库存管理系统通用设置界面

1. 业务设置

·有无组装拆卸业务：打钩选择，不可随时修改。有组装拆卸业务时，系统增加组装拆卸菜单，可以使用组装单、拆卸单。可查询组装拆卸汇总表。无组装拆卸业务时，不显示组装拆卸菜单。

·有无形态转换业务：打钩选择，不可随时修改。有形态转换业务时，系统增加形态转换菜单，可以使用形态转换单。可查询形态转换汇总表。无形态转换业务时，不显示形态转换菜单。

·有无委托代销业务：打钩选择，不可随时修改。有委托代销业务时，销售出库单的业务类型增加"委托代销"。可查询委托代销备查簿。没有委托代销业务时，不能进行以上操作。"委托代销"可以在库存管理系统设置，也可以在销售管理系统设置，在其中一个系统的设置，同时改变在另一个系统的选项。

·有无受托代销业务：打钩选择，不可随时修改。只有商业版才能选择有受托代销业务，工业版不能选择有受托代销业务。有受托代销业务时，可在存货档案中设置受托代销存货。采购入库单的业务类型增加受托代销。可查询受托代销备查簿。没有受托代销业务时，不能进行以上操作。"委托代销"可以在库存管理系统设置，也可以在采购管理系统设置，在其中一个系统的设置，同时改变在另一个系统的选项。

·有无成套件管理：打钩选择，默认为否，不可随时修改。有成套件管理时，可在存货档案中设置某存货为成套件。可设置成套件档案。收发存汇总表、业务类型汇总表可将成套件按照组成单件展开进行统计。没有成套件管理时，不能进行以上操作。

·有无批次管理：打钩选择，默认为否，不可随时修改。有批次管理时，可在存货档案中设置批次管理存货、是否建立批次档案。出入库时，批次管理存货需要指定批号。可执行其他业务处理中的批次冻结，可查询批次台账、批次汇总表。否则，不能设置和查询。

·有无保质期管理：打钩选择，默认为否，不可随时修改。有保质期管理时，可在存货档案中设置保质期管理存货。出入库时，保质期管理存货需要指定生产日期、失效日期。可执行其他业务处理下的失效日期维护，可查询保质期预警。没有保质期管理时，没有以上功能。

·失效日期反算保质期：打钩选择，默认为否，可随时修改。参见保质期管理。选择此选项，在单据上修改失效日期时，生产日期不变，反算保质期；否则修改失效日期时，保质期不变，反算生产日期。

·有无序列号管理：打钩选择，默认为否，可随时更改。

2. 修改现存量时点

·采购入库审核时改现存量、销售出库审核时改现存量、材料出库审核时改现存量、产成品入库审核时改现存量和其他出入库审核时改现存量选项：打钩选择，默认为否，可随时修改。

企业根据实际业务的需要，有些单据在保存时进行实物出入库，而有些单据在单据审核时才进行实物出入库。为了解决单据和实物出入库的时间差问题，可以根据不同的单据制定不同的现存量更新时点，该选项会影响现存量、可用量、预计入库量、预计出库量。

3. 浮动换算率的计算规则

浮动换算率的计算规则属于供应链公共选项，任一模块（包括采购、委外、销售、库存、质量管理）修改其他模块都自动关联更新。单选，选择内容为以数量为主、以件数为主。公式：数量=件数×换算率。

· 以数量为主：浮动换算率存货，数量、件数、换算率三项都有值时，修改件数，数量不变，反算换算率；修改换算率，数量不变，反算件数；修改数量，换算率不变，反算件数。

· 以件数为主：浮动换算率存货，数量、件数、换算率三项都有值时，用户修改件数，换算率不变，反算数量；用户修改换算率，件数不变，反算数量；用户修改数量，件数不变，反算换算率。

4. 出库自动分配货位规则

· 出库自动分配货位规则：单选，可随时修改，设置出库时系统自动分配货位的先后顺序。

· 优先顺序：根据货位存货对照表中设置的优先顺序分配货位。

量少先出：根据结存量的大小，先从结存量小的货位出库。

5. 业务校验

· 检查仓库存货对应关系：打钩选择，默认为否，可随时修改。不检查，填制出入库单据时参照存货档案中的存货。如检查，填制出入库单据时可以参照仓库存货对照表中该仓库的存货；手工录入其他存货时，系统提示"存货××在仓库存货对照表中不存在，是否继续?"如果继续，则保存录入的存货，否则返回重新录入。

· 检查存货货位对应关系：打钩选择，默认为否，可随时修改。不检查，填制出入库单据时参照表头仓库的所有货位。如检查，填制出入库单据时参照存货货位对照表中表头仓库的当前存货的所有货位；手工录入存货货位对照表以外的货位时，系统提示"货位××在存货货位对照表中不存在，是否继续?"如果继续，则保存录入的货位，否则返回重新录入。

· 调拨单只控制出库权限：打钩选择，默认为否，可随时修改。若选择是，则只控制出库仓库，不控制入库仓库。若选择否，出库、入库的仓库都要控制。该选项在检查仓库权限、检查部门权限设置时有效；如不检查仓库、部门权限，则该选项不起作用。

· 调拨单查询权限控制方式：若选择"同调拨单录入"，则按照"调拨单只控制出库权限"的设置作相应控制。若选择"转入或转出"，则只要有出库仓库或入库仓库中任一方权限就可以查询。

调拨申请单只控制入库权限，调拨单批复/查询权限控制方式设置及其规则与上相似。

· 审核时检查货位：打钩选择，默认为是，可随时修改。若选择是，则单据审核时，如果单据表头仓库是货位管理，则该单据所有记录的货位信息必须填写完整才可审核，否则不能审核。若选择否，则审核单据时不进行货位检查，货位可以在单据审核后再指定。进行货位管理时，最好设置该选项，可以避免漏填货位。

·库存生成销售出库单：打钩选择，默认为否，可随时修改，该选项主要影响库存管理系统与销售管理系统集成使用的情况。打钩选择销售管理系统的发货单、销售发票、零售日报、销售调拨单在审核/复核时，自动生成销售出库单；库存管理系统不可修改出库存货、出库数量，即一次发货一次全部出库。

·记账后允许取消审核：打钩选择，默认选中。当存货核算系统选项"单据审核后才允许记账"="否"时，可随时修改。当存货核算系统选项"单据审核后才允许记账"="是"时，该选项不允许选中。如果"记账后允许取消审核"="否"，则弃审（包括批弃）出入库单据时，任意一行记录已经记账的单据不允许取消审核。

·出库跟踪入库存货入库单审核后才能出库：打钩选择，默认为否，可随时修改。若选择此项，则出库跟踪入库时只能参照已审核的入库单。

·倒冲材料出库单自动审核：打钩选择，默认为否，可随时修改。若选择此项，则倒冲生成的材料出库单及盘点补差生成的材料出库单自动审核。

6. 权限控制

以下权限如果没有在"企业应用平台—基础设置—数据权限—数据权限控制设置"中进行设置，则相应的选项置灰，不可选择。

·检查仓库权限、检查存货权限、检查货位权限、检查部门权限、检查操作员权限、检查供应商权限、检查客户权限以及检查收发类别权限选项：打钩选择。如检查，查询时只能显示有查询权限的记录单据；填制单据时只能参照录入有录入权限的相应单据。

7. 远程应用

远程应用指库存管理、采购管理、销售管理、应付款管理、应收款管理系统集成使用，即在一个系统中改变设置，在其他四个系统中也同时更改。

·有无远程应用：默认为否，可随时修改。有远程应用时，可设置远程标识号，可执行远程应用功能。标识号可设定为两位，最大为99，可随时修改。总部与各分支机构之间分配的唯一标识号，此编号必须唯一，以保证数据传递接收时不重号。

8. 其他选项设置

·自动指定批号：单选，可随时修改。自动指定批号时的分配规则指填制出库单据时，可使用快捷键"CTRL+B"，系统根据分配规则自动指定批号。库存管理系统、销售管理系统分别设置。批号先进先出指按批号顺序从小到大进行分配。近效期先出指当批次管理存货同时为保质期管理存货时，按失效日期顺序从小到大进行分配，适用于对保质期管理较严格的存货，如食品、医药等；非保质期管理的存货，按批号先进先出进行分配。

·自动出库跟踪入库：单选，可随时修改。自动指定入库单号时，系统分配入库单号的规则。填制出库单据时，可使用快捷键"CTRL+Q"，系统根据分配规则自动指定出库单号。库存管理系统、销售管理系统分别设置。先进先出指先入库的先出库指按入库日期从小到大进行分配。先入库的先出库，适用于医药、食品等对存货的时效性要求较严格的企业。后进先出：按入库日期从大到小进行分配。适用于存货体积重量比较大的存货，搬运不很方便，先入库的放在里面，后入库的放在外面，这样出库时只能先出库放在外面的存货。

·出库默认换算率：单选，默认值为档案换算率，可随时更改。填制出库单据时，浮动换算率存货自动带入的换算率，可再进行修改。档案换算率指取计量单位档案里的换算率，可修改。结存换算率为该存货最新的现存数量和现存件数之间的换算率，可修改。结存换算率=结存数量/结存件数。批次管理的存货取该批次的结存换算率。出库跟踪入库的存货取出库对应入库单记录的结存换算率。不带换算率指手工直接输入。

·系统启用月份：根据库存管理系统的启用会计月带入，不可修改。

·单据进入方式：单选，默认值为空白单据，可随时修改。进入库存单据时，单据进入方式的设置。空白单据指进入单据卡片时，不显示任何信息。最后一张单据指进入单据卡片时，显示最后一次操作的单据。

(二) 专用设置

用友 U8V10.1ERP 库存管理系统中，专用设置参数选项如图 6-3 所示。

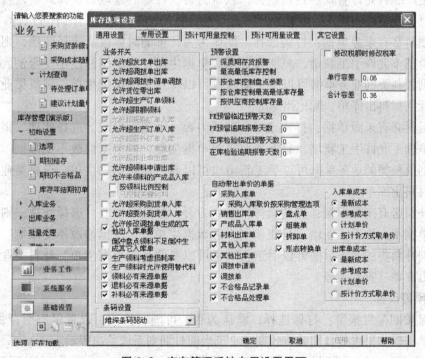

图6-3　库存管理系统专用设置界面

1. 业务开关

·允许超发货单出库、允许超调拨单出库、允许超调拨申请单调拨、允许货位零出库、允许超生产订单领料、允许超限额领料、允许未领料的产成品入库、允许超生产订单入库和允许超领料申请出库等选项：打钩选择，默认为否，可随时修改。允许超，在填制相应的出入库单的数量超过对应可发入货数量时，可以保存；否则，不予保存。

·允许超采购订单入库、允许超委外订单入库、允许超委外订单发料和允许超作业单出库选项：打钩选择，默认为否，在库存管理系统中只能查询，不能修改；与采购管理系统、委外管理系统用同一个选项，在采购管理系统、委外管理系统中修改。

·允许修改调拨单生成的其他出入库单据：打钩选择，默认为否，可随时修改。选中时，调拨生成的其他出入库单可以修改；否则不可以修改。

·倒冲材料领料不足倒冲生成其他入库单：打钩选择，默认为否，可随时修改。选择此项，倒冲仓库盘点单中盘盈记录审核生成单据（补差），如果盘点会计期间有材料耗用，但补差之后导致生产订单或委外订单已领料量小于 0 时，则补差只补到已领料量等于 0 为止，差额部分生成其他入库单。不选中此项，出现补差之后导致生产订单或委外订单已领料量小于 0 的情况时，盘点单审核不通过。

·生产领料考虑损耗率：打钩选择，默认为是，可随时修改；选择此项，按生产订单领料及调拨时，应领料量为生产订单子件的应领料量；不选择此项，按生产订单领料及调拨时，应领料量为生产订单子件的应领料量／（1+子件损耗率）。

·生产领料允许替代：打钩选择，默认为否，可随时修改；选择此项，按生产订单领料时，在材料出库单、配比出库时允许执行替代操作；未选，则不可执行。

·领料必有来源单据：打钩选择，默认为否，可随时修改。选择此项，则领料类的业务单据不允许手工新增，只能参照来源单据生单，但单据修改不受限制。不选择此项，则领料类的业务单据可以手工新增也可以参照来源单据生单。领料类业务单据包括：蓝字材料出库单、配比出库等。

·退料必有来源单据：打钩选择，默认为否，可随时修改。选择此项，则退料类的业务单据不允许手工新增，只能参照来源单据生单，但单据修改不受限制。不选择此项，则退料类的业务单据可以手工新增也可以参照来源单据生单。退料类业务单据指红字材料出库单。

·补料必有来源单据：打钩选择，默认为否，可随时修改。选择此项，则补料类的业务单据不允许手工新增，只能参照来源单据生单，但单据修改不受限制。不选择此项，则补料类的业务单据可以手工新增也可以参照来源单据生单。补料类业务单据指材料出库单（补料业务）。

2. 预警设置

·保质期存货报警：打钩选择，默认为否，可随时修改。设置保质期存货报警，在填制单据时如果失效日期或有效期至小于当前日期则系统给出提示。

·PE（Period，期间供应）预留临近预警天数：默认 0，可以录入 0 或任意正整数。未过失效日期的，用临近预警天数与距离天数进行比较，对距离天数≤临近预警天数的记录进行预警。

·PE 预留逾期报警天数：默认 0，可以录入 0 或任意正整数。已过失效日期的，用逾期报警天数与距离天数进行比较，对距离天数≥逾期报警天数的记录进行报警。

·在库检验临近预警天数：默认 0，可以录入 0 或任意正整数。未过检验周期的，用临近预警天数与距离天数进行比较，对距离天数≤临近预警天数的记录进行预警。

·在库检验逾期报警天数：默认 0，可以录入 0 或任意正整数。已过检验周期的，用逾期报警天数与距离天数进行比较，对距离天数≥逾期报警天数的记录进行报警。

·最高最低库存控制：打钩选择，默认为否，可随时修改。保存单据时，若存货的预计可用量低于最低库存量或高于最高库存量，则系统提示报警的存货，可选择是否继续。如果继续，则系统保存单据。如果选择否，则需重新输入数量。预计可用量包括当前单据存货未保存前的数量。

·按仓库控制最高最低库存量：打钩选择，默认为否，可随时修改。选择按仓库控制，则最高最低库存量根据仓库存货对照表带入，预警和控制时考虑仓库因素；若当前存货在仓库存货对照表中没有设置，取存货档案的最高最低库存量。若不选择，则最高最低库存量根据存货档案带入，预警和控制时不考虑仓库因素。

·安全库存预警也按此设置处理：若选择按仓库控制最高最低库存量，则安全库存量根据仓库存货对照表带入；否则安全库存量根据存货档案带入，预警时不考虑仓库因素。

·按供应商控制最高最低库存量：打钩选择，默认为否，可随时修改。选择按供应商控制，则最高、最低及安全库存量根据仓库存货对照表中针对代管商录入的最高、最低、安全库存量带入，预警和控制时考虑代管商因素。不选择按供应商控制，则不考虑代管商。

·按仓库控制盘点参数：打钩选择，默认为否，可随时修改。选择此项，则每个仓库可以设置不同的盘点参数，系统从仓库存货对照表中取盘点参数。否则，盘点参数适用于所有仓库，系统从存货档案中取盘点参数。

3. 自动带出单价的单据

·自动带出单价的单据：复选，默认为否，可随时修改。选择内容为采购入库单、销售出库单、产成品入库单、材料出库单、其他入库单、其他出库单、调拨单、调拨申请单、盘点单、组装单、拆卸单、形态转换单、不合格品记录单、不合格品处理单。

（三）预计可用量控制

用友 U8V10.1ERP 库存管理系统中，预计可用量控制设置参数选项如图 6-4 所示。

·预计可用量控制：严格控制，非 LP（Lot Pegging，批量供应）件按照"仓库+存货+自由项+批号+代管商"进行控制；LP 件按照"仓库+存货+自由项+批号+代管商销售订单类别+销售订单号+销售订单行号"进行控制。可用量控制在库存管理、销售管理、出口管理系统分别设置。

·普通存货预计可用量控制：可用量＝现存量-冻结量+预计入库量-预计出库量。

·允许超预计可用量出库：打钩选择则可以超可用量出库。不选择，则不能超可用量出库。

·倒冲领料出库预计可用量控制：默认不进行可用量控制，可随时修改。非批次管理存货预计入库量和预计出库量组成按照普通存货可用量控制中的设置；批次管理存货预计入库量和预计出库量组成按照批次存货可用量控制中的设置。选择不进行可用量控制，在自动倒冲生成材料出库单时，不进行可用量控制，允许超可用量出库；

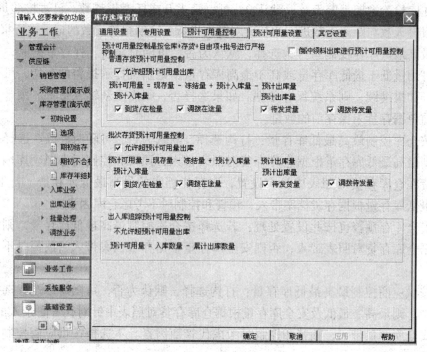

图 6-4　库存管理系统预计可用量控制设置界面

否则进行可用量控制，自动倒冲生成材料出库单时，如果预计可用量<0，则不允许保存单据（包括材料出库单、工序倒冲时的工序转移单、产成品入库倒冲时的产成品入库单、委外倒冲时的采购入库单）。

倒冲领料，是对于某些不按齐套领料，但产品生产完工入库又有一定规律性或需要按完工产品量冲减在产品量的，采用倒冲领料。倒冲领料是在产品完工入库后，按入库单的产品数量，指令生成套料的领料单。

（四）预计可用量设置

1. 预计可用量检查公式

·出入库检查预计可用量：打钩选择，默认为不选。

预计可用量＝现存量-冻结量+预计入库量-预计出库量。

·预计入库量：复选，可选择内容为已请购量、采购在途量、到货/在检量、生产订单量、委外订单量、调拨在途量。

·预计出库量：复选，可选择内容为销售订单量、待发货量、调拨待发量、备料计划量、生产未领量、委外未领量。

2. 预计可用量公式

·预计可用量公式：默认为现存量减去冻结量，即不考虑预计入库量、预计出库量，可随时修改。

库存展望预计可用量公式为：

·预计入库量：复选，可选择内容为已请购量、采购在途量、到货/在检量、生产订单量、委外订单量、调拨在途量。

·预计出库量：复选，可选择内容为已订购量、待发货量、调拨待发量、备料计划量、生产未领量、委外未领量。

（五）其他设置

·倒冲盘点补差按代管商合并：打钩选择，默认为否，可随时修改。选择此项，如果盘点仓库是代管仓（同时是现场仓或委外仓），倒冲仓库盘点单中盈/亏记录审核生成单据，系统查找盘点会计期间的倒冲材料出库单时，忽略当前盘点单上的代管商，按所有代管商的材料耗用分摊盈亏量。不选择此项，在查询盘点会计期间的倒冲材料出库单时，按盈/亏记录中的代管商查找盘点会计期间的倒冲材料出库单，按对应代管商的材料耗用分摊盈亏量。

·生产补料必有补料申请单：打钩选择，默认为否，可随时修改。选中时，蓝字补料材料出库单不允许手工录入，也不允许参照生产订单录入，只能参照子件补料申请单录入。

·领料批量处理业务：可以选择材料出库单、调拨单、倒冲材料出库单。材料出库单和调拨单默认选中。选中时，相应业务根据存货档案中设置的领料批量进行处理。

·切除尾数处理业务：可以选择材料出库单、调拨单、倒冲材料出库单。材料出库单和调拨单默认选中。选中时，如果存货档案设置为领料切除尾数，则相应业务进行切除尾数的处理。

·自动指定代管商：代管仓出库时，系统可根据此选项的设置自动指定代管商。系统包括以下几种自动指定代管商的规则，即存货档案默认的供应商、代管商库存孰低先出、代管商库存孰高先出和供应商配额。

·指定货位换行时自动保存：如果选择此选项，在单据上指定货位时，换行时自动保存上一行的货位数据，不用再按保存按钮。

·生单时汇率取值方式：根据采购订单或到货单生成采购入库单时，对于外币业务，汇率可按上游单据的汇率确定，也可取最新的汇率。生单时汇率取值方式为：可以选择当月汇率或来源单据汇率两种方式。此选项可以随时修改。如果选择当月汇率，则采购入库单的汇率直接从币种档案中用户设置的当月汇率取值；如果选择取来源单据汇率，则直接带上游的采购订单或到货单的汇率。

·收发存汇总表查询方式：为提高报表查询效率，在每月月结时系统会将当月的数据汇总记入相应的数据表中，数据表的汇总方式可在库存选项其他设置页签下的收发存汇总表中查询方式中设置。系统默认是按明细数据记录的，因此数据量可能会比较大，如果收发存汇总表不需要按单据自定义项或项目进行查询，建议在库存选项中修改一下此选项，以减少存储的数据量。修改规则为：一旦确定了收发存汇总表的查询方式后最好不要频繁修改，尤其不要从粗的维度改为细的维度。

·卸载数据时计算库龄是否包括红单：数据卸载时，系统会按库存选项中设置的卸载参数重新计算库龄，以卸载日期作为计算结存的日期，然后按库龄分析的算法计算库龄，并将有结存的单据保留下来不允许卸载。如果选择包括红单，则计算库龄时红字出库单统计在内，否则不包括红字出库单。需要注意的是，此选项与结存统计无关，只与库龄算法相关。修改规则为此选项一定要在数据卸载前确定。

二、期初结存设置

录入使用库存管理系统前各仓库各存货的期初结存情况时，不进行批次、保质期管理的存货，只需录入各存货期初结存的数量；进行批次管理、保质期管理、出库跟踪入库管理的存货，需录入各存货期初结存的详细数据，如批号、生产日期、失效日期、入库单号等；进行货位管理的存货，还需录入货位。

［实务案例］

飞跃摩托车制造公司 2014 年 9 月的库存管理期初结存如下：

（1）原材料仓库期初数据（表6-1）。

表 6-1　　　　　　　　　　　　　　　原材料仓库期初数据

存货编码	存货名称	计量单位	数量	单价	金额	入库日期
0101001	箱体-168	个	222.00	83.00	18 426.00	2014-08-28
0102001	动力盖-170F	个	286.00	48.00	13 728.00	2014-08-28
0102002	飞轮外盖-172S	个	266.00	86.00	22 876.00	2014-08-28
0102003	减速盖-173FR	个	214.00	24.50	5 243.00	2014-08-28
0103001	缸体-泰100	个	312.00	91.59	28 576.08	2014-08-28
0104001	轴承-D2208	个	228.00	93.50	21 318.00	2014-08-28
0105001	黑酯胶调合漆	升	225.00	36.50	8 212.50	2014-08-28
0199001	磷化粉	千克	285.00	36.50	10 402.50	2014-08-28
0199002	内六角螺丝-14*60	个	600.00	1.78	1 068.00	2014-08-28
0199003	内六角螺丝-12*80	个	590.00	2.00	1 180.00	2014-08-28
合计					131 030.08	

（2）成品仓库期初数据（表6-2）。

表 6-2　　　　　　　　　　　　　　　成品仓库期初数据

存货编码	存货名称	计量单位	数量	单价	金额	入库日期
0301001	100型摩托车-普通型	台	5.00	5 032.00	25 160.00	2014-08-28
0301002	100型摩托车-加强型	台	4.00	5 700.00	22 800.00	2014-08-28
合计					47 960.00	

（3）外购件仓库期初数据（表6-3）。

表6-3　　　　　　　　　　　　外购件仓库期初数据

存货编码	存货名称	计量单位	数量	单价	金额	入库日期
020102001	排气消声器-单孔	个	550.00	50.00	27 500.00	2014-8-28
020104001	化油器-100带支架	套	545.00	35.00	19 075.00	2014-8-28
020105001	油冷器-100	套	480.00	40.00	19 200.00	2014-8-28
020106001	仪表-100仪表总成	套	516.00	125.00	64 500.00	2014-8-28
020107001	油箱-普通	个	300.00	63.00	18 900.00	2014-8-28
020107002	油箱-加大	个	800.00	85.00	68 000.00	2014-8-28
020110001	灯-大灯	个	255.00	35.00	8 925.00	2014-8-28
020110002	灯-转向灯	个	252.00	15.00	3 780.00	2014-8-28
020110003	灯-尾灯	个	255.00	6.00	1 530.00	2014-8-28
020111001	摩托车支架-100	个	570.00	125.00	71 250.00	2014-8-28
020199001	坐垫-减振	个	170.00	40.00	6 800.00	2014-8-28
020199002	电缆总成	套	300.00	38.00	11 400.00	2014-8-28
020199003	坐垫-连座	个	255.00	35.00	8 925.00	2014-8-28
02010801	前轮胎-普通	个	255.00	80.00	20 400.00	2014-8-28
02010802	前轮胎-加宽	个	255.00	85.00	21 675.00	2014-8-28
02010901	后轮胎-普通	个	255.00	80.00	20 400.00	2014-8-28
02010902	后轮胎-加宽	个	255.00	85.00	21 675.00	2014-8-28
02010301	前轮轴承-100	件	200.00	43.00	8 600.00	2014-8-28
02010302	后轮轴承-100	件	200.00	43.00	8 600.00	2014-8-28
					431 135.00	

［操作步骤］

在企业应用平台中，执行"业务工作→供应链→库存管理→初始设置→期初结存"命令，进入"库存期初数据录入"主界面，选择仓库后，可逐一录入期初结存数据。录入完毕后并进行审核。

第三节　库存管理系统日常业务处理

库存管理系统的日常业务主要包括：对各种出入库业务进行单据填制和审核；对调拨业务、盘点业务、限额领料、不合格品、货位调整、条形码管理、其他业务、ROP（Re-Order Point，再订货点管理）等的处理。

一、入库业务处理

库存管理系统的入库业务指仓库收到采购或生产的货物，仓库保管员验收货物的数量、质量、规格型号等，确认验收无误后填制并审核入库，并登记库存账。入库业务单据主要包括：采购入库单、产成品入库单、其他入库单。

（一）采购入库单

采购入库单是根据采购到货签收的实收数量填制的单据。采购入库单按进出仓库方向分为蓝字采购入库单、红字采购入库单；按业务类型分为普通采购入库单、受托代销入库单（商业）、委外加工入库单（工业）、代管采购入库单、固定资产采购入库单、一般贸易进口入库单、进料加工入库单。

采购入库单可以手工增加，也可以参照采购订单、采购到货单（到货退回单）、委外订单、委外到货单（到货退回单）生成。

（二）产成品入库单

产成品入库单一般指产成品验收入库时所填制的入库单据，是工业企业入库单据的主要部分。产成品一般在入库时无法确定产品的总成本和单位成本，所以在填制产成品入库单时，一般只有数量，没有单价和金额。

（三）其他入库单

其他入库单是指除采购入库、产成品入库之外的其他入库业务，如调拨入库、盘盈入库、组装拆卸入库、形态转换入库等业务形成的入库单。其他入库单一般由系统根据其他业务单据自动生成，也可手工填制。

二、出库业务

库存管理的出库业务主要指销售出库和材料出库。出库单据包括销售出库单、材料出库单和其他出库单。

（一）销售出库

销售出库单是销售出库业务的主要凭据，在库存管理系统用于存货出库数量核算，在存货核算系统用于存货出库成本核算（如果存货核算系统销售成本的核算选择依据为销售出库单）。销售出库单按进出仓库方向分为蓝字销售出库单、红字销售出库单；按业务类型分为普通销售出库单、委托代销出库单、分期收款出库单。

库存管理与销售管理系统集成使用时，销售出库单可以在库存管理系统中手工填制生成，也可以使用"生单"或"生单"下拉箭头中"销售生单"进行参照发货单、销售发票、销售调拨单或零售日报生单生成销售出库单。

（二）材料出库

材料出库单是领用材料时所填制的出库单据，当从仓库中领用材料用于生产或委外加工时，就需要填制材料出库单。

材料出库单可以手工增加，可以配比出库，可参照生产订单系统的生产订单用料表、补料申请单、限额领料单、领料申请单生成，也可参照委外管理系统的委外订单用料表生成。

（三）其他出库

其他出库单指除销售出库、材料出库之外的其他出库业务，如调拨出库、盘亏出库、组装拆卸出库、形态转换出库、不合格品记录等业务形成的出库单。其他出库单一般由系统根据其他业务单据自动生成，也可手工填制。

［实务案例］

飞跃摩托车制造公司 2014 年 9 月的库存管理业务如下：

（1）2014 年 9 月 2 日，全部到货验收完毕入库，无质量问题，并且数量正确，入原材料库，并且审核所有采购入库单。

（2）2014 年 9 月 2 日，依据生产订单领用：100 型发动机-J 脚启动的全部用料品。检查出库类别、仓库，并审核该生成的材料出库单。

［操作步骤］

在企业应用平台中，执行"业务工作→供应链→库存管理→出库业务→材料出库单"命令，进入材料出库单主界面，点击"生单→生产订单（蓝字）"按钮调出查询条件，输入"02020104100 型发动机-J 脚启动"点击"确定"按钮进入生产领料出库生单列表，选定需要领料的生产订单及存货，点击"确定"生成材料出库单，点击"保存"即可。

（3）2014 年 9 月 2 日，依据生产订单领用轮胎组件-100 加宽、轮胎组件-100 普通、灯-125 灯总成全部料品，出库仓库：外购件仓库。检查出库类别，并审核该生成的材料出库单。

（4）2014 年 9 月 2 日，到存货核算系统中，执行"初始设置→科目设置→存货科目"等命令进行相关科目设置；执行"业务核算→正常单据记账"命令进行单据记账。

（5）2014 年 9 月 5 日，动力车间完成 100 型发动机-J 脚启动 300 台、轮胎组件-100 加宽、轮胎组件-100 普通、灯-125 灯总成的全部生产，完工入自制件仓库，并审核该产成品入库单。

产成品入库单生成的步骤是：在产成品入库单主界面，点击"生单—生产订单（蓝字）"调出生产订单列表查询界面，录入"100 型发动机-J 脚启动"后点击"确定"进入生产订单入库生单列表界面，选定需要入库的生产订单号及其存货，点击"确定"即可生产生产入库单，可修改其数量。

（6）2014 年 9 月 25 日，成车车间生产的 100 型摩托车-普通型和 100 型摩托车-加强型，全部完工入成品仓库，审核该产成品入库单。

（7）2014 年 9 月 30 日，审核销售出库单。

（8）2014 年 9 月 30 日，库存管理月末结账。

第四节　库存管理系统月末结账及账表查询与统计分析

一、月末结账

月末结账是指将每月的出入库单据逐月封存，并将当月的出入库数据记入有关账表中。

1. 业务规则

月末结账操作与期初余额及出入库单据增、删、改操作互斥，在操作本功能前，应确定互斥的功能均已退出；在网络环境下，要确定本系统所有的网络用户退出了所有的互斥功能。

不允许跨月结账，只能从未结账的第一个月逐月结账；不允许跨月取消月末结账，只能从最后一个月逐月取消。

上年度 12 月份结账后，下年度 1 月份才能结账。如果下年度 1 月份已结账，则上年度 12 月份不允许取消结账。

卸载日期之前的月份不允许取消结账。

上月未结账，本月单据可以正常操作，不影响日常业务的处理，但本月不能结账。

2. 注意事项

结账前应检查本会计月工作是否已全部完成，只有在当前会计月所有工作全部完成的前提下，才能进行月末结账，否则会遗漏某些业务。

库存启用的第一个会计年度或重新初始化年度的一月份结账后将不能修改期初数据，因此应在第一个会计月结账前，将所有期初数据录入完毕并且审核后再进行第一个月的结账操作。

月末结账后将不能再做已结账月份的业务，只能做未结账月的日常业务，即已结账月份的出入库单据不允许编辑和删除。

出入库单据的审核日期所在的会计月已结账时，将不能取消单据审核。

数据卸载时，库存未审核的单据将无法进行数卸载，因此每个会计月月末结账时，系统会检查结账月之前是否还有未审核的单据（包括期初余额和出入库单），如果有系统会提示本年度还有未审核的单据是否继续结账，可选择继续结账或不结账。

数据卸载时，已卸出的单据将无法指定货位。因此在每个会计月月末结账时，系统会检查结账月之前的单据，货位管理的是否全部指定货位，如果有未指定货位的，系统会提示选择是否继续结账。

月末结账之前一定要进行数据备份，否则数据一旦发生错误，将造成无法挽回的后果。

如果目前的现存量与单据不一致，可通过"整理现存量"功能将现存量调整正确。

集成使用月末结账顺序为：

（1）如果库存管理系统和采购管理系统、委外管理系统、销售管理系统集成使用，只有在采购管理系统、委外管理系统、销售管理系统结账后，库存管理系统才能进行结账。

（2）如果库存管理系统和存货核算系统集成使用，存货核算系统必须是当月未结账或取消结账后，库存管理系统才能取消结账。

（3）如果库存管理系统和预算管理系统集成使用，如果结账月内有预算审批状态为待审批及审批未过的其他出库单，则不允许月结。

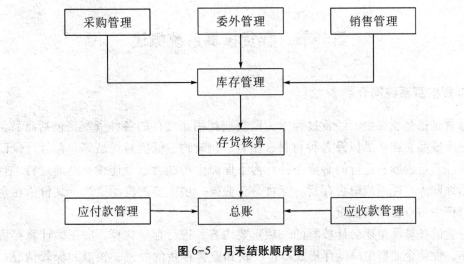

图 6-5　月末结账顺序图

二、账表查询与统计分析

在库存管理系统中可查询库存账、批次账、货位账、统计表、储备分析、ROP 采购计划报表和 PE 预留报表。

第七章　存货核算

第一节　存货核算系统概述

一、存货核算系统简介

存货是指企业在生产经营过程中为销售或耗用而储存的各种资产，包括商品、产成品、半成品、在产品以及各种材料、燃料、包装物、低值易耗品等。存货是保证企业生产经营过程顺利进行的必要条件。为了保障生产经营过程连续不断地进行，企业要不断地购入、耗用或销售存货。存货是企业的一项重要的流动资产，其价值在企业流动资产中占有很大的比重。

存货的核算是企业会计核算的一项重要内容，进行存货核算，应正确计算存货购入成本，促使企业努力降低存货成本；反映和监督存货的收发、领退和保管情况；反映和监督存货资金的占用情况，促进企业提高存货资金的使用效果。

在企业中，存货成本直接影响利润水平，尤其在市场经济条件下，存货品种日益更新，存货价格变化较快，企业领导层更为关心存货的资金占用及周转情况，因而使得存货会计人员的核算工作量越来越大。用友 ERP-U8 的存货核算系统能减轻财务人员繁重的手工核算，加强了对存货的核算和管理，不仅能提高核算的精度，而且更重要的是能提高及时性、可靠性和准确性。主要针对企业存货的收发存业务进行核算，掌握存货的耗用情况，及时准确地把各类存货成本归集到各成本项目和成本对象上，为企业的成本核算提供基础数据。并可动态反映存货资金的增减变动情况，提供存货资金周转和占用的分析，在保证生产经营的前提下，降低库存量，减少资金积压，加速资金周转。

二、存货核算系统主要功能

存货核算提供以下功能：

（1）提供按部门、按仓库、按存货核算功能。

（2）提供六种计价方式，满足不同存货管理之需要。

（3）为不同的业务类型提供成本核算功能。

（4）可以进行出入库成本调整，处理各种异常。

（5）计划价/售价调整功能。

（6）存货跌价准备提取、满足企业管理需要。

（7）自动形成完整的存货账簿。

（8）符合业务规则的凭证自动生成。

（9）强大的查询统计功能。

三、与其他系统的主要关系

用友 ERP-U8V10.1 存货核算系统与其他系统的主要关系如图 7-1 所示。

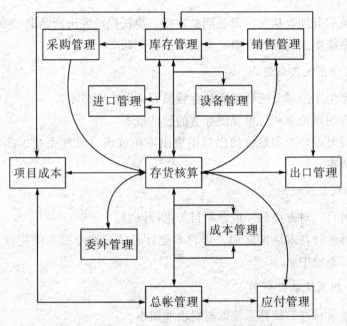

图 7-1　存货核算系统与其他系统的主要关系图

（一）与采购管理系统集成使用

采购入库单由采购系统生成，存货核算系统可修改采购入库单的单价和金额，对采购入库单进行记账。

采购入库时，如果当时没有入库成本，采购系统可对所购存货暂估入库，报销时，存货核算系统可根据所选暂估处理方式进行不同处理。

（二）与委外管理系统集成使用

委外入库单由库存系统生成，存货核算系统可修改委外入库单的单价和金额，对委外入库单进行记账。

委外入库时，如果当时没有入库成本，可对所加工的存货暂估入库；结算时，存货核算系统可根据所选暂估处理方式进行不同处理。

委外管理可以在存货核算计算委外出库成本前进行委外入库单与委外出库单的数量核销，计算出实际出库成本后再回填到对应的核销单。

（三）与库存管理系统集成使用

期初结存数量、结存金额可从库存管理系统进行取数，并与库存管理系统进行对账。

采购入库单、销售出库单、产成品入库单、材料出库单、其他入库单、其他出库单由库存管理系统输入，存货核算系统不能生成以上单据，只能修改其单价、金额项。

库存系统的调拨单、盘点单、组装拆卸单、形态转换单生成的其他出入库单，由存货核算系统填入其单价、成本并记账。

（四）与销售系统集成使用

从销售系统取分期收款发出商品期初数据、委托代销发出商品期初数据。

可对销售系统生成的销售发票、发货单进行记账。

（五）与出口管理系统集成使用

出口管理系统中的部分统计报表从存货核算中取出库成本。

为出口管理的报价单和订单提供存货的预估成本。

存货核算可对库存管理系统的出口销售出库单或出口管理系统的出口销售发票记账，确认销货成本。

（六）与总账系统集成使用

应对存货科目、对方科目、税金科目等进行设置。

在本会计月进行月末结账之前，可对本会计月的记账单据生成凭证，并将生成的凭证传递到总账系统中。

（七）与成本管理系统集成使用

成本管理系统从存货核算系统取材料出库成本。

存货核算与成本管理系统集成使用但未与生产订单集成使用，或虽与生产订单集成使用但在成本管理中未选择启用生产制造数据来源时，成本管理从存货核算系统取材料成本时，指定成本项目大类的材料为专用材料，未指定成本项目大类的为共用材料。

存货核算与成本管理和生产订单系统集成使用，而且用户在成本管理中选择启用生产制造数据来源时，根据生产订单生成的材料出库单视为专用材料；不是根据生产订单生成的材料出库单视为共用材料。

产成品成本分配取成本管理系统计算出的产成品的单位成本，具体操作如下：先对存放材料的库进行单据记账，然后进行期末处理，此时成本管理系统可以统计材料出库成本，以便进行产成品成本的计算，存货核算系统利用取成本功能取成本管理系统中所计算出的产成品的单位成本，分配到未记账的产成品单据上，然后记账并进行期末处理。

（八）与应付款管理系统集成使用

存货核算系统中对采购结算单制单时，需要将凭证信息回填到所涉及的采购发票和付款单上，应付款管理系统对于这些单据不进行重复制单；若应付款管理系统先对这些单据制单了，存货核算系统同样不可以进行重复制单。

（九）与项目成本系统集成使用

存货核算系统可以读取项目成本系统中针对项目管理大类中的项目制定的可消耗存货数量预算数据，在库存/存货系统出库单据上，用户可以填制存货的出库对象为项目管理大类中的项目，并对项目出库单据进行是否超预算的判断控制。

（十）与进口管理系统集成使用

提供进口采购入库单暂估、结算记账的功能；提供基于进口订单的成本信息、包括货物、买价、运费、关税等各种相关费用和分摊后的成本信息。

一般贸易进口采购入库单由库存系统生成，存货核算系统可修改采购入库单的单价和金额，对采购入库单进行记账。

采购入库时，如果当时没有入库成本，可对所购存货暂估入库，报销时，存货核算系统可根据用户所选暂估处理方式进行不同处理。

四、存货核算应用方案

用友 ERP-U8V10.1 存货核算系统按企业应用大体分为按实际成本核算的工业企业、按计划成本核算的工业企业、按进价核算的商品流通企业、按售价核算的零售商业企业。

（一）按实际成本核算的企业

按实际成本计价的存货收发核算，是指存货的收入、发出、结存均按实际成本计价。本系统支持 5 种计价方式：全月平均法、移动平均法、先进先出法、后进先出法、个别计价法。

1. 存货收发核算应设置的账户

为了反映企业材料物资的增减变动和结存情况，应设置"原材料""产成品"等资产类账户。

"原材料"账户是用来核算企业库存的各种材料，包括原材料及主要材料、辅助材料、外购半成品、外购件、修理用备件（备品备件）、包装材料、燃料等的实际成本。借方登记购入、自制、委托加工完成并已验收入库的材料的实际成本；贷方登记领用、销售或发出的原材料的实际成本。期末余额在借方，反映期末库存材料的实际成本。

"产成品"账户是用来核算企业自己生产的产成品入库和出库情况，借方登记生产完并验收入库的产成品的实际成本，贷方登记销售出库的产成品的实际成本，期末余额在借方，反映期末库存产成品的实际成本。

明细账中应按材料、产成品的保管地点（仓库）、类别、品种和规格设置明细账，进行明细分类核算。

总分类账中在月末根据按实际成本计价的领发料凭证，按部门或仓库和材料进行归类汇总，编制而成。

2. 使用本系统的基本操作步骤

设置完基础信息后，即可输入本企业的期初结余数据，可按每笔单据输入，也可输入总的结余数量和结余金额；输入完后，进行期初记账；然后输入采购入库单、产成品入库单、其他入库单、销售出库单、材料出库单、其他出库单、入库调整单、出库调整单、假退料单等单据。对没有成本的产成品入库单进行成本分配。选择单据记账，对输入的单据记入明细账。输入完本月单据业务，可进行期末处理和月末结账，以便计算存货的出库成本。查询输出明细账、总账及各类报表。

存货核算未与采购系统或委外系统集成使用时，不能选择暂估回冲方式。存货核算未与总账系统集成使用时，不用设置存货科目、差异科目、对方科目等科目设置。

(二) 按计划成本核算的企业

按计划成本计价的存货收发核算，是指存货收、发、结存均按计划成本计价。

1. 存货收发核算应设置的账户

材料按计划成本核算，应设置"原材料""材料成本差异""产成品"等资产类账户。

"原材料""产成品"账户核算的内容与按实际成本计价的原材料、产成品核算内容相同，只是按计划成本计价时，原材料、库存商品账户收入、发出、结存都是按计划成本计价。

"成本差异"账户，核算企业各种存货的实际成本与计划成本的差异，借方登记存货实际成本大于计划成本的差异额，贷方登记实际成本小于计划成本的差异额以及发出存货应负担的成本差异结转数。实际成本大于计划成本的差异用蓝字结转；实际成本小于计划成本的差异用红字结转。月末借方余额，反映库存存货的实际成本大于计划成本的差异；月末贷方余额，反映实际成本小于计划成本的差异。

应按材料、产成品的保管地点（仓库）、类别、品种和规格，设置明细账，进行明细分类核算。

应按材料、产成品的保管地点（仓库）、类别、品种和规格，设置差异明细账，并根据材料成本差异明细账计算成本差异率，计算填列发出存货应负担的存货成本差异额，把本月发出存货的计划成本调整为实际成本。

在月末根据按计划成本计价的领发料凭证，按部门或仓库和材料进行归类汇总，登记总分类账。

2. 使用本系统的基本操作步骤

其操作步骤同前按实际成本核算，只是在需要时，可使用计划价调整单对存货的计划价进行调整。再选择单据记账，对输入的单据记入明细账和差异账。输入完本月单据业务，可进行期末处理和月末结账，以便计算差异率和生成差异结转单。

五、存货核算流程

(一) 业务流程

用友 ERP-U8 存货核算系统业务流程如图 7-2 所示。

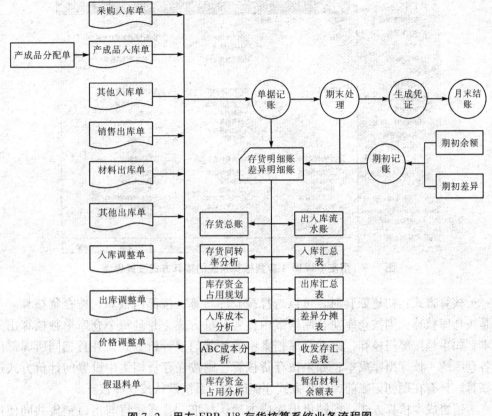

图7-2 用友ERP-U8存货核算系统业务流程图

（二）操作流程

（1）进入系统，进行初始设置；

（2）录入期初数据，进行期初记账；

（3）进行单据录入操作；

（4）进行单据记账/期末处理，计算成本；

（5）对已记账单据生成凭证，传递给总账；

（6）对存货数据进行统计分析、账表查询。

第二节　存货核算系统初始设置

一、选项参数设置

用于定义所使用系统的选项，包括核算方式、控制方式、最高最低控制。

（一）核算方式设置

用友U8V10.1存货核算系统的核算方式选项如图7-3所示。

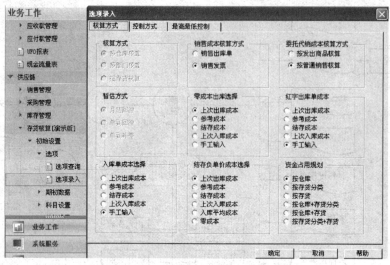

图 7-3　用友 U8V10.1 存货核算系统的核算方式设置界面

·核算方式：初建账套时，可以选择按仓库核算、按部门核算、按存货核算。如果是按仓库核算，则按仓库在仓库档案中设置计价方式，并且每个仓库单独核算出库成本；如果是按部门核算，则在仓库档案中的按部门设计价方式，并且相同所属部门的各仓库统一核算出库成本；如果按存货核算，则按在存货档案中设置的计价方式进行核算。只有在期初记账前，核算方式才能改变。系统默认按仓库核算。

·销售成本核算方式：即销售出库成本确认标准。普通销售与出口销售共同使用该选项，单选项。当普通销售系统启动而出口管理系统没有启动，可选择用销售发票或销售出库单记账，默认为销售出库单。当出口管理系统启动不论普通销售系统是否启动，选项为按销售出库单核算。修改销售出库成本核算方式选项的条件是，在本月没有对销售单据记账前，当销售单据（发货单、发票）的业务全部处理完毕（即发货单已全部生成出库单和发票；发票全部生成出库单和发货单）方可修改。

·委托代销成本核算方式：即委托代销记账单据。如果选择按发出商品核算，则按发货单+发票记账。若按普通销售核算，则按销售发票或销售出库单进行记账。

·暂估方式：如果与采购系统或委外系统集成使用时，可以进行暂估业务，并且在此选择暂估入库存货成本的回冲方式，包括月初回冲、单到回冲、单到补差三种。月初回冲是指月初时系统自动生成红字回冲单，报销处理时，系统自动根据报销金额生成采购报销入库单；单到回冲是指报销处理时，系统自动生成红字回冲单，并生成采购报销入库单；单到补差是指报销处理时，系统自动生成一笔调整单，调整金额为实际金额与暂估金额的差额。与采购系统或委外系统集成使用时，如果明细账中有暂估业务未报销或本期未进行期末处理，此时，暂估方式将不允许修改。

·零成本出库选择：用于指定核算出库成本时，如果出现账中为零成本或负成本，造成出库成本不可计算时，出库成本的取值方式。如上次出库成本、参考成本、结存成本、上次入库成本或手工输入。

·红字出库单成本选择：用于指定对先进先出或后进先出方式核算的红字出库单

据记明细账时，出库成本的取值方式。如上次出库成本、参考成本等。

·入库单成本选择：用于指定对入库单据记明细账时，如果没有填写入库成本的入库单价即入库成本为空时，入库成本的取值方式。如上次出库成本、参考成本、结存成本、上次入库成本、手工输入。

·结存负单价成本选择：用于指定期末存货结存单价小于等于零时，系统按以下方式自动调整期末结存单价，并生成出库调整单。需要在期末处理中时选择"账面结存为负单价时自动生成出库调整单"选项。结存单价取值方式如上次出库成本、参考成本、结存成本、上次入库成本、入库平均成本、零成本。如果取不到成本，按零成本处理。

·资金占用规划：用于确定本企业按某种方式输入资金占用规划，并按此种方式进行资金占用的分析。如按仓库、按存货分类、按存货、按仓库+存货分类、按仓库+存货、按存货分类+存货。

（二）控制方式设置

用友 U8V10.1 存货核算系统的控制方式选项如图 7-4 所示。

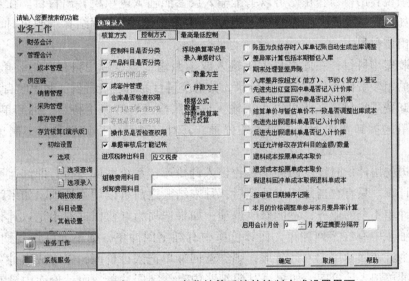

图 7-4　用友 U8V10.1 存货核算系统的控制方式设置界面

·有无受托代销业务：只有商业版才有受托代销业务，工业版不能选择受托代销业务。可在采购管理或库存管理系统设置该选项，其中一个系统设置同时改变另一个系统选项。

·有无成套件管理：成套件是指一种存货由其他几种存货组合而成。有成套件管理时，既可以统计单件的数量金额，也可以统计成套件的数量金额；无成套件管理时，只统计组合件的数量金额。可以随时对有无成套件管理进行重新设置。

·单据审核后才能记账：如果选择单据审核后才能记账，则正常单据记账的过滤条件中"包含未审核单据"选项就只能选择不包含，在显示要记账的单据列表时，未审核的单据不显示。如果选择单据审核后才能记账，系统应自动将库存的选项记账后允许取消审核，改为不选择。此选项只针对采购入库单、产成品入库单、其他入库单、销售出库单、材料出库单、其他出库单六种库存单据有效，入库调整单、出库调整单和假退料单不受此选项的约束。库存未启用时，此选项置灰不可选择。此项可随时修改。

·账面为负结存时入库单记账是否自动生成出库调整：如果选择账面为负结存时入库单记账自动生成出库调整，当入库单记账时，如果账面为负结存，按入库的数量比例调整结存成本，并自动生成出库调整单。移动平均、全月平均、先进先出、后进先出法、个别计价可使用此选项，计划价/售价不支持此选项。此项可随时修改。

·差异率计算包括是否本期暂估入库：选择此项，即本期暂估入库的存货也参与计算差异率。此项可随时修改。

·期末处理是否登记差异账：期末生成差异结转单时，选取此项则登记差异账；不选则不登记差异账，期末无差异结转。此项可随时修改。

·入库差异是否按超支（借方）、节约（贷方）登记：如果选择，则按超支入库差异记借方，节约入库差异记贷方；否则所有入库差异全部记借方。

·进项税转出科目：在此可以手工输入或参照输入进项税转出科目。在采购结算制单时，如果在结算时发生非合理损耗及进项税转出，在根据结算单制单时，系统可以自动带出该科目。

·组装费用科目：在此可以手工输入或参照输入组装费用科目。组装单制单时，将组装单的组装费作为贷方的一条分录，其对应科目为组装费科目。制单时自动带出。

·拆卸费用科目：在此可以手工输入或参照输入拆卸费用科目。拆卸单制单时，要将拆卸单的拆卸费作为贷方的一条分录，其对应科目为拆卸费科目。制单时自动带出。

·先进先出计价时红蓝回冲单是否记入计价库：系统默认为否，即红蓝回冲单不参与成本计算。只有在当月期末处理后，月末结账之前可以切换选项；如果计价库中有红蓝回冲单不全的业务，不能修改选项；如果选项为红蓝回冲单不记入计价库，如果当月明细账中有红字回冲单，而计价库中有红字回冲单，则不允许恢复期末处理。如果选项为红蓝回冲单记入计价库，则红蓝回冲单记入计价库，参与成本计算。选项为红蓝回冲单记入计价库，如果当月明细账中有红字回冲单，而计价库中没有红字回冲单，则不允许恢复期末处理。

后进先出计价时红蓝回冲单是否参与成本计算、先进先出假退料单是否记入计价库、后进先出假退料单是否记入计价库设置与"先进先出计价时红蓝回冲单是否记入计价库"相似。

·结算单价与暂估单价不一致暂估处理时是否调整出库成本：系统默认为否，可随时修改。若选择调整，在结算成本处理时系统将自动生成出库调整单来调整差异。此方法只针对先进先出、后进先出和个别计价三种方法，因为只有这三种计价方式可通过出库单跟踪到入库单。此选项与红蓝回冲单记入计价库互斥，必须在红蓝回冲单不记入计价库的情况下才能选择此选项。

·控制科目是否分类：指结算单制单所用的应付科目对应的供应商是否按分类设置科目，如果不选，则按明细供应商设置应付科目。应付系统启用后，此项在应付系统设置，此处不可见。

·产品科目是否分类：指结算单制单所用的运费科目和税金科目对应的存货是否按分类设置科目，如果不选，则按明细存货设置运费科目和税金科目。应付系统启用后，此项在应付系统设置，此处不可见。

·仓库是否检查权限：若选择检查仓库权限，则操作员在录入单据或查询账表时，系统将判断操作员是否有该单据、该账表的仓库的录入、查询权限，若操作员没有该仓库数据权限，则不允许录入或查询该仓库数据。仓库与操作员的对应关系在"企业应用平台→系统服务→权限→数据权限控制"中设置。

部门是否检查权限、存货是否检查权限、操作员是否检查权限同"仓库是否检查权限"相似。

·退料成本按原单成本取价：系统默认为否，此选项可随时修改。按生产订单或委外订单领料后退料时，该选项起作用。如果选项为退料成本按原单成本取价，当参照生产订单或委外订单退料时，能够溯源到对应的材料出库单，取原材料出库成本作为本次退料成本。如果对应多张材料出库单，取已领料出库的平均成本作为本次退料成本。该选项对先进先出或移动平均计价方式核算适用。

·退货成本按原单成本取价：系统默认为否，此选项可随时修改。当销售成本核算方式选择按销售出库单核算时，该选项起作用。如果选项为退货成本按原单成本取价，当参照原发货单进行退货，能够溯源到对应的销售出库单，取原销售出库成本作为本次退货成本。如果退货单对应多张销售出库单，取已销售出库的平均成本作为本次退货成本。

·假退料回冲单成本取假退料回冲单成本：系统默认为否，此选项可随时修改。选择取原单成本，月末结账时，生成假退料回冲单，成本取对应的假退料单的成本，按手填成本处理。不选择取原单成本，月末结账时，生成假退料回冲单，成本按当月发出成本计算。

·按审核日期排序记账：系统默认为否，此选项可随时修改。如果选项为按审核日期记账，采购入库单、产成品入库单、其他入库单、销售出库单、材料出库单、其他出库单六种库存单据和采购挂账确认单、出口发票、出口退货发票按审核日期排序和记账；销售专用发票、销售普通发票、销售调拨单、零售日报按复核日期排序和记账；出库调整单、入库调整单、假退料单无审核日期，按单据日期排序和记账。

·本月的价格调整单参与本月的差异率计算：系统默认为否，此选项可随时修改。如果选项为本月的价格调整单参与本月差异率计算，即差异率公式中，本月入库差异含因价格调整产生的差异，本月入库金额含因价格调整产生的金额。

（三）最高最低控制

用友 ERP-U8V10.1 存货核算系统的最高最低控制选项如图 7-5 所示。

·全月平均/移动平均单价最高最低控制：如果设置了全月平均/移动平均核算方式进行最高最低控制，则计算出的全月平均单价或移动平均单价如果不在最高最低单价的范围内，系统自动取最高或最低单价进行成本计算。

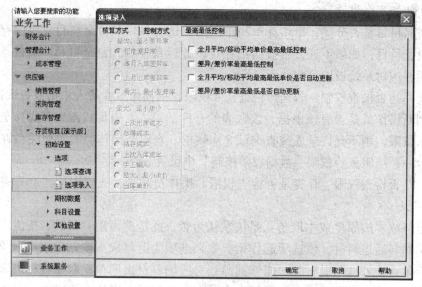

图 7-5　用友 ERP-U8V10.1 存货核算系统的最高最低控制设置界面

·移动平均计价仓库（/部门/存货）：如果用户选择"全月平均/移动平均单价最高最低控制"而且出库单记账时，如果系统自动计算的出库单价高于该仓库（/部门/存货）或该存货最高单价低于该仓库（/部门/存货）该存货最低单价，则系统按选项中选择的出库单价超过最高最低单价时的取值方法进行处理。

最高最低单价由系统根据入库单的单价进行维护，也可手工输入最高最低单价。全月平均计价仓库（/部门/存货），用户选择"全月平均/移动平均单价最高最低控制"而且期末处理时，如果系统自动计算的当月出库单价高于该仓库（/部门/存货）该存货最高单价或低于该仓库（/部门/存货）该存货最低单价，则系统按选项中选择的"出库单价超过最高最低单价时的取值"方法进行处理。

·全月平均/移动平均最高最低单价是否自动更新：在选项中选择"全月平均、移动平均最高最低单价是否自动更新"为是，则全月平均、移动平均记账时系统在最大最小单价/差异率设置中进行更新最高最低单价。

·差异率（/差价率）最高最低控制：针对计划价（/售价）核算，可自由选择，没有限制。系统默认值为不选择。如果选择差异率/差价率最高最低控制，则设置一个标准的差异率及差异率允许的上下幅度，如果系统计算出的差异率超过此范围，用户可选择按标准差异率、当月入库差异率、上月出库差异率、最大、最小单价几种方法计算进行成本计算。最高最低差价率/差异率由系统根据入库单的单价进行维护，也可手工输入最高最低差价率/差异率。

·差异/差价率最高最低是否自动更新：在选项中选择"差异/差价率最高最低是否自动更新"为是，则计划价（/售价）核算时，入库单记账在最大最小单价/差异率设置中进行更新最大、最小差异率/差价率。

·最大最小差异率/差价率：只有在选择了"最高最低差异率（/差价率）控制"时，才能选择此选项，否则此选项不可选择。此选项系统的默认值为"标准差异率（/

差价率）"。该选项反映了计划价中出库差异率/差价率超过最高最低差异率时的取值。

· 最大最小单价：此选项只有在用户选择了"全月平均/移动平均单价最高最低控制"时，才能选择此选项，否则此选项不可选择。此选项系统的默认值为"上次出库成本"。该选项反映全月平均/移动平均单价最高最低控制出库单价超过最高最低单价时的取值。

二、期初数据

账簿一般有期初数据，以保证其数据的连贯性，初次使用时，应先输入全部末级存货的期初余额。存货期初余额，可以在存货核算系统执行"初始设置→期初数据→期初余额"命令，进入"期初余额"界面，选择仓库后，点击"增加"按钮直接录入；也可以在库存管理系统中录入后，再通过执行存货核算系统中"期初余额"界面上工具栏的"取数"命令，从库存管理系统中取得期初余额数据。再补录存货科目为：原材料仓库科目是原材料——生产用材料；成品仓库科目为库存商品；外购件仓库科目为原材料——外购件。录入完毕后，点击"记账"按钮进行期初记账。

企业若有分期收款发出商品业务或委托代销发出商品业务，则应录入发出商品期初余额，该数据来源于销售系统，可通过"取数"按钮，从销售系统取期初数。

如果系统中已有上年的数据，在执行上年第 12 会计月"月末结账"后，上年各存货结存将自动结转到下年。

三、科目设置

"科目设置"用于设置本系统中生成凭证所需要的各种存货科目、差异科目、分期收款发出商品科目、委托代销科目、运费科目、税金科目、结算科目、对方科目等，因此在制单之前应先在本系统中将存货科目设置正确、完整，否则无法生成科目完整的凭证。

· 采购入库业务：入库单制单时，借方取存货科目，贷方取收发类别所对应的对方科目。

· 采购结算业务：采购结算制单（发票未现付）时，借方取对方科目、税金科目，贷方取应付科目；采购结算制单（发票全部现付）时，借方取对方科目、税金科目，贷方取结算科目；采购结算制单（发票部分现付）时，借方取对方科目、税金科目，贷方取结算科目、应付科目。

· 产成品入库业务：入库单制单时，借方取存货科目，贷方取收发类别所对应的对方科目。

· 委外入库业务：暂估的委外入库单制单时，借方取存货科目，贷方委托加工物资材料费取对方科目中收发类别对应的委托加工物资——材料费科目，贷方暂估加工费取对方科目中收发类别对应的暂估科目。

结算的委外入库单制单时，借方取存货科目，贷方委托加工物资材料费取对方科目中收发类别对应的委托加工物资——材料费科目，贷方加工费取对方科目中收发类别对应的委托加工物资——加工费科目，如果委托加工物资材料费和加工费科目相同，则制单时材

料费和加工费合并成一条分录。借：原材料，贷：委托加工物资（材料费/加工费）

·发出商品业务：发货单制单时，借方科目取分期收款发出商品对应的科目，贷方取存货对应的科目。借记发出商品，贷记库存商品。发票制单时，借方科目取收发类别对应的科目，贷方取分期收款发出商品对应的科目。借记主营业务成本，贷记发出商品。

·直运业务：直运采购发票制单时，借方取在存货科目中设置的直运科目、税金科目，贷方取应付科目或结算科目。借记商品采购和应交税费（进项税），贷记应付账款。直运销售发票制单时，借方取对方科目，贷方科目取在存货科目中设置的直运科目。借记主营业务成本，贷记商品采购。

·销售出库业务：出库单/发票结转成本制单时，借方取收发类别所对应的对方科目，贷方取存货科目。

·材料出库业务：出库单结转成本制单时，借方取收发类别所对应的对方科目，贷方取存货科目。

·调拨业务：调拨业务制单时，借方取入库存货对应的科目，贷方取出库存货对应的科目。

·盘点业务：盘盈业务制单时，借方取存货科目，贷方取收发类别所对应的对方科目。盘亏业务制单时，借方取收发类别所对应的对方科目，贷方取存货科目。

·组装、拆卸、形态转换业务：组装、拆卸、形态转换业务制单时，借方取存货科目，贷方取存货科目。

·出入库调整单业务：入库调整单，入库调整单制单时，借方取存货科目，贷方取对方科目。出库调整单，出库调整单制单时，借方取对方科目，贷方取存货科目。

设置科目后，在生成凭证时，系统能够根据各个业务类型将科目自动带出，如果未设置科目，则在生成凭证后，就需要手工输入科目。

[实务案例]

飞跃摩托车制造公司的存货核算会计科目如下：

[操作步骤]

在存货核算系统中，执行"初始设置→科目设置→存货科目"命令可进行存货科目设置。其他的类似。

（1）存货科目（表7-1）。

表7-1 存货科目

存货或分类编码	存货或分类名称	存货科目编码	存货科目名称
01	原材料	140301	原材料——生产用材料
0201	外购件	140302	原材料——外购件
0202	自制件	140303	原材料——自制件
0301001	100型摩托车-普通型	140501	库存商品-100普通型摩托车
0301002	100型摩托车-加强型	140502	库存商品-100加强型摩托车
05	包装物（外购件仓库）	1412	包装物

（2）存货对方科目（表7-2）。

表7-2 存货对方科目

收发类别编码	收发类别名称	存货分类编码	存货分类名称	对方科目编码	对方科目名称
101	材料采购入库	01	原材料	140101	材料采购——原材料采购
102	配件采购入库	0201	外购件	140102	材料采购——配件采购
103	产成品入库	03	产成品	500103	生产成本——生产成本结转
201	生产领料出库			50010101	基本生产成本——直接材料
202	销售出库			6401	主营业务成本

（3）税金科目（表7-3）。

表7-3 税金科目

存货（大类）编码	存货（大类）名称	科目编码	科目名称	进项税额转出科目编码	进项税额转出科目名称	出口退税科目编码	出口退税科目名称
01	原材料	22210101	进项税额	22210107	进项税额转出	22210106	出口退税
0201	外购件	22210101	进项税额	22210107	进项税额转出	22210106	出口退税
05	包装物	22210101	进项税额	22210107	进项税额转出	22210106	出口退税
03	产成品	22210105	销项税额				

（4）运费科目（表7-4）。

表7-4 运费科目

存货（大类）编码	存货（大类）名称	运费科目	运费科目名称	税金科目	税金科目名称
99	其他	140199	采购费用	22210101	进项销额

（5）结算方式科目设置（表7-5）。

表7-5 结算方式科目设置

结算方式	币种	科目
现金	人民币	1001
现金支票	人民币	100201
电汇	人民币	100201
网上银行	人民币	100201
银行承兑汇票	人民币	100903

表7-5（续）

结算方式	币种	科目
银行汇票	人民币	100903
工商银行	人民币	100201
农业银行	人民币	100202
招商银行	人民币	100203
建设银行	人民币	100204
电子汇兑	人民币	100201

（6）应付科目设置。

所有供应商对应的应付科目都是2202应付账款。

（7）非合理损耗科目（表7-6）。

表7-6　　　　　　　　非合理损耗科目

序号	非合理损耗类型编码	非合理损耗类型名称	会计科目名称	是否默认值	备注
1	1	运输部门或供货单位造成的短缺毁损	其他应收款——单位	是	
2	2	管理不善造成的短缺毁损	管理费用——其他	否	
3	3	责任人造成的短缺毁损	其他应收款——个人	否	

（8）应收出口退税科目（表7-7）。

表7-7　　　　　　　　应收出口退税科目

存货分类编码	存货分类名称	存货编码	存货名称	出口退税科目编码	出口退税科目名称
03	产成品			122103	其他应收款——应收出口退税款

四、最大最小单价/差异率设置

系统提供最高最低单价控制功能。只有在系统选项中选择"移动平均、全月平均单价最高最低控制"，系统才予以控制。可设置每一存货的最高最低单价或由系统根据各存货的入库记录自动获取最高最低单价，记账或期末处理时，如果系统计算的单价超过最高最低单价，系统则按在系统选项"最大、最小单价"选择的方法取单价，如取上次出库成本、参考成本、上次入库成本、或手工输入、结存成本、最大最小单价、出库单价。

该功能是为了解决移动平均、全月平均计价法下，由于零出库或暂估成本与结算成本不一致，造成的出库单价极大或极小甚至出现负单价等情况的问题。

系统提供差异率（或差价率）控制功能。只有在系统选项中选择差价/差异最高最低控制，系统才予以控制。可设置一个标准的差异率（或差价率）及差异率（或差价率）允许的上下幅度，如果系统计算出的差异率（或差价率）超过此范围，系统则按在系统选项"最大、最小单价"选择按标准差异率（或差价率）、当月入库差异率（或差价率）、上月出库差异率（或差价率）几种方法计算。

该功能是为了解决计划价或售价计价法下，由于零出库或暂估成本与结算成本不一致，造成的差异率（或差价率）极大或极小等情况的问题，

第三节 存货核算系统日常业务及期末处理

一、入库业务处理

入库业务单据主要包括采购入库单、产成品入库单、其他入库单。

采购入库单在库存管理系统中录入，在存货核算系统中可以修改采购入库单上的入库金额；采购入库单上的数量只能在其填制系统中修改。

产成品入库单在填制时一般只有数量，单价和金额既可通过修改产成品入库直接填入，也可以存货核算系统的产成品成本分配功能自动计算填入。

大部分其他入库单都是由相关业务直接生产的，也可手工填制。

二、出库业务

出库单据包括销售出库单、材料出库单和其他出库单。在存货核算系统中可修改出库单据上的单价或金额。

三、单据记账

单据记账用于将所输入的单据登记存货明细账、差异明细账/差价明细账、受托代销商品明细账、受托代销商品差价账。

先进先出、后进先出、移动平均、个别计价这四种计价方式的存货在单据记账时进行出库成本核算；全月平均、计划价/售价法计价的存货在期末处理处进行出库成本核算。

单据记账注意事项：

（1）无单价的入库单据不能记账，因此记账前应对暂估入库的成本、产成品入库单的成本进行确认或修改。

（2）各仓库的单据应该按照实际顺序记账。

（3）已记账的单据不能修改和删除；如果发现错误要修改，在未结账、未生成记账凭证时，可取消记账后，再修改或删除。

四、调整业务

出入库单据记账后，发现单据金额错误，如果是录入错误，通常采用修改方式进

行调整。但如果遇到由于暂估入库后发生零出库业务等原因所造成出库成本不准确，或库存数量为零仍有库存金额的情况，就可利用调整单据进行调整。

调整单据包括入库调整单和出库调整单。它们都只针对当月的出入库成本进行调整，并且只调整存货的金额，不调整存货的数量。

出入库调整单保存即记账，因此已保存的调整单不可修改和删除。

五、暂估处理

存货核算系统中对采购暂估入库业务提供了月初回冲、单到回冲、单到补差三种方式，暂估处理方式一旦选择不可修改。无论采用哪种方式，都要遵循以下步骤：

（1）待采购发票到达后，在采购管理系统中填制发票并进行采购结算。

（2）在存货核算系统中完成暂估入库业务成本处理。

六、生成凭证

存货核算系统中，生成凭证用于对本会计月已记账单据生成凭证，并可对已生成的所有凭证进行查询显示；所生成的凭证在总账系统中审核、记账后，可显示及生成科目总账。

所生成凭证的科目是参照存货核算系统初始设置的科目，也可修改。

七、综合查询

存货核算系统提供了多种账簿的查询功能，如明细账、总账、出入库流水账、发出商品明细账、个别计价明细账、计价辅助数据；提供了多种汇总表的统计功能，如入库汇总表、出库汇总表、差异分摊表、收发存汇总表、暂估材料/商品余额表；提供了多种分析表，如存货周转率分析、ABC 成本分析、库存资金占用分析、库存资金占用规划、入库成本分析。

八、月末处理

当日常业务全部完成后，可进行期末处理，功能是：

（1）计算按全月平均方式核算的存货的全月平均单价及其本会计月出库成本。

（2）计算按计划价/售价方式核算的存货的差异率/差价率及其本会计月的分摊差异/差价。

（3）对已完成日常业务的仓库/部门/存货做处理标志。

如果使用采购和销售系统，应在采购和销售系统作结账处理后才能进行。系统提供恢复期末处理功能，但是在总账结账后将不可恢复。

（一）月末结账

存货核算系统期末处理完后，可执行"业务核算→月末结账"命令进行月末结账，在此也可进行取消月末结账。

如果和库存系统、采购系统、委外系统、销售系统集成使用，必须在库存系统、采购系统、委外系统、销售系统结账后，存货核算系统才能进行结账。

（二）与总账系统对账

为保证业务与财务数据的一致性，需要对两系统的数据进行对账。即在存货核算系统与总账系统中核对存货科目和差异科目在各会计月份借方、贷方发生金额、数量以及期末结存的金额、数量信息。

［实务案例］

飞跃摩托车制造公司 2014 年 9 月的存货核算业务如下：

（1）2014 年 9 月 30 日，使用正常单据记账，将原料仓库的所有单据记账。

（2）2014 年 9 月 30 日，使用正常单据记账，将外购件仓库、不良品仓库、低值易耗品及其他仓库和废品仓库的所有单据记账。

（3）2014 年 9 月 30 日，将原料仓库、外购件仓库、不良品仓库、低值易耗品及其他仓库和废品仓库进行期末处理。

（4）2014 年 9 月 30 日，在所有仓库期末处理完毕之后，将所有单据生成凭证传递给总账。

第八章　成本管理

第一节　成本管理系统概述

一、成本管理系统简介

企业生存和发展的关键，在于不断提高经济效益，提高经济效益的手段，一是增收，二是节支。增收靠创新，节支靠成本控制。而成本控制的基础是成本核算工作。目前在企业的财务工作中，成本核算往往是工作量最大、占用人员最多的工作，用友U8V10.1系统能帮企业更加准确及时地完成成本核算工作。

二、成本管理系统主要功能

（一）成本核算功能

成本管理系统根据对定义的物料清单，选择的成本核算方法和各种费用的分配方法，自动对从其他系统读取的数据或企业手工录入的数据进行汇总计算，输出企业需要的成本核算结果及其他统计资料。

（二）成本计划功能

通过费用标准单价和单位产品费用耗量生成标准成本，成本的计划功能主要是为成本预测和分析提供数据。

（三）成本预测功能

系统运用一次移动平均和年度平均增长率法以及计划（历史）成本数据对成本中心总成本和任意产量的产品成本进行预测，满足企业经营决策需要。

（四）成本分析功能

系统可以对分批核算的产品进行追踪分析，计算成本中心内部利润，对历史数据对比分析，分析标准成本与实际成本差异，分析产品的成本项目构成比例。

三、与其他系统的主要关系

成本管理系统与其他系统的主要关系如图8-1所示。

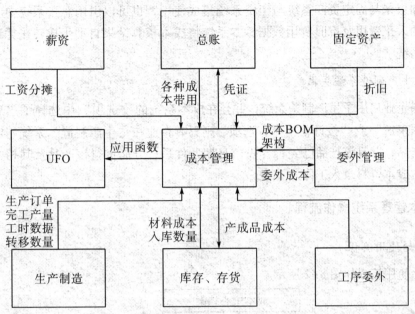

图 8-1　成本管理系统与其他系统的主要关系图

（一）与存货核算系统关系

成本管理系统引用存货核算系统提供的以出库类别和会计期间划分的领料单（出库单）汇总表，包括领料部门、成本对象（产品）、批号、领用量、领料额、实际单价。

存货核算系统可以从成本管理系统中取产品单位成本数据。

分批的专用材料包括领料部门+期间+出库类别+成本对象（成本对象与产品的对应关系须在项目管理中预先定义）。

采用全月平均计价方式的存货必须在存货核算系统对其所在仓库进行了月末处理之后才能向成本管理系统传递数据。采用计划价计价方式的存货必须在存货系统对其所在仓库进行了差异率计算和分摊之后才能向成本系统传递材料的实际价格数据，否则为计划价格。

采用卷积运算时，系统自动完成存货计价核算、提取材料及半成品数据、分配产成品成本等操作过程。

（二）与薪资管理系统关系

本系统引用薪资管理系统提供的，以人员类别划分并且按部门和会计期间汇总的应计入生产成本的直接人工费用和间接人工费用。

（三）与固定资产系统关系

本系统引用固定资产系统提供的按部门和会计期间汇总的折旧费用分配表。

（四）与总账系统关系

本系统引用总账系统提供的应计入生产成本的间接费用（制造费用）或其他费用

数据。如果未与固定资产系统与工资系统集成使用，也可以引用总账系统中应计入生产成本的人工费用及折旧费用数据。本系统将成本核算结果自动生成转账凭证，传递到总账系统。

（五）与生产制造系统关系

如果企业启用了生产制造系统，并且在成本系统的"选项"中选择了"启用生产制造数据来源"或"按订单核算"选项，则只有企业在"生产制造"系统制定了生产订单的产品，并且该产品已经符合投产日期条件后，方能进行该产品及其相关子项产品的日常成本资料录入工作。

四、成本管理系统操作流程

（一）初始使用流程

初始使用流程如图 8-2 所示。

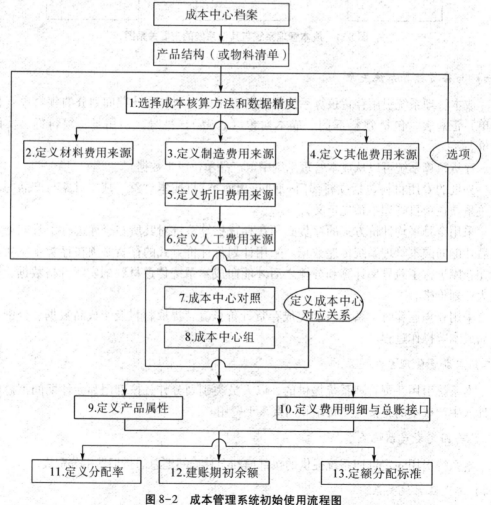

图 8-2 成本管理系统初始使用流程图

（二）日常操作流程（非卷积）

日常操作流程（非卷积）如图 8-3 所示。

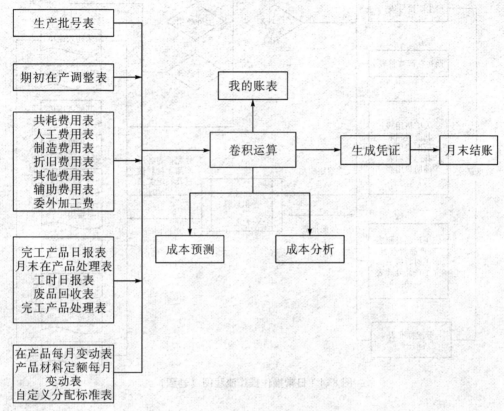

图 8-3　日常操作流程图（非卷积）

（三）日常操作流程（卷积）

日常操作流程（卷积）如图 8-4 所示。

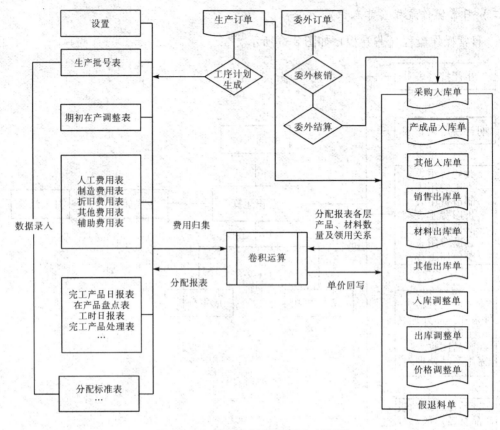

图 8-4 日常操作操作流程图（卷积）

第二节 成本管理系统初始设置

进行正常的成本核算之前，首先要进行"选项"的定义，然后必须进行成本中心、产品、定额、费用明细、分配率、期初余额的设置。

一、选项参数设置

成本系统选项包括：成本核算方法、数据精度、人工费用来源、制造费用来源、折旧费用来源、存货数据来源、其他费用来源等。

（一）成本核算方法设置

用友 U8V10.1ERP 成本管理系统中，成本核算方法设置参数选项如图 8-5 所示。

成本核算基本方法有品种法、分步法、分类法、分批法。下面介绍各主要成本核算基本方法在成本管理系统中的应用。

·品种法：是以产品的品种作为成本计算对象。主要适用于大量大批的单步骤生产，如发电、采掘等生产。在大量大批多步骤生产中，如生产规模小，或生产车间按

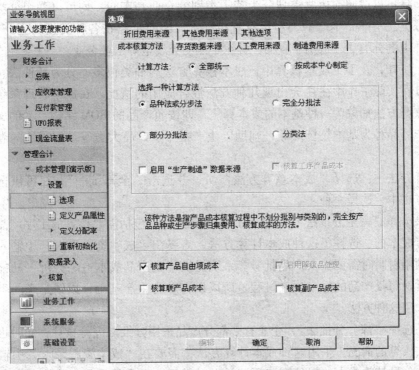

图 8-5　成本核算方法参数选项设置界面

封闭式车间设置，生产按流水线组织，不要求按生产步骤计算成本，则可以采用品种法计算产品成本。它的特点是以产品的品种作为计算对象，在管理上不需要分步骤计算产品成本。月末有在产品，需要将生产费用在完工产品和在产品间进行分配。对应软件中的品种法或分步法，适用于煤炭、食品、制药等单品种大批量生产企业。

·分步法：按照产品的生产步骤作为成本计算对象（即与各工序产品为成本计算对象），适用于连续加工式多步骤生产，大量大批生产，其生产过程划分为若干个生产步骤，在管理上需要掌握各加工步骤成本。它的特点是计算对象以产品的各生产步骤的半成品和最后的产成品为成本计算对象。月末在产品与完工产品之间需要分配生产费用。对应软件中的品种法或分步法，适用于钢铁、印染、纺织、石油、化工、造纸、水泥、印刷、汽车制造、机械加工、家电等连续加工式生产企业。

·分批法：是以产品的批别或订单作为成本计算对象。适用于小件单批的多步骤或单步骤生产。当生产按小批或单件组织时，一批产品往往同时完工，有可能按照产品的批别归集费用，计算成本。为了考核、分析各批产品成本水平，也有必要分批计算产品成本。分批法适用于企业完全按照订单生产产品的情况，可以将一个订单定义为一个批号，通过系统提供的按批号核算成本的方法，对订单完成情况进行管理。它的特点是以产品批号或订单作为成本计算对象。一般这种方法生产，不会有在产品，所以月末不需在完工和在产品中分摊生产费用，对应软件中的完全分批法或者部分分批法。适用于服装、家具、造船、重型机器制造等单件小批量生产企业。

·分类法：按照产品类别归集费用，采用分类法计算产品成本。凡是产品的品种繁多，而且可以按照前述要求划分为若干类别的企业和车间，均可以采用分类法计算成本。分类法与产品生产的类型没有直接联系，因而可以在各种类型的生产中应用。对应软件中的分类法，适用于食品、针织、照明无线电等工业企业。

如上所知，在手工成本核算中，成本核算方法的种类很多，分为品种法、分批法等，并且在实际工作中往往会出现几种方法混合应用的情况。在成本管理系统中，已将多种核算方法抽象为一种基本的成本算法，即按照产品的 BOM 结构定义的父子项关系，以产品品种为基本核算对象，辅助以生产批号、产品大类等基本属性的卷积计算方法。

设置方法一：选择"成本核算方法"页，并选击"全部统一"，在可供选择的四种计算方法中，选择一种。

如果选择"完全分批法"，企业生产的所有产品，包括需要核算的工序产品都是按批号计算成本的，选择了这种成本计算方法，需要在"成本资料录入"中输入生产批号，在领用材料时需要输入产品批号。系统提供"批产品成本追踪分析"功能，可以完整地反映每批产品的整个生产过程。所以以订单为生产基础，以销定产的生产企业都可以采用这种方法。

如果选择"部分分批法"，企业有一部分产品采用分批法进行核算，同时也有不采用分批法核算的情况。采用这种成本计算方法，需要在"成本资料录入"中输入生产批号，在分批核算成本的产品直接领用材料时需要输入产品批号。系统提供"批次产品成本追踪分析"功能，可以完整地反映每批产品的整个生产过程。系统自动根据成本资料，计算出批产品和非批产品的成本。

如果选择"分类法"，产品类别作为成本核算对象，归集生产费用，计算产品成本。采用这种计算方法，在"定义产品属性"时，可以为每种产品定义产品大类。

如果选择"品种法或分步法"，产品成本核算过程中不划分批别与类别的，完全按产品品种和核算步骤归集费用，核算成本，并可以计算出每一步骤的产品成本。在用友 U8V10.1 系统中最终的产成品和半成品均视为产品。所以作为手工以分步法核算的企业选择了这种方法后还要注意存货档案和产品结构中要定义半成品。这种方法适合所有手工成本采用品种法或分步法的企业。

设置方法二：如果启用了"生产订单"模块，选择"成本核算方法"页，并点击"按成本中心制定"，显示企业进行了成本中心对照的所有成本中心，针对每一个成本中心，都可以从"品种法或分步法"或"按订单核算"中选择一种。选择"品种法或分步法"，规则等同按"全部统一"中选择"品种法或分步法"；选择"按订单核算"，等同按"全部统一"中选择"启用生产制造数据来源"。

（二）存货数据来源设置

在成本管理系统中，可以定义存货的数据来源于手工输入，也可以定义来源于存货系统，系统将依据其定义选择判断存货数据的取值依据。

如选择手工输入，将手工输入每月成本核算所需的费用数据，且"材料及外购半成品耗用表"、"完工产品处理表"的录入中"取数"按钮将置灰。

若选择来源存货系统，每个会计期间只需进入"数据录入"中的"材料及外购半成品耗用表"和"完工产品处理表"，系统将自动从存货系统读取成本核算所需的材料消耗数据和产成品入库数据，无需手工输入。因此，选择"来源于存货系统"，还需要定义哪些出库类别记入直接材料费用，哪些入库类别记入入库数量。"材料及外购半成品耗用表"中数据取值于界面中"记入直接材料费用"的出库类别，设置时需从左边的列表中选择出库类别项目到右边的列表框中。"完工产品处理表"中的入库数量取值于界面中"记入入库数量"的入库类别，也需从左边的列表内选择入库类别项目到右边的列表框中，系统根据所选入库类别从存货系统取完工入库数量。

需要注意的是：

如果存货系统未启用，则"来源于存货系统"的选项为暗，不能选择，需要先启用存货系统并重新启动本系统后，才可以选择。

如果选择"启用生产制造数据来源"，在"完工产品处理表"中能够取数的前提条件是必须启用库存系统。

从存货系统取数的约束条件是：采用全月平均计价方式的存货必须在存货系统对其所在仓库进行了月末处理之后才能向成本系统传递数据。采用计划价计价方式的存货必须在存货系统对其所在仓库进行了差异率计算和分摊之后才能向成本系统传递材料的实际价格数据，否则为计划价格。

材料出库单取数规则是：专用材料取数要求部门必须为成本中心对照中部门；材料出库期间与成本的取数期间一致；出库类别与成本设置时存货来源选项中定义的出库类别一致。

如不选中"启用生产制造数据来源"或按成本中心制定选择"品种法或分步法"，专用材料则应选择成本对象项目大类中的项目（参照生产订单领料时，系统可以自动带出项目档案中的项目信息，不需要再手动录入。另注：基础档案中项目目录可以在构建物料清单后自动带入或批量引入）。如成本核算方法采用分批法时，还应输入生产批号。

如选项中"启用生产制造数据来源"或按成本中心制定选择"按订单核算"但未核算到工序的专用材料则须对应相应的生产订单号信息；核算工序产品成本的专用材料则须对应相应的生产订单中工序信息。

成本系统检查条件（材料出库单）：

不分批的共用材料，领料部门+期间+出库类别；

分批的共用材料，领料部门+期间+出库类别+批号；

分批的专用材料，领料部门+期间+出库类别+成本对象（成本对象与产品的对应关系须在项目档案中预先定义）；

不分批的专用材料（选项中不"启用生产制造数据来源"或按成本中心制定选择"品种法或分步法"），领料部门+期间+出库类别+成本对象（成本对象与产品的对应关系须在项目档案中预先定义，存货材料出库单上的"项目"字段须在单据设计中预先增加）；

不分批的专用材料（选项中"启用生产制造数据来源"或按成本中心制定选择

"按订单核算"但未核算到工序），领料部门+期间+出库类别+生产订单信息。

产成品入库数量取数规则：取数要求同材料出库单取数要求相同。

选项中不"启用生产制造数据来源"或按成本中心制定选择"品种法或分步法"，须对应选择成本对象项目大类中的项目（如果成本对象大类的项目档案编码在"项目档案"设置中与存货编码一致，此条成本对象在产品入库单可以不录入对应的项目编码，未与存货编码保持一致的其他 BOM 版本成本对象仍需要在产品入库单录入项目编码，否则系统自动把所有入库数量全部取到存货编码与项目编码一致的成本对象上）。

如成本核算方法采用分批法时，还应输入生产批号。

选项中"启用生产制造数据来源"或按成本中心制定选择"按订单核算"但未核算到工序须对应生产订单号信息（启用库存系统）。

成本系统检查条件（产成品入库单）：

分批的产品，部门+期间+入库类别+批号+成本对象（成本对象与产品的对应关系须在项目档案中预先定义，存货产成品入库单上的"项目"字段须在单据设计中预先增加）；

不分批的产品（选项中不"启用生产制造数据来源"或按成本中心制定选择"品种法或分步法"），部门+期间+入库类别+成本对象（成本对象与产品的对应关系须在项目档案中预先定义，产品入库单上的"项目"字段须在单据设计中预先增加）；

不分批的产品（选项中"启用生产制造数据来源"或按成本中心制定选择"按订单核算"但未核算到工序），部门+期间+入库类别+生产订单信息。

（三）人工费用来源设置

在成本管理系统中，可以定义人工费用的数据来源于手工输入还是来源于总账系统或者来源于薪资管理系统，系统将依据定义的选择进行人工费用的取值，并进行成本计算。

选择"来源于手工录入"，将要求手工输入每月成本核算所需的人工费用数据。此项其他页签选项相同。

选择"来源于总账系统"，每个会计期间只需进入"数据录入"中的"人工费用表"，系统从总账系统读取成本核算所需的人工费用数据，无需手工输入。此项其他页签选项相同。

选择"来源于薪资管理"，每个会计期间只需进入"成本核算"菜单中"成本资料录入"中的"人工费用表"，系统自动从薪资管理系统读取成本核算所需的人工费用数据，无需手工输入。选择"来源于薪资管理"时，需要选择工资类别、人员类别和工资分摊类型。

其中数据来源于薪资管理的人员类别定义为：

界面中"记入直接人工费用的人员类别"列表和"记入制造费用的人员类别"列表中的数据，都是从"人员类别"中选取，并且一种人员类别只能属于一个列表。

选择"核算计件工资"，"计件工资"可以直接从薪资管理系统取出计件工资数据，同时成本管理中"人工费用表"从薪资管理系统取数时，将扣减符合条件的"计件工资"金额；未选择"核算计件工资"，"人工费用表"直接取出符合对应条件的人工费用金额。

系统特别说明：

如果薪资管理系统未启用，则"来源于薪资管理"的选项为暗，不能选择，需要先启用薪资管理系统并重新启动本系统后，才可以选择。

如果总账系统未启用，则"来源于总账系统"的选项为暗，不能选择，需要先启用总账系统并重新启动本系统后，才可以选择。

如果已经选择"制造费用无明细"选框，则"记入制造费用的人员类别"选项为暗，不可激活。

从总账系统取数的条件是：总账为成本核算提供的人工费用数据，必须在这些相关的费用凭证记账后才能传递到成本核算系统。此项其他页签选项相同。

从薪资管理系统取数的条件是：为了避免工资多次分摊造成工资最终分摊数据与成本读取的数据不符的情况，只有在工资分摊并生成分摊凭证后，成本系统才能从薪资管理系统提取人工费用数据。

（四）制造费用来源设置

在成本管理系统中，可以定义制造费用的数据来源于手工输入还是来源于总账系统，系统将依据设置的选择进行制造费用的取值，并进行成本计算。这两种来源选项中，只能选择一种。"制造费用无明细"是一个开关，决定了本系统中制造费用是否要定义明细项目。确认了"选项"以后，就不允许改变此项。

如果存在产品完全报废业务，可选择"产品完全报废时是否按制造费用摊销"。选择是，系统自动在制造费用明细中增加"废品分摊"项目，并且按制造费用所定义的分配率在报废产品所在成本中心内分摊报废成本到此项目中；选择否，计算检查及计算时进行提示控制。

（五）折旧费用来源设置

在成本管理系统中，可以定义折旧费用的数据来源于手工输入还是来源于总账系统或者是来源于固定资产系统，系统将依据定义的选择进行折旧费用的取值，并进行成本计算。

选择"来源于固定资产系统"，每个会计期间只需进入"数据录入"中的"折旧费用表"，系统自动从固定资产系统读取成本核算所需的折旧费用数据，无需手工输入。

如果已经选择"制造费用无明细"选框，则"折旧费用来源"页签为暗，不可激活。

从固定资产系统取数的条件是：固定资产系统计提折旧后就可以向成本系统提供数据，且成本系统取数后即在数据库做好取数标志，如固定资产系统需要再次计提折旧，系统则提示成本系统已取数，不能重新计提。所以必须在成本系统执行恢复月初状态功能，取消该项标志后，再重新进行折旧计提，然后成本系统再读取折旧数据。

（六）其他费用来源设置

在成本管理系统中，可以定义其他费用的数据来源于手工输入还是来源于总账系统,系统将依据定义的选择进行其他费用的取值,并进行成本计算。

选择"无此数据项",则成本费用项目中将仅包括材料费用、人工费用、制造费用、辅助费用四项费用大类。

选框"其他费用无明细"是一个开关选项,选择此项,则成本项目中的其他费用不划分明细。

如果已经确认了选项,则只允许在"来源于手工系统"和"来源于总账系统"之间转换,如果定义的是"无此数据项"或选择了"其他费用无明细"项,则不允许再改变。

(七)其他选项

在成本管理系统中,除定义成本的计算方法、数据来源之外,还需定义废品分摊公共料费、共用半成品构建 BOM 以及成本的数据精度。

·废品分摊公共料费:当存在报废产品,在进行公共材料、费用分摊时,系统提供废品产量参与或不参与的选择,可以根据企业产品报废的实际程度情况进行不同选择。如打钩选择,在"完工产品日报表"录入的"废品"产量,在成本计算时,会与完工产量一道作为"负担产品的数量"分摊共用材料、人工费用、制造费用、共耗费用;未打钩选择,系统只按完工产品产量参与分配。

·共用半成品构建 BOM:当非采购件作为共用材料被成本取数时,系统在构建成本 BOM 时提供灵活的处理方法,根据实际情况自主选择是否把共用半成品同步架构。如果打钩选择,系统依据共用半成品所在成本中心内各实际成本对象对其领用及实际成本对象对材料及相互领用关系构建成本 BOM;如果未打钩选择,自动卷积或分层卷积时,按共用材料循环领用处理。计算检查时提示企业手工填写单价(警告型提示),如果企业未录入单价,成本计算时,先按零成本出库选项选择;仍无,按参考成本取数;再无,按零成本处理。

此选项仅对卷积运算时选择"自动卷积"或"分层卷积"有效,只要做过任何一层计算,此选项选择后不能修改,选择"分层卷积"恢复到 0 阶或选择"自动卷积"恢复后方可修改。

如果打钩选择,必须先在"产品材料定额每月变动表"中进行"全展",否则效果等同未打钩选择,成本计算检查时也会自动提示做出相应操作。

[实务案例]

飞跃摩托车制造公司成本管理系统初始信息如下:

(1)成本核算方法:全部统一采用品种法;

(2)数据来源:生产制造;

(3)存货数据来源:存货系统;

(4)计入直接材料费用:生产领料出库;

(5)计入入库数量:产成品入库、材料采购入库、配件采购入库;

(6)人工费用来源:来源于总账系统;

(7)折旧费用来源:来源于总账系统;

（8）其他费用来源：来源于手工录入；

（9）制造费用来源：来源于总账系统；

（10）浮动换算率计算基准：主计量产量。

［操作步骤］

在成本管理系统中，单击主菜单中的"设置"，然后单击设置菜单中的"选项"，分别选择"成本核算方法""存货数据来源"等，就可进行相关设置。

二、定义产品属性

定义产品属性指确认每月成本核算系统的产品核算范围。即定义已在"产品结构或物料清单"或生产订单中定义过的产品。

·定义产品属性的作用：确认每月成本核算系统的产品核算范围；定义产品的所属大类；在成本报表的查询中，按产品的大类进行查询范围的细分。

成本对象类型主要分为"基本成本对象""计划成本对象""实际成本对象"，不同的成本对象类型，其应用范围不同。

·基本成本对象：主要应用范围为"设置"部分——定义分配率—产品权重系数。

·计划成本对象：主要应用范围为"设置"部分—定额管理—标准成本部分。如果是多成本中心生产，按订单核算需要提前制定相应定额工时、标准成本或按品种核算无法制定多成本中心的计划成本对象，可以点"增加"按钮，在现有成本中心下生成另外成本中心下的计划成本对象；如果是非多成本中心生产，且选项中选择"启用生产制造数据来源"或"按订单核算"或"按工序核算"，也不需要提前制定相应定额工时、标准成本，可以不需要在物料清单中指定领料部门，系统自动按生产订单中生产部门同步计划成本对象部门。

·实际成本对象：主要应用范围为"期初余额调整"、数据录入各表、成本计算、报表、预测、分析、凭证处理、UFO 函数，可以按期间查询各历史实际成本对象。

·产出类型：显示实际成本对象在物料清单或生产订单中产出品属性"联产品"或"副产品"。

·产品大类：可以手工输入，也可以参照输入，如果成本核算方法未选择"分类法"，则不能够定义"产品大类"。

如果对所有的产品未确定领料或生产部门，或进入界面后未点击"刷新"按钮，即在"定义产品属性"界面中未显示任何一种产品的信息，则本系统不能继续执行下面的功能。

对于上述两种情况的产品，均可以到"产品结构或物料清单"或生产订单、车间管理相关菜单中重新定义其生产部门或工作中心，或者到"成本中心档案""成本中心对照"中将其生产部门定义为"基本生产"成本中心，则可以核算该产品成本。

如果不能进行操作或无相应的生产订单信息，请在过滤条件"成本对象类型"中选择"实际成本对象"，进入界面后点"刷新"，确认是否有所需要的产品信息。

启用生产制造数据来源，本月实际成本对象刷新条件是：生产订单在成本计算期间本月或本月以前被审核（核算到工序时，必须同时完成工序计划生成）。

生产订单部门与成本中心对照中部门相对应（核算到工序时，产品工艺路线的工作中心所对应的部门与成本中心相对应）。

成本计算期间的生产订单在上月或以前未被关闭。

[实务案例]

飞跃摩托车制造公司的成本中心信息如表8-1：

表 8-1　　　　　　　　　　飞跃摩托车制造公司的成本中心信息

成本中心编码	成本中心名称	部门编码	部门名称
0501	动力车间	0501	动力车间
0502	成车车间	0502	成车车间
0503	包装车间	0503	包装车间

[操作步骤]

第一步：在企业应用平台中，执行"基础设置→基础档案→财务→成本中心"命令，进入成本中心设置主界面，单击"增行"按钮，输入成本中心编码、名称等信息。点击"保存"按钮。

第二步：再执行"成本中心对照"命令，进入成本中心对照设置主界面，点击"自动"按钮自动引入对照关系。

第三步：最后执行"业务工作—管理会计—成本管理—设置—定义产品属性"命令，选择成本对象类型为实际成本对象，点击"确定"后进入"定义产品属性"界面，点击"刷新"就能查看到当前定义产品属性情况。

三、定义费用明细及与总账接口

如果在"选项"中选择制造费用、其他费用、折旧、人工费用、共耗费用的数据来源于总账系统，则需要在此定义制造费用、其他费用的明细与总账接口的公式。

[实务案例]

飞跃摩托车制造公司的制造费用和人工费信息如表8-2所示：

表 8-2　　　　　　　飞跃摩托车制造公司折旧和工资费用明细表　　　　　单位：元

成本中心名称 ＼ 项目	折旧费	车间管理人员工资	生产工人工资	合计
动力车间	40 000	25 000	290 000	355 000
成车车间	30 000	24 000	343 000	397 000
合计	70 000	49 000	633 000	752 000

[操作步骤]

第一步：在总账系统里录入以下两张记账凭证，审核并记账。

借：生产成本——薪资费用分配（动力车间）　　　　　　　　　　290 000

　　　生产成本——薪资费用分配（成车车间）　　　　　343 000
　　　制造费用——薪资费（动力车间）　　　　　　　　25 000
　　　制造费用——薪资费（成车车间）　　　　　　　　24 000
　　　贷：应付职工薪酬　　　　　　　　　　　　　　　　　　682 000
　借：制造费用——折旧费（动力车间）　　　　　　　　4 000
　　　制造费用——折旧费（成车车间）　　　　　　　　3 000
　　　贷：累计折旧　　　　　　　　　　　　　　　　　　　　7 000

　　第二步：定义费用明细及与总账接口。

　　在成本管理系统中，点击"设置—定义费用明细及与总账接口"进入定义费用明细及与总账接口主界面，点击"制造费用"，选择"成车车间"成本中心，双击"折旧"取数公式的参照按钮进入公式向导界面，选择"借方发生额"，点击下一步，通过参照选择"制造费用——折旧"科目和"成车车间"部门，点击"完成"即可。

　　其他的设置同上相似。

四、定义分配率

　　经过对料、工、费的来源进行设置，已基本完成了成本费用的初次分配和归集，即将大部分专用费用归集到各产品名下，将其他间接成本费用归集到各成本中心范围内。为了计算最终产成品的成本，还必须将按成本中心归集的成本费用在成本中心内部各产品之间、在产品和完工产品之间进行分配，因此，在成本管理系统中，需要定义各种分配率，为系统自动计算产品成本提供计算依据。

　　所谓费用分配率，其实质是计算"权重"，即将某一待分配费用，在各个应负担对象中分摊的比例。目前成本管理系统中共有六类分配率，每一类中又对应多种分配方法，比较复杂，但这是为了尽可能满足不同企业的需要而设计，归纳其实质，分为两种情况：在成本中心内部各产品间的分配；以及在完工产品和在产品间分配。

　　·共耗费用：由于共耗费用是成本中心以外的费用，所以要按一定比例先分配到各成本中心，再分配到产品中去或跨越各成本中心直接分配到产品中去。

　　·共用材料：是指由成本中心领用的材料，若来源于存货系统，则在存货系统填制的领料单上的"成本对象"或"生产订单"信息为空。

　　·直接人工费用：由于直接人工费用是按照成本中心输入的，所以要分配到产品中去。

　　·制造费用：由于制造费用是按照成本中心输入的，所以要分配到产品中去。

　　·在产品成本：由于在产品与完工产品所占的成本不同，在计算出某产品的总费用后，还要在完工产品与在产品之间分配。

　　·辅助费用：计算出服务的总费用之后，要根据成本中心的耗用量分配到成本中心，然后还要根据辅助费用分配率，计算出各产品应负担的辅助费用。

　　·辅助部门分配率：当一个辅助成本中心提供两种以上的服务时，需要将成本中心总费用按一定的比率分配到服务中。

　　·联产品：联合产品中定义为联产品的，其成本要根据一定分配率从主副联产品中分摊出来。

·副产品：联合产品中定义为副产品的，其成本要根据一定分配率从主副联产品中直接扣除出来。

［实务案例］

飞跃摩托车制造公司相关分配率如下：

共用材料分配率：按产品产量；

制造费用分配率：按产品产量；

辅助费用分配率：按产品产量；

在产品费用分配率：只计算材料成本。

直接人工分配率：按产品权重系数，本公司各产品的产量权重如表8-3所示：

表8-3　　　　　　　　　　　　飞跃摩托车制造公司产量权重

成本中心编码	成本中心名称	产品编码	产品名称	产量权重系数
0501	动力车间	02020101	轮胎组件-100 普通	1
0501	动力车间	02020102	轮胎组件-100 加宽	1
0501	动力车间	02020103	灯-125 灯总成	1
0501	动力车间	02020104	100 型发动机-J 脚启动	20
0502	成车车间	0301001	100 型摩托车-普通型	1
0502	成车车间	0301002	100 型摩托车-加强型	1

五、定义分配范围

共用材料及公共费用可以在选定成本对象范围内进行分配。飞跃摩托车制造公司的分配情况如图8-5所示。

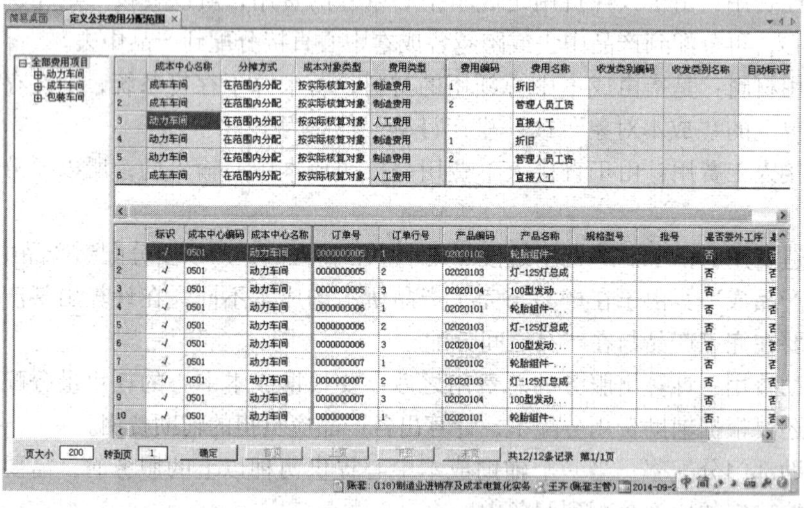

图8-5　定义分配范围界面

六、定额分配标准

企业为了核算或考核的需要，一般均制定了产品的各种定额（计划）指标数据，包括产品的定额单位生产工时、产品的定额单位材料消耗数量等，这些数据可以用作成本费用的分配依据、成本预测的数据基础。在成本管理系统中，可以在"定额分配标准"中制定产品的定额工时和定额材料数据。

·定额工时：该数据主要用于费用分配，如果在定义分配率使用了按定额工时的方法，则要定义产品的定额工时，否则该数据可以不录入。

·定额材料：初次进入该界面时，系统自动读取产品结构（或物料清单）中已定义的材料消耗数量。该数据主要用于费用分配，如果在定义分配率使用了按定额材料的方法，则要定义产品的定额材料，否则该数据可以不录入。定额材料数据读取后允许修改，但如果点击"取数"按钮，系统将重新取数，并根据选择方式决定是否覆盖修改结果。

七、期初余额调整

在开始日常使用系统之前，要手工输入成本的初始余额。为了完成从手工账向计算机的转接，要认真做好本项工作，盘点好在产品的数据，结合手工账，把正确的数据输入。系统启用进入新月份后，自动将上月初始余额转入本月，同时，系统允许对上月结转过来的成本对象明细数据进行手工调整，调整后的差异根据系统提供的辅助数据，在总账中生成调整凭证。

期初余额的录入记账是系统核算的起点，用友 U8V10.1 系统的期初余额是指上一期间的在产品成本，现就其重点描述如下：

在此处录入的期初余额必须还原为明细成本费用的消耗数据，如果有车间剩余的材料，建议先办理假退料或计算摊入在产品成本。

如果采用分批法核算，在此处可以录入某批次产品的期初数据，但在后面的"生产批号表"中必须补充定义该批号，否则无法核算该批号。

如果企业同时使用了总账系统，录入期初数据后可以和总账核对数据，一般期初数据应与"生产成本"科目的借方余额相同，具体科目根据企业的实际情况确定。

期初数据核对无误后，可以点击"记账"按钮，但一经记账将不允许修改期初数据。

八、重新初始化

系统在运行过程中发现账套很多错误或太乱，无法或不想通过"恢复结账前状态"纠错，这种情况可通过"重新初始化"将该账套的内容全部清空，然后从初始化开始重新建立账套。

系统提供了五个选项：定义费用明细与总账接口、产品权重系数、产品约当系数——固定比率、定额分配标准——定额工时、定义公共费用分配范围——按基本产品，让企业选择其要"重新初始化"的选项。只有账套主管才具有"重新初始化"功能权限。

第三节 成本管理日常业务及期末处理

一、数据录入

在定义完选项以及基础设置工作完成后，为了计算成本，要输入每个会计期间的成本资料，包括料、工、费的数据，根据事先的定义，这些数据有不同的来源，但要求每个会计期间必须运行这些功能，才能实现数据的（自动）输入。

（一）材料成本录入

"材料及外购半成品耗用表"用于材料消耗数据录入或从存货出库单读取数据，是非卷积运算时必须录入的数据表（卷积运算时此表自动取数）。

（二）期间费用录入

"共耗费用表"用于输入在一个会计期间成本中心所耗用的共耗费用。数据可以通过工具栏的"取数"按钮来读取其他系统的数据，也可以手工录入，如果共耗费用有明细，要分别按明细输入各部门的共耗费用。

同样，"人工费用表""制造费用表""折旧费用表""其他费用表""辅助费用表""委外加工费"的数据也可以通过工具栏的"取数"按钮来读取其他系统的数据，也可以手工录入。

（三）车间统计表录入

"完工产品日报表"用于录入各产品的实际完工数量统计数据，用于统计在一个会计期间内，各个基本生产成本中心所生产完工的产品数量，以及统计每种产品的废品数，此表是日报表，由系统自动汇总成月报表。本表数据为计算成本所必须，如果未录入完工数量可能无法进行计算，完工数量通过在库存管理系统中增加产成品入库单来输入。

用友 U8V10.1 系统还能完成月末在产品、完工产品、工时日报、产品耗用日报、废品回收的统计查询与增删处理。

（四）分配资料表录入

分配资料表包括在产品每月变动约当系数表、联副产品每月折算系数表、自定义分配标准表、产品材料定额每月变动表。

"在产品每月变动约当系数表"用于录入各产品的在产品约当系数。只有企业在在产品分配率定义中选择了"只计算材料成本（按原材料占用）"或"按产品约当产量"中的"每月变动"方法，才可以录入本表数据，否则不显示录入成本中心。

"联副产品每月折算系数表"用于每月录入各联、副产品的折算比率。只有企业在"定义联副折算系数"中选择了"每月变动"方法，才可以显示并录入本表数据。

二、成本计算

(一) 成本计算流程

第一步，对直接费用进行归集，将直接费用直接归集到各产品下；

第二步，对间接费用在各成本中心内进行归集；

第三步，对归集到成本中心下的费用，依据分配率在不同产品间进行分配；

第四步，在完工产品与在产品间进行分配。

(二) 如何进行成本计算

完成了每月的成本资料录入工作后，可以说成本核算工作已基本完成，剩下的计算工作只需要点击计算按钮，系统将自动、准确、快捷地完成。成本管理系统提供成本计算（手动卷积）与卷积运算（自动卷积）两种方式计算各层半成品成本，以满足不同企业的需要。

卷积运算是自动卷积的一种，可一次性按顺序由低层到高层完成所有成本 BOM 层次成本计算，包含各层入库单、出库单记账、期末处理、材料及外购半成品耗用表取数、成本计算、产成品成本分配，在计算过程中无交互操作。卷积运算时可支持存货的计价方式主要有：移动平均、全月平均、先进先出、计划价。

成本计算完全由用户控制各卷积层次的计算顺序及操作步骤，分为"自动完成"和"分步完成"两种模式，其计算的算法和结果是完全相同的，只不过在"分步完成"状态下，计算的过程由用户来控制进行，允许查询计算分配的中间结果，以便于及时发现问题，重新修正数据或设置分配率。

成本计算完毕后，企业可以到"账表"中查看计算结果。如果计算时选择了"分层卷积"，每层计算完毕后，可以在"完工产品成本汇总表、在产品成本汇总表、产品成本汇总表"中按成本 BOM 层次进行查询、核对。

三、凭证处理

(一) 科目设置

用友 U8V10.1 的成本核算系统结转制造费用、结转辅助生产成本、结转盘点损失、结转产品耗用、结转直接人工，可以选择按业务类型、成本中心、订单类型、订单类别灵活定义各费用的借方科目、贷方科目及摘要。

［实务案例］

飞跃摩托车制造公司成本核算相关科目如表 8-4 所示：

表 8-4 　　　　　　　　飞跃摩托车制造公司成本核算相关科目

序号	业务类型	成本中心编码	成本中心名称	费用名称	借方科目	贷方科目	摘要
1	结转制造费用	0501	动力车间	折旧	50010103 生产成本-基本生产-制造费用	510101 制造费用-折旧费	结转制造费用
2	结转制造费用	0501	动力车间	管理人员工资	50010103 生产成本-基本生产-制造费用	510102 制造费用-薪资费	结转制造费用
3	结转制造费用	0502	成车车间	折旧	50010103 生产成本-基本生产-制造费用	510101 制造费用-折旧费	结转制造费用
4	结转制造费用	0502	成车车间	管理人员工资	50010103 生产成本-基本生产-制造费用	510102 制造费用-薪资费	结转制造费用
5	结转直接人工	0501	动力车间		50010102 生产成本-基本生产-直接人工	500102 生产成本-薪资分摊	薪资分摊
6	结转直接人工	0502	成车车间		50010102 生产成本-基本生产-直接人工	500102 生产成本-薪资分摊	薪资分摊

【操作步骤】

（1）选择过滤条件，点"确定"；

（2）点击"增行"按钮；

（3）从五种业务类型中下拉选择一种；

（4）输入借方科目、贷方科目、摘要（也可以按成本中心、订单类型、订单类型自由组合进行设置）。

（二）定义凭证

定义凭证主要用于将成本系统计算分配的结果，定义成为转账凭证的格式，以便进行凭证转账处理。在此需定义凭证的借贷方科目、摘要、凭证类别等信息。用友 U8 成本管理系统提供的转账凭证业务种类有五种：结转制造费用、结转辅助费用、结转盘点损失、结转产品耗用、结转直接人工费用。

·结转制造费用：系统提供的数据是成本计算分配后，各产品或辅助服务应负担的制造费用数据，一般应做分录如下：

借：生产成本——（明细）

　　贷：制造费用——（明细）

·结转辅助费用：系统提供的数据是成本计算分配后，各产品、管理部门、或辅助服务应负担的辅助费用数据，一般应做分录如下（如果未设置辅助部门，则本处无数据）：

借：生产成本——基本生产成本——（明细）

　　管理费用——（明细）

贷：生产成本——辅助生产成本——（明细）

·结转盘点损失：系统提供的数据是成本计算后，完工产品处理表录入的"记入待处理损益"栏目中，盘赢、盘亏产量应负担的成本数据，正数表示盘赢，负数表示盘亏。一般应做分录如下：（如果无盘赢、盘亏情况，则本处无数据，或如果有数据，但是否处理本业务凭证由企业灵活控制，并不影响成本系统数据。）

借：待处理财产损益——（明细）

贷：生产成本——（明细）

·结转产品耗用：系统提供的数据是成本计算后，产品间通过"产品耗用日报表"相互领用的半成品或工序产品，应结转的成本费用数据，一般应做分录如下：（如果无产品间通过"产品耗用日报表"相互领用的情况，本处无数据，或如果有领用数据，但总账的生产成本科目未按产品设置明细，则也可以不处理本业务凭证）

借：生产成本——A产品

贷：生产成本——B产品（半成品/原材料-自制件）

·结转直接人工费用：提供了直接人工费用的分摊凭证设置后，可以在工资系统中做如下凭证：

借：生产成本-薪资分摊（自定义末级结转科目）

贷：应付职工薪酬

然后在成本系统取薪资数据进行计算，计算结果生成分部门、按产品品种显示的直接人工费用的分摊凭证，此时可以做如下凭证：

借：生产成本——基本生产——直接人工（A产品）

借：生产成本——基本生产——直接人工（B产品）

贷：生产成本——薪资分摊

[实务案例]

飞跃摩托车制造公司的动力车间的折旧费凭证定义结果如图8-6所示，成车车间薪资分配凭证定义结果如图8-7所示。

图8-6　动力车间折旧费凭证定义界面

图 8-7　动力车间薪资分配凭证定义界面

（三）自动生成凭证

"自动生成凭证"将需要生成凭证的记录汇总，企业通过选择凭证生成的方式，决定如何生成凭证，系统根据企业的需要，按总账规定的凭证格式生成凭证，完成向总账传递数据的功能。

［实务案例］

飞跃摩托车制造公司的动力车间薪资分配自动生成凭证如图 8-8 所示。

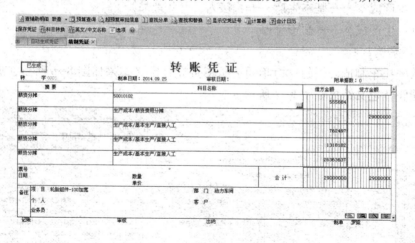

图 8-8　动力车间薪资分配自动生成凭证界面

（四）凭证查询

"凭证查询"可以查看成本系统传输到总账系统的凭证，并能对查到的凭证进行修改、删除、冲销的处理，并可以联查原始业务单据。

四、月末处理

在每个会计期末，做完所有的工作后，包括成本计算、生成凭证等，要进行月末结账的处理，做完月末结账后，标志本月已经结账，不允许再做有关本月的业务处理。如果企业发现已结账月份数据有误，可以通过执行"恢复结账"的功能，修改并重新计算已结账月份的数据。

成本系统在计算过程中需要引用其他系统的数据，为保证成本计算结果的准确性，系统将"所有成本系统读取数据的系统均已结账（总账除外）"作为判断成本计算数据有效性的依据，并将"成本计算数据有效"的系统状态称为"成本计算"。如果某会计期间的状态为"已经结账"，企业将不能再进行本月的业务处理工作，如果某会计期间的状态为"成本计算"，企业将不能再执行其他相关系统的"恢复结账"功能。对于上述两种状态，企业均可以通过执行"恢复结账"的功能，重新核算本月成本。

五、标准成本版本

产品标准成本的制定是标准成本制度的起点和成本控制的基础。要制定产品标准成本，以标准成本为依据进行成本控制，首先必须有明确的成本标准，为此企业可以根据自身实际情况制定不同的标准成本，例如，可根据标准成本使用的时间作为不同版本：理想标准成本、全年计划成本、现行标准成本。最终确定其中一个作为基准版本，而把其余版本作为参照分析或制定下次基准版本的依据。

［操作步骤］

（1）单击主菜单中的"计划"，然后单击设置菜单中的"标准成本版本"；

（2）进入主界面后，点击"增加"按钮；

（3）录入版本编码、版本名称及备注；

（4）点击"基准"按钮，确定其中一个版本作为"基准版本"，如果本版本需要引用已经制定好的单位标准成本，可以选择参照其他版本；

（5）点击"删除"按钮，可以删除未被引用的非基准版本。

六、成本中心成本预测

成本中心成本预测，是为了满足企业在成本管理中事前预测的需要而设计的。系统根据企业选择的预测方法，运用系统内相应的历史数据或企业手工输入的数据，利用数学方法进行预测，并对预测结果具有保存、查询、打印输出的功能。本系统为成本中心预测提供了三种预测方法：趋势预测、历史同期数据预测、年度平均增长率预测。以上三种方法采用不同的数学模型以满足不同的要求，企业根据需要进行选择。

［操作步骤］

（1）在主菜单中的"预测"中选择"成本中心成本预测"；

（2）企业选择"趋势预测"，其方法是根据企业选择的数据，运用求移动平均值的方法，预测某一成本中心未来会计期间的成本。如选择"历史同期数据预测"，其方法是根据企业选择的会计年度，通过计算各年度同一月份数据移动平均值的方法，预测某一成本中心任一会计期间的成本。如选择"年度平均增长率预测",其方法是根据企业选择的预测月份,计算出本年度相对于上一年度的月平均增长率,据以预测某一成本中心任一会计期间的成本。

七、产品成本预测

产品成本预测是利用企业制订的产品计划单位成本或产品历史单位成本预测任意产量下的产品成本。提供企业手工输入预测产品名称、批号和预测产量的功能。

如果企业在"选项"中选择成本核算方法为"完全分批法",则未定义"生产批号表"之前不能进行产品成本预测。

[操作步骤]

(1)在主菜单中的"预测"中选择"产品成本预测";

(2)在预测数据录入界面中,录入数据后点击"预测"按钮,显示预测条件;

(3)选择汇总数据预测则不可选择预测产品;选择明细数据预测,则选择预测产品列表可用,要求必须选择一个产品进行预测。选择预测条件。

(4)点击"确定"按钮,显示预测结果,即汇总表或明细表。

八、成本分析

成本分析主要是根据计划成本和历史期间的实际成本数据,运用一定的分析算法,来分析目标期间的成本中心成本数据或目标产品的成本数据,监控成本的高低变化情况,以达到对生产过程进行监督考核、降低成本提高经济效益的目的。

目前在成本管理系统中提供"批次产品成本追踪分析、成本中心内部利润分析、产品成本差异分析、成本项目构成分析、材料消耗差异、标准成本差异分析"等分析方法,系统采用一些数学模型方法,根据历史(计划)成本资料,自动进行成本的分析。成本分析流程如图8-9所示。

[实务案例]

飞跃摩托车制造公司的月末处理如下:

(1)2014年9月30日,进行材料及外购半成品成本取数。

(2)2014年9月30日,进行人工费用取数。

(3)2014年9月30日,进行折旧费用取数。

(4)2014年9月30日,进行制造费用取数。

(5)2014年9月30日,辅助费用耗用表。

(6)2014年9月30日,查询飞跃摩托车制造公司的完工产品日报表,其参考完工产品日报表如图8-10所示。

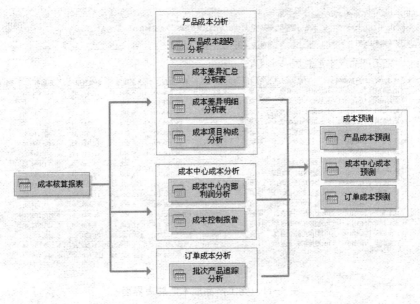

图 8-9 成本分析流程图

日期：2014-09-01 至 2014-09-30						
成本中心名称	产品编码	产品名称	完工产量(主计量)	废品(主计量)	完工净产量(主…	入库产量(主计量)
小计			15144.00	0.00	15144.00	15144.00
1 动力车间	02020102	轮胎组件-100加宽	1500.00	0.00	1500.00	1500.00
2 动力车间	02020103	灯-125灯总成	1500.00	0.00	1500.00	1500.00
3 动力车间	02020104	100型发动机-J脚启动	1500.00	0.00	1500.00	1500.00
4 动力车间	02020101	轮胎组件-100普通	2000.00	0.00	2000.00	2000.00
5 动力车间	02020103	灯-125灯总成	2000.00	0.00	2000.00	2000.00
6 动力车间	02020104	100型发动机-J脚启动	2000.00	0.00	2000.00	2000.00
7 动力车间	02020102	轮胎组件-100加宽	96.00	0.00	96.00	96.00
8 动力车间	02020103	灯-125灯总成	96.00	0.00	96.00	96.00
9 动力车间	02020104	100型发动机-J脚启动	96.00	0.00	96.00	96.00
10 动力车间	02020101	轮胎组件-100普通	190.00	0.00	190.00	190.00
11 动力车间	02020103	灯-125灯总成	190.00	0.00	190.00	190.00
12 动力车间	02020104	100型发动机-J脚启动	190.00	0.00	190.00	190.00
13 成车车间	0301002	100型摩托车-加强型	1500.00	0.00	1500.00	1500.00
14 成车车间	0301001	100型摩托车-普通型	2000.00	0.00	2000.00	2000.00
15 成车车间	0301002	100型摩托车-加强型	96.00	0.00	96.00	96.00
16 成车车间	0301001	100型摩托车-普通型	190.00	0.00	190.00	190.00

图 8-10 完工产品日报表统计界面

（7）2014 年 9 月 30 日，查询飞跃摩托车制造公司的完工产品成本汇总表，其参考完工产品成本汇总表如图 8-11 所示。

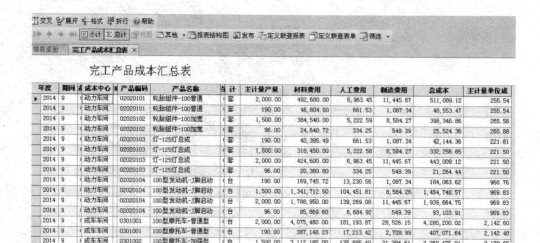

图 8-11　完工产品成本汇总表界面

（8）2014 年 9 月 30 日，在总账系统查询飞跃摩托车制造公司的相关凭证，审核并记账。其查询界面如图 8-12 所示。

图 8-12　总账系统凭证查询界面

参考文献

1. 李伯虎. 云制造：制造业信息化的新模式与新手段 ［N］. 中国信息化周报，2014-04-28 （5）.

2. 田利娟. 浅谈制造业信息化存在的问题及对策研究. 网络出版地址：

http：//www. cnki. net/kcms/detail/11. 3571. TN. 20131226. 2048. 112. htm ，网络出版时间：2013-12-26 20：48

3. 郑鹏怡. 制造业 ERP 程序执行的管理思想. 网络出版地址：

http：//www. cnki. net/kcms/detail/11. 3571. TN. 20140821. 1419. 047. html ，网络出版时间：2014-08-21 14：19

4. 赵欣. 探讨 ERP 成本管理在我国制造业的应用研究 ［J］. 投资理财，2012，35 （11）.

5. 王婧. 浅述供应链管理在我国制造业中的应用. 网络出版地址：

http：//www. cnki. net/kcms/detail/11. 5934. F. 20130828. 1532. 206. html 网络出版时间：2013-08-28 15：32

6. 陈英蓉. 会计电算化实务 ［M］. 成都：西南财经大学出版社，2009。

7. 王新玲. 会计信息系统实验教程 ［M］. 北京：清华大学出版社，2014。

8. "用友 ERP U8" 管理软件使用说明书